LANGENSCHEIDTS

Grundwortschatz

ENGLISCH

Ein nach Sachgebieten geordnetes
Lernwörterbuch mit Satzbeispielen

Erarbeitet von der
LANGENSCHEIDT-REDAKTION

LANGENSCHEIDT
BERLIN · MÜNCHEN · WIEN · ZÜRICH

Auflage: 9. 8. 7. 6. | *Letzte Zahlen*
Jahr: 1990 89 88 87 | *maßgeblich*

© 1984 Langenscheidt KG, Berlin und München
Druck: C. H. Beck'sche Buchdruckerei, Nördlingen
Printed in Germany · ISBN 3-468-20120-6

INHALT

Warum Grundwortschatz?

Jede Stufe der Sprachbeherrschung setzt die Kenntnis eines gewissen Wortschatzes voraus. Der gesamte Wortbestand der englischen Sprache geht – wenn man die Fachsprachen mit einbezieht – in die Millionen. Es ist daher verständlich, daß viele Englisch-Lernende in Schule und Erwachsenenbildung danach fragen, wie viele Wörter man eigentlich aus diesen Millionen benötigt, um eine normale Alltagsunterhaltung zu führen oder um einen allgemeinsprachlichen Text zu verstehen.

Die Geschichte der minimalen Wortschätze ist nicht ohne Humor. Mark Twain meinte nach einer Deutschlandreise, daß man mit 3–4 Wörtern in Deutschland auskommen könnte; der „kürzeste Sprachführer der Welt" von Charles Berlitz enthält 11 Wörter (excuse me, please, thanks, where is, how much, yes, no, good)!

Aber auch die ernsthafte Sprachstatistik, die repräsentative Texte auszählt, wartet mit Überraschungen auf. Sie besagt nämlich, daß im Englischen 25% der mündlichen Konversation aus 9 Wörtern besteht: and, be, have, it, of, the, to, will, you.

Mit 43 Wörtern deckt man schon 50% der gesprochenen Sprache ab – so sagt die Statistik –, und das verleitet natürlich zu der Annahme, daß man mit einigen hundert Wörtern die Sprache bereits im Griff hat.

Dies ist ein Irrtum, denn die anderen 50% der Vokabeln eines Textes bestehen aus den Inhaltswörtern, also den sinngebenden Elementen einer Konversation oder eines Lesetextes. Mit Strukturwörtern, wie den oben zitierten, allein ist keine Kommunikation möglich.

Wieviel Wörter umfaßt nun ein Grundwortschatz, wenn man die Inhaltswörter mit einbezieht? Hier gibt es die magische Zahl 2000, die auch in den Anforderungen der schulischen Lehrpläne nicht unterschritten wird. Wenn der vorliegende Grundwortschatz rund 4000 Wortgleichungen enthält, so ist das kein Widerspruch. Unter den 2000 wichtigsten englischen Wörtern gibt es nämlich viele mit mehreren Bedeutungen.

So bedeutet beispielsweise das englische Wort „spring" im Deutschen: 1. springen, 2. Quelle, 3. Frühling, 4. Feder. In Langenscheidts Grundwortschatz, der nach Sachgebieten geordnet ist, ergibt dieses eine Wort vier Wortgleichungen:

spring = springen   im Sachgebiet: Bewegung und Ruhe
spring = Quelle   im Sachgebiet: Landschaft
spring = Frühling   im Sachgebiet: Jahresablauf
spring = Feder   im Sachgebiet: Technik

Dies erklärt, warum der vorliegende Grundwortschatz zwar 2500 englische Grundwörter, aber 4000 Wortgleichungen enthält. Wer diesen Grundwortschatz beherrscht, kann 70–85% eines allgemeinsprachlichen Textes verstehen, und natürlich genügt dieser Wortschatz auch für eine normale Alltagsunterhaltung.

„Langenscheidts Grundwortschatz Englisch" ist ein minimaler Wortschatz, dessen Kenntnis ein wichtiger erster Schritt zur Sprachbeherrschung und eine hervorragende Grundlage für jedes weitergehende Lernen ist.

Warum ein „zweisprachiger" Grundwortschatz?

Die weitgehende Verwendung der englischen Sprache im Englischunterricht ist heute üblich. Die Vokabeleinführung erfolgt daher durch den Lehrer in Englisch (das neue Wort wird mit einfachen englischen Wörtern definiert) und durch Demonstration.

Die unterrichtspraktische Realität erzwingt jedoch häufig den flexiblen Einsatz der deutschen Sprache – vor allem, wenn Unklarheiten zu beseitigen sind. Auch die meisten Lehrbücher, ansonsten streng nach dem Prinzip der Einsprachigkeit gestaltet, weisen zweisprachige Wörterverzeichnisse auf.

Ein Lernwörterbuch, das ein systematisches Wörterlernen, Wiederholen oder Nachholen außerhalb des Unterrichts ermöglichen soll, muß gleichfalls zweisprachig Englisch-Deutsch angeordnet sein, denn es soll ja unabhängig vom Lehrer benutzt werden.

Welche Wörter?

Ein Grundwortschatz trennt Wichtiges vom Unwichtigen. Die richtige Auswahl der zu lernenden Wörter ist die Voraussetzung für eine rationelle und sinnvolle Wortschatzarbeit mit einem Lernwörterbuch. Dem vorliegenden Grundwortschatz für Schule und Erwachsenenbildung liegt eine große Anzahl von Quellen zugrunde. Die zahlreichen im In- und Ausland erstellten Grundwortschätze der englischen Sprache wurden systematisch ausgewertet. Alle wichtigen Worthäufigkeitsuntersuchungen des geschriebenen und gesprochenen Englisch wurden herangezogen.

Ein genaues Verzeichnis aller Quellen würde den Rahmen dieser einleitenden Bemerkungen sprengen. Für den Fachmann sei lediglich bemerkt, daß die Veröffentlichungen der „Altmeister" der Lexikometrie (Thorndike, Lorge, Michael West) ebenso ausgewertet wurden wie die Wortschatz-Minima des Europarats, die Zertifikats-Wortschätze des „Deutschen Volkshochschul-Verbands", schulische Pflicht- und Richtlinienwortschätze, die komplizierten amerikanischen Wortstatistiken (z. B. das „Word Frequency Book") und Definitionswortschätze einsprachiger englischer Wörterbücher (z. B. der des „Dictionary of Contemporary English").

Die absolute Häufigkeit eines Wortes war bei der Auswahl selbstverständlich nicht allein entscheidend; Vertrautheitsgrad und Nützlichkeit mußten gleichfalls berücksichtigt werden. Dabei half uns auch unsere langjährige Erfahrung im Wörterbuchmachen, denn die Auswahl des Wortmaterials aus den Quellen wurde von Mitgliedern der Langenscheidt-Redaktion Anglistik vorgenommen. Die kritische Durchsicht der Satzbeispiele erfolgte sowohl durch Engländer als auch durch Amerikaner.

Anordnung nach Sachgebieten und Stichwort mit Satzbeispiel!

„Langenscheidts Grundwortschatz Englisch" ist nicht alphabetisch aufgebaut, da ein Lernen von Wörtern nach dem Alphabet – wie die Kritik aufgezeigt hat – wenig sinnvoll ist. Die Ähnlichkeit in der Schreibung bei der alphabetischen Reihenfolge führt zu Verwechslungen, das Wort bleibt mangels Assoziationen nur schwer im Gedächtnis; ein alphabetischer Aufbau steht der später in einer bestimmten Situation *thematisch* richtigen Anwendung entgegen. Das Lernen von Grundwörtern in Sachgebieten ist leichter und didaktisch effektiver. Die inhaltliche Nähe und Verwandtschaft der Grundwörter stiftet Assoziationen. Es entspricht auch einer alten Lehrerfahrung, daß die Einbettung des Einzelwortes in den sinnvollen Zusammenhang eines Sachgebiets besser im Gedächtnis haftet.

Wir geben deshalb dem Lernen nach Sachgebieten den Vorzug. „Langenscheidts Grundwortschatz Englisch" ist nach Sachkategorien und Themenkreisen eingeteilt. Die Systematik und Gliederung dieser Sachgebiete wird im Inhaltsverzeichnis dargestellt (vgl. S. III ff.).

Auch in anderer Hinsicht ist das Material dieses Grundwortschatzes gut vorbereitet. Es bietet nicht nur die „nackte" Gleichung von englischem Grundwort und deutscher Übersetzung. Nach dem englischen Grundwort – immer mit Lautschrift – folgen vielmehr Satzbeispiele.

Diese Darbietung eines Grundworts im Satzzusammenhang ist wichtig, denn der Lernende sieht so die Anwendung „seines" Grundworts in der „Praxis". Die Gefahr der späteren Anwendung des Grundworts im falschen Zusammenhang wird damit minimalisiert. Vor allem kann man auch mit diesen Anwendungsbeispielen und den entsprechenden Übersetzungen gut neu lernen.

Bei den Satzbeispielen wurde darauf geachtet, daß die dabei verwandten Wörter möglichst nicht über den Grundwortschatz hinausgehen.

Der Aufbau des vorliegenden Grundwortschatzes ist auch noch durch seine Unterteilung in Wichtigkeitsstufen bemerkenswert. Jedes Sachgebiet ist in zwei Wichtigkeitsstufen unterteilt (1–2000; 2001–4000). Der Lernende kann sich auf diese Weise zuerst den 2000 wichtigsten Wortgleichungen widmen und danach die nächsten 2000 in Angriff nehmen.

Für wen?

Es gibt in Schule und Erwachsenenbildung eine starke Tendenz, bei der Erarbeitung von Sprachinventaren für den modernen Fremdsprachenunterricht Grundwortschätze zu fixieren und deren Aneignung zu fordern. Im allgemeinen sind Grundwortschätze auch beim Lernenden beliebt, weil in ihnen der Lernaufwand überschaubar ist und weil sie ein individuelles häusliches Arbeiten ermöglichen. „Langenscheidts Grundwortschatz Englisch" ist geeignet:

1. Für Lernende mit nicht gesichertem Kenntnisstand. Ohne einen gewissen Grundwortschatz ist keine Stufe der Sprachbeherrschung zu erreichen.
2. Zur Prüfungsvorbereitung. Er gibt dem Prüfling Sicherheit. Für das Nachschlagen in einsprachigen Wörterbüchern bei der Prüfung benötigt er beispielsweise einen Grundwortschatz, um die Definitionen zu verstehen.
3. Zur Wissenskontrolle für Schüler und Erwachsene, also zum Testen, Wiederholen und Festigen eines Grundwortschatzes.
4. Zur Vorbereitung auf einen Auslandsaufenthalt. Mit einem inhaltlich verstandenen und richtig angewandten Grundwortschatz wird man sich im Ausland in allen Situationen des Alltags behaupten können.
5. Zum erstmaligen Erwerb eines Grundwortschatzes.

Wie arbeitet man mit diesem Grundwortschatz?

Eine angemessene Lerntechnik ist die Voraussetzung für den Lernerfolg. Wir möchten Ihnen dazu einige Anregungen geben:

1. Nutzen Sie den Vorteil der Gliederung nach Sachgebieten! Arbeiten Sie nicht Seiten, sondern Sachgebiete durch (z. B. 1.2.4 ,,Geld")! Zwischen den Wörtern eines Sachgebiets bestehen Assoziationen. Die Sachgebiete spiegeln inhaltliche Zusammenhänge wider. Auch die Sachgebietsbezeichnungen sind bereits Merkhilfen. Es ist experimentell erwiesen, daß die Behaltensleistung dadurch erhöht wird.

2. Sie können sich in jedem Sachgebiet zuerst die Wörter der Wichtigkeitsstufe 1–2000 aneignen. Zu einem späteren Zeitpunkt nehmen Sie dann die der Wichtigkeitsstufe 2001–4000 durch.

3. Arbeiten Sie *einzelne* Sachgebiete durch. Vielleicht zuerst die Ihnen ,,sympathischen", dann die anderen. Vergessen Sie aber nicht, sich nach und nach *alle* Sachgebiete anzueignen.

4. Systematisieren Sie den Ablauf des Lernvorgangs! Lernen Sie portionsweise!
Lesen Sie ein Kästchen (fettgedrucktes Stichwort und Anwendungsbeispiel) und prägen Sie sich die Wortgleichung ein. Gehen Sie acht bis zehn Kästchen in dieser Art durch und decken Sie dann von diesem ,,Block" die linke Spalte ab. Sprechen Sie sich nun das verdeckte Stichwort laut vor –

wenn Sie wollen, auch das Anwendungsbeispiel. Kontrollieren Sie sich durch Aufdecken der linken Spalte. Arbeiten Sie so den „Block" durch. Nicht beherrschte Wörter werden am Rand gekennzeichnet – vielleicht durch ein Kreuzchen – und nochmals gesondert gelernt. Abschließend nochmalige Kontrolle (Sprechen und Schreiben) des ganzen „Blocks".

5. Lernvarianten: Rechte (statt linke) Spalte abdecken und analog wie unter 4 beschrieben arbeiten. Nur Anwendungsbeispiele lernen, um vom Zusammenhang her die Bedeutung eines Wortes im Gedächtnis zu fixieren oder den Grundwortschatz „umzuwälzen".

6. Sie können auch über ein einzelnes Wort, das Sie im alphabetischen Register nachschlagen, zum Sachgebiet kommen und so in einem sinnvollen Zusammenhang lernen.

7. Lernen Sie täglich (mit Pausen!) ein bestimmtes Pensum. In einigen Wochen beherrschen Sie dann einen systematisch aufgebauten Grundwortschatz – den Wortschatz, auf den es ankommt. Vergessen Sie nicht, diesen in gewissen zeitlichen Abständen zu wiederholen und zu überprüfen.

8. „Langenscheidts Grundwortschatz Englisch" ist lehrbuchunabhängig. Trotzdem eignet er sich auch zur Aktivierung, Wiederholung und Systematisierung des Wortschatzes im Unterricht, z. B.
　　zur Bereitstellung des entsprechenden Wortschatzes vor kommunikativen Übungen oder der Durchnahme bestimmter Texte;
　　zur Wortfeldarbeit nach der Durcharbeitung eines bestimmten Textes, der wesentliche Teile dieses Wortfeldes enthielt;
　　zur Erschließung und zum Aufbau eines Sachgebiets vom Einzelwort aus (über das Register).

9. Bei Interesse für ein elektronisches Lernmedium empfehlen wir Ihnen „Langenscheidts Elektronisches Wörterbuch Englisch" („alpha 8"), dessen Wortschatz (Stichwörter) nahezu vollständig mit dem vorliegenden Grundwortschatz übereinstimmt.

1 THEMENBEZOGENE BEGRIFFE

1.1 Der Mensch

1.1.1 KÖRPER UND WESEN

1.1.1.1 KÖRPER

«1 – 2000»

arm [ɑːm] *s.*
I couldn't move my left arm.

Arm *m*
Ich konnte meinen linken Arm nicht bewegen.

---

back [bæk] *s.*
She was lying on her back.

Rücken *m*
Sie lag auf dem Rücken.

---

blood [blʌd] *s.*
There was blood on his fingers.

Blut *n*
An seinen Fingern war Blut.

---

body ['bɒdɪ] *s.*
The arms and the legs are parts of our body.

Körper *m*
Arme und Beine sind Teile unseres Körpers.

---

chest [tʃest] *s.*
The heart is inside the chest.

Brust(korb *m*) *f*
Das Herz ist (*oder* liegt) im Brustkorb.

---

ear [ɪə] *s.*
George has big ears.

Ohr *n*
G. hat große Ohren.

---

eye [aɪ] *s.*
The old man had very bad eyes.

Auge *n*
Der alte Mann hatte sehr schlechte Augen.

---

face [feɪs] *s.*
She could not look me in the face.

Gesicht *n*
Sie konnte mir nicht ins Gesicht sehen.

---

finger ['fɪŋgə] *s.*
I've burnt my finger.

Finger *m*
Ich habe mir den Finger verbrannt.

---

foot [fʊt] *s.*
pl. **feet** [fiːt]
My feet are burning.

Fuß *m*

Meine Füße brennen.

---

hair [heə] *s.*
She has dark hair.

Haar *n* (*auch* = Haare *pl.*)
Sie hat dunkles Haar (= Haare).

hand [hænd] s.
They shook hands.

Hand f
Sie gaben sich die Hand.

head [hed] s.
My head aches.

Kopf m
Mein Kopf tut mir weh.

heart [hɑːt] s.
Her heart beat quickly.

Herz n
Ihr Herz schlug rasch.

leg [leg] s.
My leg hurts.

Bein n
Mein Bein tut weh.

mouth [maʊθ] s.
"Open your mouth wide", said the dentist.

Mund m
,,Machen Sie den Mund weit auf!", sagte der Zahnarzt.

neck [nek] s.
She had a stiff neck.

Hals m, **Genick** n
Sie hatte einen steifen Hals.

nose [nəʊz] s.
He has a red nose. Does he drink too much?

Nase f
Er hat eine rote Nase. Trinkt er zuviel?

stomach ['stʌmək] s.
She got a pain in her stomach.

Magen m
Sie bekam Magenschmerzen.

tongue [tʌŋ] s.
Don't burn your tongue with the hot soup.

Zunge f
Verbrenn dir nicht die Zunge mit der heißen Suppe!

tooth [tuːθ] s.
pl. **teeth** [tiːθ]
Brush your teeth after every meal.

Zahn m

Putz dir nach jedem Essen die Zähne!

«2001–4000»

bone [bəʊn] s.
He has no flesh on his bones.

Knochen m
Er ist nur Haut und Knochen.

brain [breɪn] s.
The brain is part of our head.

Gehirn n
Das Gehirn ist ein Teil unseres Kopfes.

breast [brest] s.
The baby is still at the breast.

Brust f
Das Baby bekommt noch die Brust.

breath [breθ] s.
She held her breath.
I was out of breath.

Atem m
Sie hielt den Atem an.
Ich war außer Atem.

breathe [bri:ð] v/i.
The patient breathed deeply.

atmen
Der Patient atmete tief.

---

calf [kɑ:f] s.
pl. **calves** [kɑ:vz]
He had a calf injury.

Wade f

Er hatte eine Verletzung an der Wade.

---

cheek [tʃi:k] s.
Her cheeks were red.

Wange f, **Backe** f
Ihre Wangen waren rot.

---

chin [tʃɪn] s.
A long beard covered his chin.

Kinn n
Ein langer Bart bedeckte sein Kinn.

---

elbow ['elbəʊ] s.
Take your elbows off the table.

Ell(en)bogen m
Nimm die Ellbogen vom Tisch!

---

fist [fɪst] s.
The angry man shook his fist at us.

Faust f
Der zornige Mann drohte uns mit der Faust.

---

flesh [fleʃ] s.
Lions are flesh-eating animals.

Fleisch n (am Körper)
Löwen sind fleischfressende Tiere.

---

forehead ['fɒrɪd] s.
His high forehead makes him look clever.

Stirn f
Seine hohe Stirn läßt ihn klug erscheinen.

---

heel [hi:l] s.
Frank injured (oder hurt) his heel.

Ferse f
F. verletzte sich an der Ferse.

---

joint [dʒɔɪnt] s.
David could not bend his elbow joint.

Gelenk n
D. konnte sein Ellbogengelenk nicht abbiegen.

---

knee [ni:] s.
He fell on his knees.

Knie n
Er fiel auf die Knie.

---

lid [lɪd] s.
Her lids were closed.

(Augen)Lid n
Ihre Lider waren geschlossen.

---

limb [lɪm] s.
All his limbs ached.

Glied n
Alle Glieder taten ihm weh.

---

lip [lɪp] s.
Joe had a cigarette between his lips.

Lippe f
J. hatte eine Zigarette zwischen den Lippen.

---

lungs [lʌŋz] s. pl.
A swimmer must have good lungs.

Lunge f
Ein Schwimmer muß eine gute Lunge haben.

muscle [ˈmʌsl] s.
Playing tennis develops the arm muscles.

Muskel m
Tennisspielen kräftigt die Armmuskeln.

nerve [nɜːv] s.
This dog is getting on my nerves.

Nerv m
Dieser Hund geht mir auf die Nerven.

shoulder [ˈʃəʊldə] s.
He carried a heavy load on his shoulders.

Schulter f
Er trug eine schwere Last auf seinen Schultern.

skin [skɪn] s.
The children were wet to the skin.

Haut f
Die Kinder waren bis auf die Haut durchnäßt.

sweat [swet] s.
Sweat ran down her forehead.

Schweiß m
(Der) Schweiß rann ihr von der Stirn.

thumb [θʌm] s.
She cut her thumb.

Daumen m
Sie schnitt sich in den Daumen.

toe [təʊ] s.
My toe was broken.

Zehe f
Meine Zehe war gebrochen.

trunk [trʌŋk] s.
The trunk is the human body without the head and the limbs.

Rumpf m
Der Rumpf ist der menschliche Körper ohne Kopf und Gliedmaßen.

waist [weɪst] s.
She is wearing a broad leather belt round her waist.

Taille f
Sie trägt einen breiten Ledergürtel um die Taille.

wrist [rɪst] s.
He seized the girl by the wrist.

Handgelenk n
Er packte das Mädchen beim Handgelenk.

1.1.1.2 AUSSEHEN

«1 – 2000»

beautiful [ˈbjuːtəfʊl] adj.
Nancy is a beautiful girl.

schön
N. ist ein schönes Mädchen.

beauty [ˈbjuːtɪ] s.
She was a little beauty.

Schönheit f
Sie war eine kleine Schönheit.

look [lʊk] v/i.
He looked very thin.

aussehen
Er sah sehr mager aus.

look(s) [lʊk(s)] *s.(pl.).*
Amy is proud of her good looks.

Aussehen *n*
A. ist stolz auf ihr gutes Aussehen.

pretty [ˈprɪtɪ] *adj.*
Dorothy is very pretty.

hübsch, schön
D. ist sehr hübsch.

tall [tɔːl] *adj.*
Rose is rather tall for her age.

groß (*von Wuchs*)
R. ist für ihr Alter ziemlich groß.

«2001–4000»

appearance [əˈpɪərəns] *s.*
Good appearance is not everything.

Aussehen *n*
Gutes Aussehen ist nicht alles.

beard [bɪəd] *s.*
He has a beard now.

Bart *m*
Er trägt jetzt einen Bart.

curl [kɜːl] *s.*
Her hair falls in curls over her shoulders.

Locke *f*
Ihre Haare fallen in Locken über ihre Schultern.

delicate [ˈdelɪkət] *adj.*
Stephen was a very delicate child.

zart
S. war ein sehr zartes Kind.

fair [feə] *adj.*
Her husband likes her fair hair.

blond
Ihr Mann liebt ihr blondes Haar.

figure [ˈfɪgə] *s.*
That girl has (got) a beautiful figure.

Figur *f*
Das Mädchen hat eine hübsche Figur.

handsome [ˈhænsəm] *adj.*
She married a handsome young man.

gutaussehend (*Mann*)
Sie heiratete einen gutaussehenden (*oder* hübschen) jungen Mann.

lovely [ˈlʌvlɪ] *adj.*
She wore a lovely dress.

entzückend
Sie trug ein entzückendes Kleid.

pale [peɪl] *adj.*
She was pale with fear.

blaß
Sie war blaß vor Angst.

plain [pleɪn] *adj.*
She was a plain girl.

häßlich
Sie war ein häßliches Mädchen.

slim [slɪm] *adj.*
The woman has become very slim.

schlank
Die Frau ist sehr schlank geworden.

ugly [ˈʌɡlɪ] *adj.*
Mrs More is an ugly old woman.

häßlich
Frau M. ist eine häßliche alte Frau.

wave [weɪv] *s.*
Susan has a natural wave in her hair.

Welle *f* (*im Haar*)
S. hat eine Naturwelle im Haar.

1.1.1.3 GEIST UND VERSTAND

«1–2000»

be interested in [bɪ ˈɪntrɪstɪd ɪn]
Are you interested in stamps?

sich interessieren für
Interessieren Sie sich für Briefmarken?

mind [maɪnd] *s.*
He has a very sharp mind.

Verstand *m*, **Geist** *m*
Er hat einen sehr scharfen Verstand.

mind [maɪnd] *s.*
What do you have in mind?

Sinn *m*
Was haben Sie im Sinn?

remember [rɪˈmembə] *v/t.*
I'll always remember his words.

sich erinnern an
Ich werde mich immer an seine Worte erinnern.

spirit [ˈspɪrɪt] *s.*
When you consider the spirit of the times, ...

Geist *m*
Wenn man den Geist der Zeit bedenkt, ...

think [θɪŋk] *vt/i.*
⚠ **thought** [θɔːt], **thought** [θɔːt]
I think he is right.
You will think of me!
I [don't] think so.

denken (*auch = glauben, meinen*)

Ich denke, er hat recht.
Du wirst noch an mich denken!
Ich glaube ja [nein].

understand [ʌndəˈstænd] *v/t.*
⚠ **understood** [ʌndəˈstʊd], **understood** [ʌndəˈstʊd]
I could not understand you [his behaviour].

verstehen, begreifen

Ich konnte Sie [sein Benehmen] nicht verstehen.

«2001–4000»

brains [breɪnz] *s. pl.* (F)
Use your brains.

Geist *m*
Streng deinen Geist an!

bright [braɪt] *adj.*
Kate is a bright child.

klug, gescheit
K. ist ein kluges Kind.

clever [ˈklevə] *adj.*
He is a clever fellow.

clever, klug
Er ist ein cleverer Bursche.

consider [kənˈsɪdə] *v/t.*
Consider the plan well.

überlegen
Überleg den Plan gut!

crazy [ˈkreɪzɪ] *adj.*
You must be crazy.

(F) **verrückt**
Du bist wohl verrückt!

fancy [ˈfænsɪ] *s.*
That is pure fancy.

Phantasie *f*
Das ist pure Phantasie.

fool [fuːl] *s.*
What a fool he is!

Narr *m*
So ein Narr!

idea [aɪˈdɪə] *s.*
That was a good idea.
I have no idea where she's living.

Idee *f*, **Einfall** *m*, *auch* **Ahnung** *f*
Das war eine gute Idee.
Ich habe keine Ahnung, wo sie wohnt.

imagination [ɪmædʒɪˈneɪʃn] *s.*
Pamela has a lively imagination.
Pain sometimes exists only in one's imagination.

Phantasie *f*, **Einbildung(skraft)** *f*
P. hat eine lebhafte Phantasie.
Schmerzen sind manchmal nur eingebildet.

imagine [ɪˈmædʒɪn] *v/t.*
Could you imagine living on a desert island?

I imagine (that) she will come.

sich vorstellen
Könntest du dir vorstellen, auf einer einsamen Insel zu leben?
Ich denke, sie wird kommen.

impression [ɪmˈpreʃn] *s.*
What is your impression?

Eindruck *m*
Was für einen Eindruck haben Sie?

intelligence [ɪnˈtelɪdʒəns] *s.*
Elephants often have a high degree of intelligence.

Intelligenz *f*
Elefanten haben oft einen hohen Intelligenzgrad.

intelligent [ɪnˈtelɪdʒənt] *adj.*
Michael is an intelligent young man.

intelligent
M. ist ein intelligenter junger Mann.

interest ['ɪntrɪst] *s.*
I have no interest in stamps.

Interesse *n*
Ich habe kein Interesse an Briefmarken.

keen [kiːn] *adj.*
He has a keen mind.

scharf
Er hat einen scharfen Verstand.

mad [mæd] *adj.*
You will go mad with that noise.

verrückt, wahnsinnig
Bei dem Lärm wirst du (noch) verrückt.

memory ['memərɪ] *s.*
She has a good [bad] memory.

Gedächtnis *n*
Sie hat ein gutes [schlechtes] Gedächtnis.

realize ['rɪəlaɪz] *v/t.*
Do you realize the mistake?

erkennen, erfassen
Erkennst du den Fehler?

reason ['riːzn] *s.*
That brought him to reason.

Vernunft *f*
Das brachte ihn zur Vernunft.

reasonable ['riːznəbl] *adj.*
What they said sounded reasonable.

vernünftig
Was sie sagten, klang vernünftig.

reflection [rɪ'flekʃn] *s.*
On careful reflection I cannot agree with you.

Überlegung *f*
Bei reiflicher Überlegung kann ich Ihnen nicht zustimmen.

see [siː] *v/t.*
⚠ **saw** [sɔː], **seen** [siːn]
Do you see what I mean?

verstehen, einsehen

Verstehen Sie mich (= *was ich meine*)?

sense [sens] *s.*
I can't see any sense in it.

Sinn *m*, etwas Vernünftiges *n*
Ich kann keinen Sinn darin sehen.

This doesn't make sense to me.

Das leuchtet mir nicht ein.

senses [sensɪz] *s. pl.*
Are you out of your senses?

Sinne *m/pl.*, Verstand *m*
Bist du von Sinnen?

sensible ['sensəbl] *adj.*
Helen is a sensible girl.

vernünftig
H. ist ein vernünftiges Mädchen.

skilful ['skɪlfʊl] *adj.*
Dr. Moore is a skilful surgeon.

geschickt
Dr. M. ist ein geschickter Chirurg.

skill [skɪl] *s.*
Repairing watches requires great skill.

Geschick *n*
Das Reparieren von Uhren erfordert großes Geschick.

stupid [ˈstjuːpɪd] *adj.* How can one be so stupid!	**dumm** Wie kann man (nur) so dumm sein!
take notice [teɪk ˈnəʊtɪs] He took no notice of her.	**Notiz nehmen** Er nahm keine Notiz von ihr.
thought [θɔːt] *s.* Can you read my thoughts?	**Gedanke** *m* Können Sie meine Gedanken lesen?
thought [θɔːt] *s.* We must give the problem plenty of thought.	**Überlegung** *f* Wir müssen uns das Problem reiflich überlegen (= *dem Problem genügend Überlegung widmen*).
wisdom [ˈwɪzdəm] *s.* There is much wisdom in what he says.	**Weisheit** *f* In dem, was er sagt, liegt viel Weisheit.
wise [waɪz] *adj.* It's not very wise of him to do that.	**klug, weise** Es ist nicht sehr klug von ihm, das zu tun.
wits [wɪts] *s. pl.* This sight frightened her out of her wits.	**Verstand** *m* Dieser Anblick erschreckte sie zu Tode (*oder* raubte ihr den Verstand).

1.1.1.4 CHARAKTER

«1–2000»

careful [ˈkeəfʊl] *adj.* Be careful!	**vorsichtig** Sei vorsichtig!, Gib acht!
careful [ˈkeəfʊl] *adj.* Eric is a careful worker.	**sorgfältig** E. ist ein sorgfältiger Arbeiter.
dear [dɪə] *adj.* He is a dear friend.	**lieb** Er ist ein lieber (*oder* guter) Freund.
false [fɔːls] *adj.* Henry had a lot of false friends.	**falsch** H. hatte eine Menge falscher Freunde.
lazy [ˈleɪzɪ] *adj.* Don't be so lazy.	**faul** Sei nicht so faul!

patient [ˈpeɪʃnt] *adj.*
One must be patient with children.

geduldig
Man muß mit Kindern geduldig sein.

proud [praʊd] *adj.*
The woman was proud of her sons.

stolz
Die Frau war stolz auf ihre Söhne.

«2001–4000»

careless [ˈkeəlɪs] *adj.*
A careless driver is a danger to the public.

leichtsinnig, unvorsichtig
Ein leichtsinniger Fahrer ist eine Gefahr für die Öffentlichkeit.

character [ˈkærəktə] *s.*
She is a woman of character.

Charakter *m*
Sie hat Charakter.

charming [ˈtʃɑːmɪŋ] *adj.*
Their little daughter is so charming.

reizend, charmant
Ihr Töchterchen ist so reizend (*oder* hat so viel Charme).

courage [ˈkʌrɪdʒ] *s.*
Don't you have the courage to tell him the truth?

Mut *m*
Hast du nicht den Mut, ihm die Wahrheit zu sagen?

cruel [krʊəl] *adj.*
Boys are sometimes cruel to animals.

grausam
Jungen sind manchmal grausam zu Tieren.

cruelty [ˈkrʊəltɪ] *s.*
He could never forget the cruelties of the war.

Grausamkeit *f*
Er konnte die Grausamkeiten des Krieges nie vergessen.

curiosity [kjʊərɪˈɒsətɪ] *s.*
My brother was burning with curiosity when he saw me again after such a long time.

Neugier(de) *f*
Mein Bruder brannte vor Neugier, als er mich nach so langer Zeit wiedersah.

eager [ˈiːgə] *adj.*
He is an eager student.

eifrig
Er ist ein eifriger Student.

eager [ˈiːgə] *adj.*
I was eager to know if he had come.

begierig
Ich war begierig (*oder* brannte darauf), zu wissen, ob er gekommen war.

earnest [ˈɜːnɪst] *adj.*
Please do not laugh. This is an earnest request.

ernst(haft)
Bitte lach nicht! Das ist eine ernste Bitte.

earnest [ˈɜːnɪst] *s.*
He began working in earnest three months before the exam.

Ernst *m*
Drei Monate vor dem Examen begann er, ernsthaft (= *im Ernst*) zu arbeiten.

fair [feə] *adj.*
That's not fair.
That was only fair.

fair, anständig
Das ist nicht fair.
Das war nur recht und billig.

faithful [ˈfeɪθfʊl] *adj.*
Her husband is not always faithful to her.

treu
Ihr Mann ist ihr nicht immer treu.

generous [ˈdʒenərəs] *adj.*
You are too generous with your money.

großzügig
Du bist zu großzügig mit deinem Geld.

goodness [ˈgʊdnɪs] *s.*
Theresa is loved by all for her goodness.

Güte *f*
T. wird wegen ihrer Güte von allen geliebt.

honest [ˈɒnɪst] *adj.*
He has an honest face.

ehrlich
Er hat ein ehrliches Gesicht.

humorous [ˈhjuːmərəs] *adj.*
We laughed at his humorous remarks.

humorvoll
Wir lachten über seine humorvollen Bemerkungen.

idle [ˈaɪdl] *adj.*
It was idle to warn him.
He is a worthless, idle person.

müßig, faul, untätig
Es war müßig, ihn zu warnen.
Er ist ein nichtsnutziger, fauler Mensch.

keen [kiːn] *adj.*
They took a keen interest in their son's work.
Jane is a keen student of medicine.

rege, eifrig
Sie hatten reges Interesse an der Arbeit ihres Sohnes.
J. ist eine eifrige Medizinstudentin.

moral [ˈmɒrəl] *adj.*
His moral standards are very high.

moralisch
Er hat hohe moralische Grundsätze.

pride [praɪd] *s.*
Her pride prevented her from accepting the money.

Stolz *m*
Ihr Stolz hinderte sie daran, das Geld anzunehmen.

quality [ˈkwɒlətɪ] *s.*
What are her best qualities?

Eigenschaft *f*
Welches sind ihre besten Eigenschaften?

rude [ruːd] *adj.*
He is a rude fellow.

unhöflich
Er ist ein unhöflicher Kerl.

serious [ˈsɪərɪəs] *adj.*
There was a serious look on his face.

ernst
Er schaute ernst drein.

shy [ʃaɪ] *adj.*
The girl gave us a shy smile.

scheu, schüchtern
Das Mädchen lächelte uns scheu an.

sincere [sɪnˈsɪə] *adj.*
Do you think (that) he is completely sincere?

aufrichtig
Glaubst du, daß er ganz aufrichtig ist?

temper [ˈtempə] *s.*
Claire is in a temper today.

Francis loses his temper easily.

schlechte Laune *f*, bes. **Wut** *f*
C. ist heute (in) schlechter Laune (*oder* gereizt).

F. gerät leicht in Wut.

temper [ˈtempə] *s.*
Patricia has a calm temper.

Temperament *n*, **Veranlagung** *f*
P. hat ein ruhiges Temperament.

unkind [ʌnˈkaɪnd] *adj.*
The man spoke to us in a rather unkind way.

unfreundlich
Der Mann sprach ziemlich unfreundlich mit uns.

violent [ˈvaɪələnt] *adj.*
He has a violent temper.

heftig
Er hat ein heftiges Temperament.

will [wɪl] *s.*
Betty has a strong will.

Wille *m*, **Willenskraft** *f*
B. hat einen starken Willen.

worthy [ˈwɜːðɪ] *adj.*
They fought for a worthy cause.

würdig
Sie kämpften für eine würdige Sache.

1.1.1.5   *FÜHLEN UND EMPFINDEN*

1.1.1.5.1 Substantive und Adjektive

«1 – 2000»

glad [glæd] *adj.*
I am so glad about this success.

froh, erfreut
Ich bin so froh über diesen Erfolg.

happy [ˈhæpɪ] *adj.*
She was so happy.

glücklich
Sie war so glücklich.

joy [dʒɔɪ] *s.*
One could see the joy in his face.

Freude *f*
Man konnte ihm die Freude im Gesicht ansehen.

love [lʌv] *s.*
I admire his love for his children.

Liebe *f*
Ich bewundere seine Liebe zu seinen Kindern.

pity ['pɪtɪ] *s.*
She took pity on him.

Mitleid *n*
Sie hatte Mitleid mit ihm.

pleasant ['pleznt] *adj.*
These flowers have a pleasant smell.

angenehm
Diese Blumen haben einen angenehmen Duft.

pleasure ['pleʒə] *s.*
It was a pleasure.

Freude *f*, **Vergnügen** *n*
Es war mir eine Freude.

sad [sæd] *adj.*
That was a sad song.

traurig
Das war ein trauriges Lied.

surprise [sə'praɪz] *s.*
What a surprise!

Überraschung *f*
Welche Überraschung!

trouble ['trʌbl] *s.*
The girl is a great trouble to her parents.

Sorge *f*
Das Mädchen macht seinen Eltern große Sorgen.

«2001 – 4000»

anger ['æŋgə] *s.*
He was filled with anger at what he saw.

Zorn *m*
Zorn erfüllte ihn über das, was er sah.

angry ['æŋgrɪ] *adj.*
Are you still angry with me?

zornig, böse, ärgerlich
Bist du mir noch böse (*oder* noch zornig auf mich)?

anxious ['æŋkʃəs] *adj.*
She was anxious about her health.

(ängstlich) besorgt
Sie war um ihre Gesundheit besorgt.

anxious ['æŋkʃəs] *adj.*
I am anxious to meet her.

begierig, bestrebt
Es liegt mir viel daran (= *Ich bin begierig*), sie zu treffen.

content(ed) [kən'tent(ɪd)] *adj.*
Are you content with the result?
She seemed quite contented.

zufrieden
Bist du mit dem Ergebnis zufrieden?
Sie schien ganz zufrieden zu sein.

delighted [dɪˈlaɪtɪd] *adj.*
I was (highly) delighted at his words.

erfreut
Ich war über seine Worte (hoch)erfreut.

despair [dɪsˈpeə] *s.*
The girl drove her mother to despair.

Verzweiflung *f*
Das Mädchen brachte seine Mutter zur Verzweiflung.

desperate [ˈdespərət] *adj.*
She was desperate.

verzweifelt
Sie war verzweifelt.

ease [iːz] *s.*

The old man was at (his) ease.

She was very ill at ease at the party.

innere Ruhe *f*, **Unbeschwertheit** *f*

Der alte Mann fühlte sich wohl (= *war innerlich ruhig und unbeschwert*).

Sie fühlte sich auf der Party sehr unbehaglich.

fear [fɪə] *s.*
The girl had a great fear of mice.

Angst *f*, **Furcht** *f*
Das Mädchen hatte große Angst vor Mäusen.

feeling [ˈfiːlɪŋ] *s.*
I did not want to hurt your feelings.

Gefühl *n*
Ich wollte Ihre Gefühle nicht verletzen.

fright [fraɪt] *s.*
She got a terrible fright when she heard voices in the next room.

Schrecken *m*, **Entsetzen** *n*
Sie bekam einen furchtbaren Schrecken, als sie im nächsten Zimmer Stimmen hörte.

fun [fʌn] *s.*
Dancing is fun.

Spaß *m*
Tanzen macht Spaß.

happiness [ˈhæpɪnɪs] *s.*
They lived in happiness for many years.

Glück *n*
Sie lebten viele Jahre lang glücklich (= *im Glück*).

hate [heɪt] *s.*
Eve looked at him with hate in her eyes.

Haß *m*
E. blickte ihn mit Haß in den Augen (*oder* mit haßerfüllten Augen) an.

hearty [ˈhɑːtɪ] *adj.*
We heard his hearty laugh.

herzhaft, herzlich
Wir hörten sein herzhaftes Lachen.

hope [həʊp] *s.*
You are my last hope.

Hoffnung *f*
Du bist meine letzte Hoffnung.

hopeful [ˈhəʊpfʊl] *adj.*
I am not very hopeful that she will pass the exam.

hoffnungsvoll
Ich habe keine große Hoffnung, daß sie das Examen besteht.

---

hopeless [ˈhəʊplɪs] *adj.*
That man is a hopeless idiot.

hoffnungslos
Dieser Mann ist ein hoffnungsloser Dummkopf.

---

horror [ˈhɒrə] *s.*
We were filled with horror when we saw the dead man.

Schrecken *m*, **Grausen** *n*
Wir waren voller Schrecken, als wir den Toten sahen.

---

jealous [ˈdʒeləs] *adj.*
A jealous husband sometimes makes a fool of himself.

eifersüchtig
Ein eifersüchtiger Ehemann macht sich manchmal lächerlich.

---

jealousy [ˈdʒeləsɪ] *s.*
Their jealousy of our success is clear to us.

Eifersucht *f*
Ihre Eifersucht auf unseren Erfolg ist uns klar.

---

lonely [ˈləʊnlɪ] *adj.*
Edith was feeling very lonely.

einsam
E. fühlte sich sehr einsam.

---

mad [mæd] *adj.*
She gets mad with me for coming home late.

(F) **böse, wütend**
Sie wird böse auf mich, wenn ich (zu) spät nach Hause komme.

---

mercy [ˈmɜːsɪ] *s.*
Let us show him some mercy.

Erbarmen *n*
Haben wir etwas Erbarmen mit ihm.

---

merry [ˈmerɪ] *adj.*
Merry Christmas!
He gets merry on three pints of beer. (F)

fröhlich, lustig
Fröhliche Weihnachten!
Nach drei Halben wird er lustig (= *ist er leicht betrunken*).

---

miserable [ˈmɪzərəbl] *adj.*
The old people led a miserable life.

elend
Die alten Leute führten ein elendes Leben.

---

mood [muːd] *s.*
I am not in the mood to go out today.

Stimmung *f*
Ich bin heute nicht in der Stimmung, um auszugehen.

---

nervous [ˈnɜːvəs] *adj.*
Big dogs make her nervous.

nervös
Große Hunde machen sie nervös.

---

passion [ˈpæʃn] *s.*
His passion for her soon died.

Leidenschaft *f*
Seine Leidenschaft für sie erlosch bald.

ready ['redɪ] *adj.*
He was ready to believe anything.

bereit, gewillt
Er war bereit, alles zu glauben.

regret [rɪ'gret] *s.*
He felt no regret for his behaviour.

Bedauern *n*
Er empfand kein Bedauern wegen seines Benehmens.

relief [rɪ'liːf] *s.*
"I am so glad", she said with relief.

Erleichterung *f*
,,Ich bin so froh", sagte sie mit Erleichterung.

satisfaction [sætɪs'fækʃn] *s.*
The result gave me great satisfaction.

Befriedigung *f*, **Zufriedenheit** *f*
Das Ergebnis erfüllte mich mit großer Befriedigung.

shock [ʃɒk] *s.*

Her death was a shock to all of them.
He got an electric shock.

Schlag *m*, **Schock** *m*, **Erschütterung** *f*
Ihr Tod war ein Schlag für sie alle.
Er bekam einen elektrischen Schlag.

sympathy ['sɪmpəθɪ] *s.*
He had no sympathy for the poor.

Mitgefühl *n*, **Sympathie** *f*
Er hatte kein Mitgefühl mit den Armen.

tender ['tendə] *adj.*
She is very tender towards her children.

zärtlich
Sie ist sehr zärtlich zu ihren Kindern.

unhappy [ʌn'hæpɪ] *adj.*
"I am so unhappy", she cried.

unglücklich
,,Ich bin so unglücklich", weinte sie.

unpleasant [ʌn'pleznt] *adj.*
There is an unpleasant smell.

unangenehm
Hier riecht es unangenehm.

unwilling [ʌn'wɪlɪŋ] *adj.*
She was unwilling to sign the letter.

unwillig, nicht gewillt
Sie war nicht gewillt, den Brief zu unterschreiben.

willing ['wɪlɪŋ] *adj.*
Are you willing to help me?

gewillt, willig, willens
Willst du mir helfen (= *Bist du gewillt...*)?

wonder ['wʌndə] *s.*
She was filled with wonder.

Verwunderung *f*
Sie war voller Verwunderung.

worry ['wʌrɪ] *s.*
Try to forget your worries.

Sorge *f*
Versuch, deine Sorgen zu vergessen.

1.1.1.5.2 Verben

«1–2000»

be afraid [bɪ əˈfreɪd]
Don't be afraid (of him).

sich fürchten, Angst haben
Hab keine Angst (vor ihm)!

be in love [bɪ ɪn ˈlʌv]
Anne was very much in love (with Richard).

verliebt sein
A. war sehr (in R.) verliebt.

feel [fiːl] *v/i.*
⚠ **felt** [felt], **felt** [felt]
The woman didn't feel very well.

sich fühlen

Die Frau fühlte sich nicht sehr wohl.

feel [fiːl] *v/t.*
⚠ **felt** [felt], **felt** [felt]
I could feel my heart beating.

fühlen, empfinden

Ich konnte fühlen, wie mein Herz schlug.

hate [heɪt] *v/t.*
The young man began to hate his father.
Children often hate fish.

hassen, nicht mögen
Der junge Mann begann, seinen Vater zu hassen.
Kinder mögen oft keinen Fisch.

hope [həʊp] *vt/i.*
(I) Hope to see you soon!

hoffen
Ich hoffe, Sie bald zu sehen.

like [laɪk] *v/t.*
She does not like him.
I don't like sewing.

mögen, gern(e) haben
Sie mag ihn nicht.
Ich nähe nicht gerne.

love [lʌv] *v/t.*
He loves her very much.
They both love London [football].

lieben
Er liebt sie sehr.
Sie lieben beide London [den Fußball].

surprise [səˈpraɪz] *v/t.*
Her words surprised us.

überraschen
Ihre Worte überraschten uns.

trouble [ˈtrʌbl] *v/t.*
I see you are troubled by this letter.

beunruhigen
Ich sehe, dieser Brief beunruhigt dich (= *du bist durch diesen Brief beunruhigt*).

wonder [ˈwʌndə] *v/i.*
I don't wonder that she failed her exam.

sich wundern
Ich wundere mich nicht (darüber), daß sie durch das Examen gefallen ist.

worry [ˈwʌrɪ] v/i.
Don't worry! Everything will be all right.

sich Sorgen machen
Mach dir keine Sorgen! Alles kommt in Ordnung.

«2001–4000»

astonish [əˈstɒnɪʃ] v/t.

His early arrival astonished us.

in Erstaunen versetzen, erstaunen
Seine frühe Ankunft erstaunte uns.

be ashamed [bɪ əˈʃeɪmd]
You ought to be ashamed (of yourself).

sich schämen
Du solltest dich schämen!

be astonished [bɪ əˈstɒnɪʃt]
I was astonished to see him here.

staunen, erstaunt sein
Ich staunte, ihn hier zu sehen.

be fond of [bɪ ˈfɒnd əv]
Peter is very fond of Joan.

gern(e) haben, mögen
P. hat J. sehr gern(e).

be tired of [bɪ ˈtaɪəd əv]
He was tired of her questions.

satt haben
Er hatte ihre Fragen satt.

disappoint [dɪsəˈpɔɪnt] v/t.
He has (deeply) disappointed us.

enttäuschen
Er hat uns (tief) enttäuscht.

excite [ɪkˈsaɪt] v/t.
Don't get the children excited before they go to sleep.

aufregen
Reg die Kinder vor dem Schlafengehen nicht auf!

fall in love [fɒl ɪn ˈlʌv]
Edward has fallen in love.

sich verlieben
E. hat sich verliebt.

fear [fɪə] v/t.
He feared his brother's anger.

fürchten, Angst haben vor
Er fürchtete den Zorn seines Bruders.

long for [ˈlɒŋ fə] v/i.
She longed for her children to come.

sich sehnen nach
Sie sehnte sich danach, daß ihre Kinder kämen.

pity [ˈpɪtɪ] v/t.
Don't pity her!

Mitleid haben mit, bemitleiden
Hab kein Mitleid mit ihr!

regret [rɪˈgret] v/t.
I regret (that) I could not be present.

bedauern
Ich bedauere, daß ich nicht dabei sein konnte.

shock [ʃɒk] *v/t.*

erschüttern, schockieren, empören

I was shocked by his rude behaviour.

Ich war erschüttert (*oder* schockiert) von seinem unhöflichen Benehmen.

---

tend to *v/i.*

neigen zu, tendieren nach

He tends to talk a lot.

Er neigt dazu, viel zu reden.

1.1.1.6 GESUNDHEIT UND KRANKHEIT
(Siehe auch ARZT UND KRANKENHAUS, 1.2.8)

«1–2000»

accident ['æksɪdənt] *s.*

Unfall *m*

Danny had an accident with his new car.

D. hatte einen Unfall mit seinem neuen Wagen.

---

cold [kəʊld] *s.*

Erkältung *f*

I caught a cold last night.

Ich habe mich gestern abend erkältet.

---

cough [kɒf] *v/i.*

husten

The baby coughed all night.

Das Baby hustete die ganze Nacht.

---

cough [kɒf] *s.*

Husten *m*

She had a bad cough.

Sie hatte einen schlimmen Husten.

---

disease [dɪ'ziːz] *s.*

Krankheit *f*, **Leiden** *n*

A wound is not a disease.

Eine Wunde ist keine Krankheit.

---

headache ['hedeɪk] *s.*

Kopfschmerzen *m/pl.*, **-weh** *n*

I've got a headache.

Ich habe Kopfschmerzen.

---

health [helθ] *s.*

Gesundheit *f*

She is in good [bad *oder* poor] health.

Sie ist bei guter [schlechter] Gesundheit.

---

hurt [hɜːt] *v/t.*
⚠ **hurt** [hɜːt], **hurt** [hɜːt]

verletzen

The boy hurt his leg.

Der Junge verletzte sich am Bein.

---

hurt [hɜːt] *v/i.*
⚠ **hurt** [hɜːt], **hurt** [hɜːt]

weh tun

It will hurt a little.

Es wird ein bißchen weh tun.

ill [ɪl] *adj.* (*nur pred.*)
John was ill for some days.

(*Br.*) **krank**
J. war ein paar Tage krank.

pain [peɪn] *s.*
He felt a sudden pain in his back.

Schmerz *m*
Er fühlte einen plötzlichen Schmerz im Rücken.

power ['paʊə] *s.*
Her powers began to fail her.

Kraft *f*
Ihre Kräfte ließen nach.

sick [sɪk] *adj.*
A sick person should stay in bed.

(*Br. nur attr.*) **krank**
Ein Kranker sollte im Bett bleiben.

sick [sɪk] *adj.*
I can't eat anything. I feel so sick.

übel
Ich kann nichts essen. Mir ist so übel.

strong [strɒŋ] *adj.*
Ruth was not strong enough to lift the cases.

kräftig
R. war nicht kräftig genug (*oder* hatte nicht die Kraft), die Koffer hochzuheben.

suffer ['sʌfə] *v/t.*
He suffered great pain.

(er)leiden, (er)dulden
Er litt große Schmerzen.

temperature ['temprətʃə] *s.*
I have a temperature and must stay in bed.

Fieber *n*
Ich habe Fieber und muß im Bett bleiben.

weak [wiːk] *adj.*
He was very weak after his illness.

schwach
Er war sehr schwach nach seiner Krankheit.

well [wel] *adj.*
I'm feeling quite well.

wohl(auf)
Ich fühle mich recht wohl.

wound [wuːnd] *s.*
Where did you get that wound on your arm?

Wunde *f*
Woher hast du diese Wunde am Arm?

wound [wuːnd] *v/t.*
Many soldiers were wounded in the war.

verwunden
Viele Soldaten wurden im Krieg verwundet.

«2001–4000»

ache [eɪk] *v/i.*
Her head was aching terribly.

weh tun, schmerzen
Der Kopf tat ihr schrecklich weh.

bleed [bliːd] *v/i.*
⚠ **bled** [bled], **bled** [bled]
My finger was bleeding.

bluten
Mein Finger blutete.

blind [blaɪnd] *adj.*
The old man is blind in one eye.

blind
Der alte Mann ist auf einem Auge blind.

break down [breɪk ˈdaʊn] *v/i.*
Alice broke down after the death of her mother.

zusammenbrechen
A. brach nach dem Tod ihrer Mutter zusammen.

deaf [def] *adj.*
The old woman was deaf.
You will become deaf with all that noise.

taub, *auch* **schwerhörig**
Die alte Frau war taub.
Sie werden von all dem Lärm schwerhörig werden.

faint [feɪnt] *v/i.*

She fainted because she had lost so much blood.

ohnmächtig werden, in Ohnmacht fallen
Sie wurde ohnmächtig, weil sie so viel Blut verloren hatte.

heal [hiːl] *v/i.*
The wound soon healed up.

heilen
Die Wunde (ver)heilte bald.

healthy [ˈhelθɪ] *adj.*
They have three healthy children.

gesund
Sie haben drei gesunde Kinder.

illness [ˈɪlnɪs] *s.*
Her illness lasted for over six weeks.

Krankheit f
Ihre Krankheit dauerte über sechs Wochen.

injure [ˈɪndʒə] *v/t.*
They were injured in the accident.

verletzen
Sie wurden bei dem Unfall verletzt.

injury [ˈɪndʒərɪ] *s.*
He died of his injuries.

Verletzung f
Er erlag seinen Verletzungen.

lame [leɪm] *adj.*
She's lame in her right leg.

lahm
Ihr rechtes Bein ist lahm.

painful [ˈpeɪnfʊl] *adj.*
The injury was very painful.

schmerzhaft
Die Verletzung war sehr schmerzhaft.

physical [ˈfɪzɪkl] *adj.*
Is she physically fit again?

körperlich
Ist sie wieder körperlich fit?

recover [rɪˈkʌvə] *v/i.*
Mary has not yet recovered from her illness.

sich erholen
M. hat sich noch nicht von ihrer Krankheit erholt.

sickness [ˈsɪknɪs] s.
Ted is absent because of sickness.

Krankheit f
T. fehlt krankheitshalber (*oder* wegen Krankheit).

sickness [ˈsɪknɪs] s.
His sickness got worse and worse.

Übelkeit f
Seine Übelkeit wurde immer schlimmer (= *Ihm wurde immer „schlechter"*).

sore throat [sɔː ˈθrəʊt] s.
He had a sore throat.

Halsschmerzen m/pl., **-weh** n
Er hatte Halsschmerzen.

strength [streŋθ] s.
He has a lot of strength in his arms.

Kraft f
Er hat viel Kraft in den Armen.

swell [swel] v/i.
⚠ **swelled** [sweld], **swollen** [ˈswəʊlən]
Her hand began to swell.

(an)schwellen

Ihre Hand begann anzuschwellen.

toothache [ˈtuːθeɪk] s.
Oliver had dreadful toothache.

Zahnschmerzen m/pl., **-weh** n
O. hatte schreckliche Zahnschmerzen.

tremble [ˈtrembl] v/i.
Her hands were trembling.

zittern
Ihre Hände zitterten.

upset stomach [ʌpˈset ˈstʌmək] s.
The boy had an upset stomach.

verdorbener Magen m

Der Junge hatte sich den Magen verdorben.

weakness [ˈwiːknɪs] s.
Her weakness prevented her from getting up.

Schwäche f
Sie konnte vor Schwäche nicht aufstehen (= *Ihre Schwäche hinderte sie am Aufstehen*).

1.1.1.7 LEBEN UND TOD

«1–2000»

be alive [bɪ əˈlaɪv]
Both his parents are still alive.

leben, am Leben sein
Seine Eltern leben beide noch.

birthday [ˈbɜːθdeɪ] s.
Happy birthday!

Geburtstag m
Herzlichen Glückwunsch zum Geburtstag!

born [bɔːn] *pp.*
She was born on May 20th, 1941.

geboren
Sie wurde am 20. Mai 1941 geboren.

---

dead [ded] *adj.*
The man is dead now.
Dead men tell no tales.

tot
Jetzt ist der Mann tot.
Tote reden nicht.

---

death [deθ] *s.*
The boy was born after the death of his father.

Tod *m*
Der Junge wurde nach dem Tod seines Vaters geboren.

---

die [daɪ] *v/i.*
She died of heart disease.

sterben
Sie starb an einem Herzleiden.

---

exist [ɪgˈzɪst] *v/i.*
Man cannot exist without food.

That kind of animal no longer exists.

existieren, vorhanden sein
Der Mensch kann nicht ohne Nahrung existieren.

Diese Art von Tieren gibt es nicht mehr.

---

life [laɪf] *s.*
pl. **lives** [laɪvz]
It's a difficult life.
They lost their lives (!) in an accident.

Leben *n*

Das Leben ist schwer.
Sie kamen bei einem Unfall ums Leben.

---

live [lɪv] *v/i.*
He will not live much longer.

leben
Er wird nicht mehr lange leben.

---

old [əʊld] *adj.*
He is now an old man.
She is thirteen (years old).

alt (= *nicht jung*)
Er ist jetzt ein alter Mann.
Sie ist dreizehn Jahre (alt).

---

young [jʌŋ] *adj.*
He is too young for the job.
She's a young lady now.

jung
Er ist zu jung für die Stelle.
Sie ist jetzt eine junge Dame.

«2001–4000»

adult [ˈædʌlt] *s.*
Admission was for adults only.

Erwachsene(r) *m*
Nur Erwachsene waren zugelassen.

---

ashes [ˈæʃɪz] *s. pl.*
Her ashes were scattered over the sea.

Asche *f*
Ihre Asche wurde ins Meer gestreut.

---

birth [bɜːθ] *s.*
They announced the birth of a son.

Geburt *f*
Sie gaben die Geburt eines Sohnes bekannt.

bury [ˈberɪ] v/t.
Our friend was buried last week.
The dog always buries his bone.

beerdigen, be-, ein-, vergraben
Unser Freund wurde in der vergangenen Woche beerdigt.
Der Hund vergräbt immer seinen Knochen.

childhood [ˈtʃaɪldhʊd] s.
She had few memories of her childhood.

Kindheit f
Sie hatte wenig Erinnerungen an ihre Kindheit.

dead body [ded ˈbɒdɪ] s.
A dead body was found in the forest.

Leiche f
Eine Leiche wurde im Wald gefunden.

elder [ˈeldə] adj.
Her elder sister was no longer alive.

ältere/-r/-s
Ihre ältere Schwester lebte nicht mehr.

eldest [ˈeldɪst] adj.
Their eldest son had written from America.

älteste/-r/-s
Ihr ältester Sohn hatte aus Amerika geschrieben.

existence [ɪgˈzɪstəns] s.
She was leading a miserable existence.

Dasein n, **Existenz** f
Sie führte ein elendes Dasein.

grow up [grəʊ ˈʌp] v/i.
The boy grew up in England.

aufwachsen
Der Junge wuchs in England auf.

grow up [grəʊ ˈʌp] v/i.
Peter Pan is called "the boy who never wanted to grow up".

erwachsen werden
P. P. nennt man „den Jungen, der niemals erwachsen werden wollte".

kill [kɪl] v/t.
He killed the fox.
The girl was killed in an accident.

töten
Er tötete den Fuchs.
Das Mädchen kam bei einem Unfall ums Leben.

old age [əʊld ˈeɪdʒ] s.
Old age begins at 65 or 70.

Alter n
Das Alter beginnt mit 65 oder 70 (Jahren).

survive [səˈvaɪv] vt/i.
Will he survive (the accident)?

überleben
Wird er (den Unfall) überleben?

youth [ju:θ] *s.*
In his youth he lived in England.
The youth of today are growing up fast.

Jugend *f*
In seiner Jugend lebte er in England.
Die heutige Jugend wächst sehr schnell.

youthful [ˈjuːθfʊl] *adj.*
He has a youthful appearance.

jugendlich
Er hat ein jugendliches Aussehen.

1.1.2 AKTIVITÄTEN

1.2.2.1 WACHEN UND SCHLAFEN

«1–2000»

be asleep [bɪ əˈsliːp]
Tom was still asleep.

schlafen
T. schlief noch.

dream [driːm] *s.*
I had a funny dream.

Traum *m*
Ich hatte einen komischen Traum.

dream [driːm] *v/i.*
⚠ **dreamed** [driːmd], **dreamt** [dremt]; **dreamed** [driːmd], **dreamt** [dremt]
I rarely dream at night.

träumen

Ich träume nachts selten.

get up [get ˈʌp] *v/i.*
It's time to get up now.

aufstehen
Es ist jetzt Zeit zum Aufstehen.

go to sleep [gəʊ tə ˈsliːp]
The children went to sleep very quickly.
I like a cup of tea before going to sleep.

schlafen gehen, einschlafen
Die Kinder sind sehr schnell eingeschlafen.
Ich mag gern(e) eine Tasse Tee vor dem Schlafengehen.

sleep [sliːp] *v/i.*
⚠ **slept** [slept], **slept** [slept]
Did you sleep well?

schlafen

Haben Sie gut geschlafen?

sleep [sliːp] *s.*
We should have at least seven hours of sleep.

Schlaf *m*
Wir sollten mindestens sieben Stunden Schlaf haben.

tired [ˈtaɪəd] *adj.*
I was so tired but I couldn't sleep.

müde
Ich war so müde, aber ich konnte nicht einschlafen.

wake [weɪk] *v/t.*　　　　　　(auf)wecken
⚠ **woke** [wəʊk], **woken**
[ˈwəʊkən]
Don't wake the baby.　　　　　Weck das Baby nicht auf!

wake up [weɪk ˈʌp] *v/i.*　　aufwachen
I usually wake up early in the　Ich wache morgens gewöhn-
morning.　　　　　　　　　　　lich früh auf.

«2001–4000»

awake [əˈweɪk] *v/i.*　　　　auf-, erwachen
⚠ **awoke** [əˈwəʊk], **awoken**
[əˈwəʊkən]
Bill awoke at seven o'clock.　B. wachte um 7 Uhr auf.

awake [əˈweɪk] *adj.*　　　　wach
Are you awake?　　　　　　　Bist du wach?

fall asleep [fɔːl əˈsliːp] *v/i.*　einschlafen
Fortunately the patient soon　Der Patient schlief glücklicher-
fell asleep.　　　　　　　　　weise bald ein.

sleepy [ˈsliːpɪ] *adj.*　　　　schläfrig
The baby became sleepy.　　Das Baby wurde schläfrig.

tire [ˈtaɪə] *v/t.*　　　　　　　ermüden
The long walk was rather　Der lange Spaziergang war
tiring.　　　　　　　　　　　ziemlich ermüdend.

1.1.2.2 SINNESWAHRNEHMUNGEN

«1–2000»

hear [hɪə] *v/t.*　　　　　　　hören
⚠ **heard** [hɜːd], **heard** [hɜːd]
We heard him come (*oder*　Wir hörten ihn kommen.
coming).

listen [ˈlɪsn] *v/i.*　　　　　　zuhören, horchen
Listen to me!　　　　　　　　Hör mir zu!

look [lʊk] *v/i.*　　　　　　　schauen
He looked round and saw ...　Er schaute sich um und sah ...

look [lʊk] *s.*　　　　　　　　**Blick** *m*
Have a look at my new watch.　Schau dir meine neue Uhr an!

look at [ˈlʊk ət] *v/i.*　　　　ansehen
We looked at the pictures.　　Wir sahen (uns) die Bilder an.

see [siː] *v/t.* | **sehen**
⚠ **saw** [sɔː], **seen** [siːn]
We could not see anything. | Wir konnten nichts sehen.

sight [saɪt] *s.* | **Blick** *m*, **Sicht** *f*, **Sehen** *n*
It was love at first sight. | Es war Liebe auf den ersten Blick.
I know him by sight. | Ich kenne ihn vom Sehen.

sight [saɪt] *s.* | **Anblick** *m*
She fainted at the sight of the lion. | Sie fiel bei dem Anblick des Löwen in Ohnmacht.

smell [smel] *vt/i.* | **riechen**
I smell gas somewhere. | Ich rieche irgendwo Gas.
Smell (the flowers). | Riech einmal (an den Blumen)!

smell [smel] *s.* | **Geruch** *m*, **Duft** *m*
These flowers have a wonderful smell. | Diese Blumen haben einen wunderbaren Duft.

taste [teɪst] *s.* | **Geschmack** *m*
I don't like the taste of this cheese. | Ich mag den Geschmack von diesem Käse nicht.

taste [teɪst] *v/i.* | **schmecken**
These apples taste bad. | Diese Äpfel schmecken schlecht.

touch [tʌtʃ] *vt/i.* | **berühren**
Don't touch (the paintings). | Berühren (der Bilder) verboten!

«2001–4000»

glance [glɑːns] *s.* | **(rascher) Blick** *m*
He took a glance at the headlines. | Er warf einen Blick auf die Schlagzeilen.

glance at ['glɑːns ət] *v/i.* | **einen Blick werfen auf**
She glanced at her watch. | Sie warf einen Blick auf ihre Uhr.

look out [lʊk 'aʊt] *v/i.* | **Ausschau halten**
Gerald looked out for his friends at the station. | G. hielt am Bahnhof Ausschau nach seinen Freunden.

recognize ['rekəgnaɪz] *v/t.* | **erkennen**
I hardly recognized him. | Ich erkannte ihn kaum.

sense [sens] *s.*

Name me any of the five senses.

He has no sense of beauty.

Sinn *m, pl. auch* **Sinne** *m/pl.,* **Vernunft** *f*

Nenne mir einen der fünf Sinne.

Er hat keinen Sinn für Schönheit.

sight [saɪt] *s.*

Her sight is good [poor] for her age.

He lost his sight in the war.

Sehvermögen *n,* **Augenlicht** *n*

Ihr Sehvermögen ist gut [schlecht] für ihr Alter.

Er verlor im Krieg sein Augenlicht.

touch [tʌtʃ] *s.*

At the light touch of her hand the baby began to cry.

Berührung *f*

Als ihre Hand das Baby leicht berührte, (= *Bei der leichten Berührung mit ihrer Hand*) begann es zu weinen.

1.1.2.3 KÖRPERPFLEGE

«1–2000»

bath [bɑːθ] *s.*

Brian had (*oder bes. Am.* took) a bath.

Bad *n*

B. nahm ein Bad (*oder* badete).

brush [brʌʃ] *v/t.*

Sandy brushed her hair.

bürsten

S. bürstete ihr Haar.

brush [brʌʃ] *s.*

I forgot my hairbrush.

Bürste *f*

Ich habe meine Haarbürste vergessen.

comb [kəʊm] *v/t.*

You must comb your hair.

kämmen

Du mußt deine Haare kämmen.

comb [kəʊm] *s.*

We use a brush and comb to do our hair.

Kamm *m*

Wir benützen zum Frisieren Kamm und Bürste.

cream [kriːm] *s.*

Always use a good face cream.

(Haut)Creme *f*

Nimm immer eine gute Gesichtscreme!

powder [ˈpaʊdə] *s.*

She uses too much face powder.

Puder *m*

Sie nimmt zuviel Gesichtspuder.

shower [ˈʃaʊə] *s.*	**Dusche** *f*, **Duschbad** *n*
They took (*oder* had) a shower.	Sie duschten sich (= *nahmen ein Duschbad*).

soap [səʊp] *s.*	**Seife** *f*
Use plenty of soap and water.	Nimm viel Seife und Wasser!

towel [ˈtaʊəl] *s.*	**Handtuch** *n*
He dried his body with a towel.	Er trocknete seinen Körper mit einem Handtuch ab.

wash [wɒʃ] *v/i.*	**sich waschen**
I washed before going to bed.	Ich wusch mich vor dem Zubettgehen.

«2001–4000»

haircut [ˈheəkʌt] *s.*	**Haarschnitt** *m*, **-schneiden** *n*
He needs a haircut.	Er muß sich die Haare schneiden lassen.

hairdo [ˈheəduː] *s.*	**Frisur** *f*
My sister's got a new hairdo.	Meine Schwester hat eine neue Frisur.

make-up [ˈmeɪkʌp] *s.*	**Makeup** *n*, **Schminke** *f*
She wears too much make-up.	Sie trägt zuviel Makeup.

perm [pɜːm] *s.* (= *permanent wave*)	**Dauerwelle** *f*
I must have a new perm.	Ich brauche eine neue Dauerwelle.

razor [ˈreɪzə] *s.*	**Rasierer** *m*, **Rasierapparat** *m*
Do you use an electric razor?	Benutzen Sie einen Elektrorasierer?

shampoo and set [ʃæmˈpuː ənd ˈset] *s.*	**Waschen** *n* **und Legen** *n*
May I have a shampoo and set, please?	Waschen und Legen, bitte.

shave [ʃeɪv] *v/t.*	**rasieren**
He has shaved off his beard.	Er hat seinen Bart abrasiert.

shave [ʃeɪv] *v/i.*	**sich rasieren**
Tom shaves every morning.	T. rasiert sich jeden Morgen.

sponge [spʌndʒ] *s.*	**Schwamm** *m*
She washed her body with a sponge.	Sie wusch sich den Körper mit einem Schwamm.

toothbrush ['tu:θbrʌʃ] s.
Don't forget your toothbrush.

Zahnbürste f
Vergiß deine Zahnbürste nicht!

toothpaste ['tu:θpeɪst] s.
Is there no toothpaste left?

Zahnpasta f
Ist keine Zahnpasta mehr da?

tube [tju:b] s.
I must buy a tube of toothpaste.

Tube f
Ich muß eine Tube Zahnpasta kaufen.

1.1.2.4 TÄTIGKEITEN (ALLGEMEIN)
(Siehe auch WEITERE VERBEN, 3.1)

«1–2000»

act [ækt] v/i.
He acted like a gentleman.

handeln
Er handelte wie ein Gentleman.

act [ækt] s.
This was the act of a fool.

Tat f (einzelne)
Das war die Tat eines Narren.

action ['ækʃn] s.
Bob is a man of action.

Tat f, **Handlung** f
B. ist ein Mann der Tat.

deed [di:d] s.
Let me see deeds, not words.

Tat f
Laßt mich Taten sehen, nicht (nur) Worte!

do [du:] v/t.
⚠ **did** [dɪd], **done** [dʌn]
Something must be done against it.

tun

Es muß etwas dagegen getan werden.

do [du:] v/t.
⚠ **did** [dɪd], **done** [dʌn]
Have you done the kitchen yet?

machen

Hast du die Küche schon gemacht?

You must do your hair.

Du mußt dir die Haare machen.

make [meɪk] v/t.
⚠ **made** [meɪd], **made** [meɪd]
Anne made a cake.
Don't make so much noise.

machen

A. machte einen Kuchen.
Mach nicht soviel Lärm!

plan [plæn] s.
I have no plans for today.

Plan m
Ich habe für heute keine Pläne.

prepare [prɪˈpeə] *v/t.*	**vorbereiten**
He is preparing his speech.	Er bereitet seine Rede vor.
trouble [ˈtrʌbl] *s.*	**Mühe** *f*
He went to a lot of trouble to get the book.	Er gab (*oder* machte) sich viel Mühe, das Buch zu bekommen.
try [traɪ] *v/i.*	**(es) versuchen**
Let me try!	Laß mich mal versuchen!
work [wɜːk] *s.*	**Arbeit** *f*
She is at work from morning till night.	Sie ist von morgens bis abends bei der Arbeit.
work [wɜːk] *s.*	**Werk** *n*
I have read some of Byron's works.	Ich habe einige von Byrons Werken gelesen.
work [wɜːk] *v/i.*	**arbeiten**
They work in a factory.	Sie arbeiten in einer Fabrik.

«2001–4000»

achieve [əˈtʃiːv] *v/t.*	**zustande bringen**
If you don't work harder you will never achieve anything.	Wenn du nicht härter arbeitest, wirst du es zu nichts bringen.
attempt [əˈtempt] *v/t.*	**versuchen**
The prisoners attempted to escape.	Die Häftlinge versuchten zu entkommen.
attempt [əˈtempt] *s.*	**Versuch** *m*
The young man made an attempt to cross the river.	Der junge Mann versuchte, den Fluß zu überqueren.
be engaged in [bɪ ɪnˈɡeɪdʒd ɪn]	**beschäftigt sein mit**
He was engaged in writing a television series.	Er war damit beschäftigt, eine Fernsehreihe zu schreiben.
decide [dɪˈsaɪd] *v/t.*	**beschließen, sich entschließen**
The boy decided to become an engineer.	Der Junge beschloß, Ingenieur zu werden.
determine [dɪˈtɜːmɪn] *v/t.*	**sich entschließen**
After finishing school he determined to go to university.	Nachdem er die Schule beendet hatte, entschloß er sich, auf die Universität zu gehen.
get on [ɡet ˈɒn] *v/i.*	**weiterkommen**
Did you manage to get on with your work?	Sind Sie mit Ihrer Arbeit weitergekommen?

intend [ɪn'tend] v/t.
We intend to go to Austria in the summer.

beabsichtigen
Wir beabsichtigen, im Sommer nach Österreich zu fahren.

job [dʒɒb] s.
That is not my job.
He did a good job.

Aufgabe f, **Arbeit** f
Das ist nicht meine Aufgabe.
Er machte seine Sache gut.

manage ['mænɪdʒ] v/t.
How did you manage to find out our address?

(es) fertigbringen
Wie haben Sie es fertiggebracht, unsere Adresse herauszubringen?

measure ['meʒə] s.
We must take measures to fight crime.

Maßnahme f
Wir müssen Maßnahmen ergreifen, um das Verbrechen zu bekämpfen.

occupation [ɒkjʊ'peɪʃn] s.
Working in the garden is a healthy occupation.

Beschäftigung f
Gartenarbeit ist eine gesunde Beschäftigung.

occupy ['ɒkjʊpaɪ] v/t.
This idea has occupied me for a long time.

beschäftigen
Dieser Gedanke beschäftigt mich schon seit langem.

plan [plæn] v/t.
He is planning to look for a new job.

planen, vorhaben
Er hat vor, sich nach einer neuen Arbeit umzusehen.

practi|ce ['præktɪs], Am. auch **-se** s.
Practice makes perfect.

Übung f
Übung macht den Meister.

practi|se ['præktɪs], Am. auch **-ce** vt/i.
Grace practises (the violin) every day.

üben
G. übt jeden Tag (auf der Geige).

preparation [prepə'reɪʃn] s.
We made preparations to leave.

Vorbereitung f
Wir trafen Vorbereitungen zum Gehen.

purpose ['pɜːpəs] s.
I have come for the purpose of asking you some questions.

Absicht f
Ich bin gekommen, um (= in der Absicht,) Ihnen ein paar Fragen zu stellen.

trial ['traɪəl] s.
She succeeded on her second trial.

Versuch m
Beim zweiten Versuch hatte sie Erfolg.

undertake [ʌndə'teɪk] *v/t.*

⚠ **undertook** [ʌndə'tʊk], **undertaken** [ʌndə'teɪkən]
Who is going to undertake that job?

(es) übernehmen, (es) auf sich nehmen

Wer wird diese Aufgabe übernehmen?

used to [ˈjuːst tə]
He used to smoke a lot but has given it up now.

pflegte zu
Er pflegte viel zu rauchen (*oder* Er rauchte früher sehr viel), aber er hat es jetzt aufgegeben.

1.1.2.5 UMGANG MIT DINGEN

«1–2000»

add [æd] *v/t.*
You must add some more salt to the soup.

hinzufügen, dazugeben
Du mußt noch etwas Salz in die Suppe geben (= *der Suppe ... hinzufügen*).

burn [bɜːn] *v/t.*
⚠ **burnt*** [bɜːnt], **burnt***
[bɜːnt]
She burnt the letter.

verbrennen

Sie verbrannte den Brief.

catch [kætʃ] *v/t.*
⚠ **caught** [kɔːt], **caught** [kɔːt]
Bob caught the ball.
Are we going to catch our train?

fangen, erwischen

B. fing den Ball.
Werden wir unseren Zug (noch) erwischen (= *erreichen*)?

change [tʃeɪndʒ] *v/t.*
Could you change the oil, please?

wechseln
Könnten Sie bitte das Öl wechseln?

close [kləʊz] *v/t.*
Close the curtain, please.

schließen, zumachen
Schließ den Vorhang bitte!

cut [kʌt] *v/t.*
⚠ **cut** [kʌt], **cut** [kʌt]
She cut a slice of bread.

I've cut my finger.

(ab)schneiden

Sie schnitt eine Scheibe Brot ab.
Ich habe mich in den Finger geschnitten.

fill [fɪl] v/t.
The woman filled a bucket with water.

füllen
Die Frau füllte einen Eimer mit Wasser.

find [faɪnd] v/t.
⚠ **found** [faʊnd], **found** [faʊnd]
Where did you find this purse?

finden

Wo hast du diesen Geldbeutel gefunden?

hold [həʊld] v/t.
⚠ **held** [held], **held** [held]
He was holding a knife in his hand.
They were holding hands.

halten

Er hielt ein Messer in der Hand.
Sie hielten sich bei der Hand.

open ['əʊpən] v/t.
Will you open your bag, please.
Let's open a bottle!

öffnen, aufmachen
Öffnen Sie bitte Ihre Tasche!
Machen wir eine Flasche auf!

shake [ʃeɪk] v/t.
⚠ **shook** [ʃʊk], **shaken** ['ʃeɪkən]
Shake well before use.

schütteln

Vor Gebrauch gut schütteln!

shut [ʃʌt] v/t.
⚠ **shut** [ʃʌt], **shut** [ʃʌt]
Shut the door, please.

schließen

Bitte schließ die Tür!

use [juːz] v/t.
This pan is only used for cooking meat.

gebrauchen, verwenden
Dieser Topf wird nur zum Fleischkochen gebraucht.

«2001–4000»

apply [ə'plaɪ] v/t.
Don't apply too much force.

anwenden
Wende nicht zuviel Gewalt an!

bar [bɑː] v/t.
The entrance was barred by a car.

versperren
Der Eingang war durch ein Auto versperrt.

bend [bend] v/t.
⚠ **bent** [bent], **bent** [bent]
Can you bend this wire?

The woman was bent with age.

biegen, beugen

Kannst du diesen Draht biegen?

Die Frau war vom Alter gebeugt.

come across [kʌm ə'krɒs] v/i.
Where did you come across this photo?

ausfindig machen, stoßen auf
Wo hast du dieses Foto ausfindig gemacht?

connect [kə'nekt] *v/t.*
The engineer connected the two wires.

verbinden
Der Ingenieur verband die zwei Drähte (miteinander).

cover ['kʌvə] *v/t.*
She covered the bed with a blanket.

zu-, bedecken
Sie deckte das Bett mit einer Decke zu.

dig [dɪg] *v/t.*
⚠ **dug** [dʌg], **dug** [dʌg]
The children dug a hole in the sand.

graben

Die Kinder gruben ein Loch in den Sand.

drive [draɪv] *v/t.*
⚠ **drove** [drəʊv], **driven** ['drɪvən]
A girl with a dog drove the cattle across the road.

treiben

Ein Mädchen mit einem Hund trieb das Vieh über die Straße.

exchange [ɪks'tʃeɪndʒ] *v/t.*
We exchanged English pounds for German marks.

(aus-, um)tauschen
Wir tauschten englische Pfund gegen deutsche Mark.

fasten ['fɑːsn] *v/t.*
He fastened the flower with a pin.

festmachen, befestigen
Er befestigte die Blume mit einer Nadel.

fix [fɪks] *v/t.*
We fixed the mirror to the wall.

festmachen, befestigen
Wir machten den Spiegel an der Wand fest.

fold [fəʊld] *v/t.*
Fold the letter twice.
She folded the blanket.

falten, zusammenlegen
Falten Sie den Brief zweimal!
Sie legte die Decke zusammen.

form [fɔːm] *v/t.*
The children formed a circle [a fan club].

bilden
Die Kinder bildeten einen Kreis [einen Fanclub].

gather ['gæðə] *v/t.*
The author spent years gathering material for his novel.

sammeln
Der Autor verbrachte Jahre damit, Material für seinen Roman zu sammeln.

get rid of [get 'rɪd əv]
I could not get rid of these old shoes.

loswerden
Ich konnte diese alten Schuhe nicht loswerden.

grind [graɪnd] v/t.
⚠ **ground** [graʊnd], **ground**
[graʊnd]
The flour was ground in the
mill.

mahlen

Das Mehl wurde in der Mühle
gemahlen.

hang [hæŋ] v/t.
⚠ **hung** [hʌŋ], **hung** [hʌŋ]
You can hang your coat on this
hook.

hängen (hängte, gehängt)

Du kannst deinen Mantel an
diesen Haken hängen.

knock [nɒk] v/i.
He knocked at the door.

klopfen
Er klopfte an der Tür.

light [laɪt] v/t.
⚠ **lit** [lɪt], **lit** [lɪt]
Sammy lit a cigarette [the fire].

anzünden

S. zündete eine Zigarette [das
Feuer] an.

look for [ˈlʊk fə] v/i.
I looked for the photos everywhere.

suchen (nach)
Ich suchte überall nach den
Fotos.

miss [mɪs] v/t.
Bob missed the ball (which)
Sam threw (to) him.

verfehlen
B. verfehlte den Ball, den S.
ihm zuwarf.

need [niːd] v/t.
What else do we need?

brauchen
Was brauchen wir sonst noch?

paint [peɪnt] v/t.
He painted the chair yellow.

anmalen
Er malte den Stuhl gelb an.

press [pres] v/t.
I pressed the button for second
floor.
You must press out the juice.

drücken (auf), pressen
Ich drückte auf den Knopf zum
zweiten Stock.
Du mußt den Saft auspressen.

rub [rʌb] v/t.
Don't rub your eyes.

reiben
Reib dir nicht die Augen!

saw [sɔː] v/t.
⚠ **sawed** [sɔːd], **sawn** [sɔːn]
Dave sawed a branch off the
tree.

sägen

D. sägte einen Ast von dem
Baum ab.

search for [ˈsɜːtʃ fə] v/i.
He searched for some coins in
his pockets.

suchen (nach)
Er suchte in seinen Taschen
nach ein paar Münzen.

shape [ʃeɪp] v/t.
She shaped the dough into
little balls.

formen
Sie formte kleine Kugeln aus
dem Teig.

sharpen ['ʃɑːpən] v/t.
The knife needs sharpening.

schärfen, (*Messer*) **schleifen**
Das Messer muß geschliffen (*oder* geschärft) werden.

---

shorten ['ʃɔːtn] v/t.
We can shorten the sleeves of your dress.

(ver)kürzen
Wir können die Ärmel Ihres Kleides kürzen.

---

split [splɪt] v/t.
⚠ **split** [splɪt], **split** [splɪt]
He split a piece of wood.

spalten

Er spaltete ein Stück Holz.

---

spoil [spɔɪl] v/t.
⚠ **spoiled** [spɔɪld], **spoilt** [spɔɪlt]; **spoiled** [spɔɪld], **spoilt** [spɔɪlt]
You've completely spoilt those trousers.

verderben, kaputtmachen

Du hast die Hose (da) vollkommen kaputtgemacht.

---

stretch [stretʃ] v/t.
He stretched the rubber band.

dehnen, strecken
Er dehnte das Gummiband.

---

support [sə'pɔːt] v/t.
The roof needs supporting.

stützen
Das Dach muß gestützt werden.

---

tear [teə] v/t.
⚠ **tore** [tɔː], **torn** [tɔːn]
Don't tear your stockings.

(zer)reißen

Zerreiß deine Strümpfe nicht!

---

turn off [tɜːn 'ɒf] v/t.
She forgot to turn the light off.

aus-, abschalten
Sie vergaß, das Licht auszuschalten.

---

turn on [tɜːn 'ɒn] v/t.
He turned on the radio.

ein-, anschalten
Er schaltete das Radio ein.

---

twist [twɪst] v/t.
She twisted a piece of wire round the paper flowers.

wickeln
Sie wickelte ein Stück Draht um die Papierblumen.

---

waste [weɪst] v/t.
Don't waste so much paper [money].
You're wasting your time.

verschwenden, vergeuden
Verschwende nicht soviel Papier [Geld]!
Du vergeudest deine Zeit.

---

wind [waɪnd] v/t.
⚠ **wound** [waʊnd], **wound** [waʊnd]
The nurse wound up the bandages.

wickeln

Die Schwester wickelte die Bandagen auf.

wrap [ræp] v/t.
Shall I wrap the shoes up for you?

einwickeln
Soll ich Ihnen die Schuhe einwickeln?

1.1.2.6 BEWEGEN VON GEGENSTÄNDEN

«1–2000»

bring [brɪŋ] v/t.
⚠ **brought** [brɔːt], **brought** [brɔːt]
Will you bring me the paper, please?
Bring your sister with you.

(her)bringen

Bringst du mir bitte die Zeitung (her)?
Bring deine Schwester mit!

carry [ˈkærɪ] v/t.
I had to carry three bags.

tragen
Ich mußte drei Taschen tragen.

draw [drɔː] v/t.
⚠ **drew** [druː], **drawn** [drɔːn]
We drew the boat out of the water.

ziehen

Wir zogen das Boot aus dem Wasser.

drop [drɒp] v/t.
She dropped the plate.

fallen lassen, hinunterwerfen
Sie ließ den Teller fallen.

lay [leɪ] v/t.
⚠ **laid** [leɪd], **laid** [leɪd]
He laid his book aside.
The hen laid an egg.
I must lay the table.

legen

Er legte sein Buch zur Seite.
Die Henne legte ein Ei.
Ich muß den Tisch decken.

lift [lɪft] v/t.
He could not lift the heavy box.

(auf-, hoch)heben
Er konnte die schwere Kiste nicht aufheben.

pick up [pɪk ˈʌp] v/t.
The girl picked up her ball.

(*vom Boden*) **aufheben**
Das Mädchen hob seinen Ball auf.

pull [pʊl] v/t.
He pulled the boy's ear.

ziehen
Er zog den Jungen am Ohr.

push [pʊʃ] v/t.
The boys pushed the girl into the water.

stoßen
Die Jungen stießen das Mädchen ins Wasser.

push [pʊʃ] v/t.
Can you help me push my car?

(an)schieben
Können Sie mir meinen Wagen anschieben helfen?

put [pʊt] *v/t.*
⚠ **put** [pʊt], **put** [pʊt]
Put your hat on!

setzen

Setz deinen Hut auf!

put [pʊt] *v/t.*
⚠ **put** [pʊt], **put** [pʊt]
She put the plates on the table.

stellen

Sie stellte die Teller auf den Tisch.

put [pʊt] *v/t.*
⚠ **put** [pʊt], **put** [pʊt]
Sarah put a spoon beside each plate.

legen

S. legte einen Löffel neben jeden Teller.

send [send] *v/t.*
⚠ **sent** [sent], **sent** [sent]
Did you send the parcel off?

schicken, senden

Hast du das Paket abgeschickt?

set [set] *v/t.*
⚠ **set** [set], **set** [set]
He carefully set the plant on the desk.

setzen

Er setzte die Pflanze vorsichtig auf den Schreibtisch.

set [set] *v/t.*
⚠ **set** [set], **set** [set]
I set a lamp on the table.

stellen

Ich stellte eine Lampe auf den Tisch.

take [teɪk] *v/t.*
⚠ **took** [tʊk], **taken** [ˈteɪkən]
I took the letter to him.
They took his wife to hospital.

(hin)bringen

Ich brachte ihm den Brief.
Man brachte seine Frau ins Krankenhaus.

turn [tɜːn] *v/t.*
They tried to turn the wheel.

He turned the key in the lock.

(um)drehen

Sie versuchten, das Rad zu drehen.
Er drehte den Schlüssel im Schloß um.

«2001–4000»

burden [ˈbɜːdn] *s.*
The men had to carry a heavy burden.

Last *f*

Die Männer hatten eine schwere Last zu tragen.

drag [dræg] *v/t.*
She dragged the heavy carpet downstairs.

schleppen

Sie schleppte den schweren Teppich nach unten.

fetch [fetʃ] v/t.
Would you fetch me some cigarettes, please?

holen
Würdest du mir bitte Zigaretten
holen?

heap [hiːp] v/t.
The children heaped (up)
stones to build a wall.

an-, aufhäufen
Die Kinder häuften Steine auf-
einander, um eine Mauer zu
bauen.

load [ləʊd] v/t.
The car was loaded with our
cases.

(auf-, be)laden
Das Auto war mit unseren Kof-
fern beladen.

load [ləʊd] s.
They had to carry heavy loads.

Last f, **Ladung** f
Sie mußten schwere Lasten
tragen.

The men brought a load of
furniture.

Die Männer brachten eine Ladung Möbel.

lower [ˈləʊə] v/t.
Will you please lower the
blinds a little?

herunterlassen
Läßt du bitte die Jalousien etwas herunter?

pile up [paɪl ˈʌp] v/t.
They piled up a fortune.

an-, aufhäufen, ansammeln
Sie sammelten ein Vermögen
an.

raise [reɪz] v/t.
One pupil raised his hand.
The curtain was raised.

(hoch)heben
Ein Schüler hob die Hand.
Der Vorhang hob sich (= wur-
de hochgezogen).

remove [rɪˈmuːv] v/t.
Who removed this book from
the shelf?

entfernen
Wer hat dieses Buch aus dem
Regal genommen (= ent-
fernt)?

transport [ˈtrænspɔːt] s.
Rail transport has become
more expensive.

Transport m
Der Bahntransport ist teurer
geworden.

1.1.2.7 GEBEN UND NEHMEN

«1–2000»

accept [əkˈsept] v/t.
She would not accept his present.

annehmen
Sie wollte sein Geschenk nicht
annehmen.

get [get] *v/t.*
⚠ **got** [gɒt], **got** [gɒt]
Where did you get this dress?

bekommen

Wo haben Sie dieses Kleid bekommen?

---

give [gɪv] *v/t.*
⚠ **gave** [geɪv], **given** ['gɪvən]
Can you give me a handkerchief?

geben

Kannst du mir ein Taschentuch
geben?

---

have got [həv 'gɒt] *v/t.*
Have you got some matches for
me?

(F) haben

Hast du Streichhölzer für
mich?

---

keep [kiːp] *v/t.*
⚠ **kept** [kept], **kept** [kept]
Keep the rest (of the money).

behalten

Behalten Sie den Rest (des
Geldes)!

---

leave [liːv] *v/t.*
⚠ **left** [left], **left** [left]
Leave the car in the garage.
He left three children.

(zurück-, hinter)lassen

Laß den Wagen in der Garage!
Er hinterließ drei Kinder.

---

lend [lend] *v/t.*
⚠ **lent** [lent], **lent** [lent]
Will you lend me your bicycle?

(ver)leihen

Leihst du mir dein Fahrrad?

---

receive [rɪ'siːv] *v/t.*
I received your letter.

erhalten, empfangen

Ich habe deinen Brief erhalten.

---

take [teɪk] *v/t.*
⚠ **took** [tʊk], **taken** ['teɪkən]
Take a clean towel.

nehmen

Nimm ein sauberes Handtuch!

«2001–4000»

acquire [ə'kwaɪə] *v/t.*
He acquired some properties.

erwerben

Er erwarb Besitztümer.

---

borrow ['bɒrəʊ] *v/t.*
I had to borrow the sum from a
friend.

borgen, sich (*etwas*) **leihen**

Ich mußte die Summe von einem Freund borgen.

---

distribute [dɪs'trɪbjuːt] *v/t.*
The toys were distributed
among the children.

ver-, austeilen

Die Spielsachen wurden an die
Kinder verteilt.

get hold of [get ˈhəʊld əv]　　　erwischen, (zu fassen) kriegen
We soon got hold of the boy.　　　Bald erwischten wir den Jungen.

At last they got hold of the book　Endlich kriegten sie das Buch,
they had been looking for.　　　　das sie gesucht hatten.

give [gɪv] v/t.　　　　　　　　**schenken**
⚠ **gave** [geɪv], **given** [ˈgɪvən]
We gave her some flowers.　　　　Wir schenkten ihr Blumen.

occupy [ˈɒkjʊpaɪ] v/t.　　　　**in Besitz nehmen, Besitz ergreifen von**

They occupied the house.　　　　Sie nahmen das Haus in Besitz.

pass [pɑːs] v/t.　　　　　　　**(her)reichen, herlangen**
Would you pass (me) the sugar,　Würden Sie (mir) bitte den
please?　　　　　　　　　　　　Zucker herreichen?

reach [riːtʃ] v/t.　　　　　　　**erreichen** (= hinkommen an)
I couldn't reach the book.　　　　Ich konnte das Buch nicht erreichen.

reserve [rɪˈzɜːv] v/t.　　　　　**reservieren, belegen**
All our rooms are reserved.　　　Alle unsere Zimmer sind reserviert (oder belegt).

return [rɪˈtɜːn] v/t.　　　　　**zurückgeben**
David returned me the money I　D. gab mir das Geld zurück,
had lent him.　　　　　　　　　das ich ihm geliehen hatte.

seize [siːz] v/t.　　　　　　　**packen, ergreifen**
He seized her hand and shook　Er packte ihre Hand und schüt-
it.　　　　　　　　　　　　　　telte sie.
The police seized the thief.　　Die Polizei faßte den Dieb.

share [ʃeə] v/t.　　　　　　　**teilen, gemeinsam haben**
They share a flat.　　　　　　　Sie haben eine gemeinsame Wohnung.

share [ʃeə] s.　　　　　　　　**Anteil** m
I want to pay my share of the　Ich will mich an den Kosten
cost.　　　　　　　　　　　　　beteiligen (= meinen Anteil an den Kosten bezahlen).

split [splɪt] v/t.　　　　　　　**(auf)teilen**
⚠ **split** [splɪt], **split** [splɪt]
We can split the money be-　Wir können das Geld unter uns
tween us.　　　　　　　　　　　aufteilen.

take away [teɪk əˈweɪ] v/t.　**wegnehmen**
Take that knife away from the　Nimm dem Kind das Messer
child.　　　　　　　　　　　　weg!

1.1.3 LERNEN UND WISSEN

(*Siehe auch SCHULE UND UNIVERSITÄT, 1.2.9*)

«1–2000»

book [bʊk] *s.*
He was reading a book.

Buch *n*
Er las ein Buch.

collect [kəˈlekt] *v/t.*
Richard collects old maps.

sammeln
R. sammelt alte Landkarten.

collection [kəˈlekʃn] *s.*
Teddy has a stamp collection.

Sammlung *f*
T. hat eine Briefmarkensammlung.

copy [ˈkɒpɪ] *vt/i.*
Could you copy this letter for me?
You copied off Charles!

abschreiben
Könnten Sie diesen Brief für mich abschreiben?
Du hast von C. abgeschrieben!

copy [ˈkɒpɪ] *s.*
May I have a copy of this letter?

Abschrift *f*, **Kopie** *f*
Kann ich eine Abschrift von diesem Brief haben?

example [ɪgˈzɑːmpl] *s.*
Can you give me an example of this rule?

Beispiel *n*
Könnt ihr mir ein Beispiel für diese Regel geben?

exercise [ˈeksəsaɪz] *s.*
They had to copy the exercise into their exercise-books.

Übung *f*
Sie mußten die Übung ins (Übungs)Heft abschreiben.

know [nəʊ] *v/t.*
⚠ **knew** [njuː], **known** [nəʊn]
I did not know the correct word.

wissen

Ich wußte das richtige Wort nicht.

learn [lɜːn] *v/t.*
⚠ **learned** [lɜːnd], **learnt** [lɜːnt], **learned** [lɜːnd], **learnt** [lɜːnt]
Have you learnt your words?

lernen

Hast du deine Wörter (schon) gelernt?

learned [ˈlɜːnɪd] *adj.*
He is a learned man.

gelehrt
Er ist ein Gelehrter.

letter [ˈletə] *s.*
What is the first letter of "take"?

Buchstabe *m*
Wie heißt der erste Buchstabe von „take"?

library [ˈlaɪbrərɪ] s.
A library is a collection of books.

Bibliothek f, **Bücherei** f
Eine Bibliothek ist eine Sammlung von Büchern.

line [laɪn] s.
The writer read some lines from his new book to his friends.

Zeile f
Der Schriftsteller las seinen Freunden ein paar Zeilen aus seinem neuen Buch vor.

page [peɪdʒ] s.
Look at the pictures on page 48.

Seite f
Schaut euch die Bilder auf Seite 48 an!

read [riːd] vt/i.
⚠ **read** [red] **read** [red]
The boy could not read (the word).

lesen

Der Junge konnte (das Wort) nicht lesen.

sheet [ʃiːt] s.
Can you give me a sheet of paper, please?

Blatt n (*Papier*)
Kannst du mir bitte ein Blatt Papier geben?

sign [saɪn] s.
Do you understand this sign?

Zeichen n
Verstehst du dieses Zeichen?

story [ˈstɔːrɪ] s.
The children liked his stories.

Geschichte f, **Erzählung** f
Die Kinder mochten seine Geschichten.

test [test] s.
Mark passed his English test.

Test m, **Prüfung** f
M. bestand seinen Englisch-Test.

type [taɪp] v/t.
Who typed this letter?

(ab)tippen
Wer hat diesen Brief getippt?

write [raɪt] v/t.
⚠ **wrote** [rəʊt], **written** [ˈrɪtn]
Write down the new words.

schreiben

Schreibt die neuen Wörter auf!

writer [ˈraɪtə] s.
Do you know him? He's a famous writer.
She is my favourite writer.

Schriftsteller(in f) m
Kennst du ihn? Er ist ein berühmter Schriftsteller.
Sie ist meine Lieblingsschriftstellerin.

writing [ˈraɪtɪŋ] s.
I can't read his (hand)writing.

Schrift f
Ich kann seine (Hand)Schrift nicht lesen.

«2001–4000»

ability [ə'bɪlətɪ] s.	**Fähigkeit** f, **Können** n
The job is suited to his abilities.	Die Arbeit entspricht seinen Fähigkeiten.
author ['ɔːθə] s.	**Autor(in** f) m, **Schriftsteller(in** f) m
X. X. is a famous author.	X. X. ist ein berühmter Schriftsteller / eine berühmte Schriftstellerin.
author ['ɔːθə] s.	**Verfasser(in** f) m
Who is the author of this book?	Wer ist der Verfasser / die Verfasserin / dieses Buches?
check [tʃek] v/t.	**(über-, nach)prüfen**
I checked the figures on the list.	Ich überprüfte die Zahlen auf der Liste.
Would you check the oil [the brakes], please?	Würden Sie bitte den Ölstand [die Bremsen] prüfen?
check [tʃek] s.	**Kontrolle** f, **(Über-, Nach-) Prüfung** f
The TV sets had to pass a check before leaving the factory.	Die Fernseher wurden einer Prüfung unterworfen, ehe sie die Fabrik verließen.
create [krɪ'eɪt] v/t.	**schaffen**
The architect created many famous buildings.	Der Architekt schuf viele berühmte Bauten.
culture ['kʌltʃə] s.	**Kultur** f
The professor was interested in ancient cultures.	Der Professor interessierte sich für alte Kulturen.
He is lacking in culture.	Es fehlt ihm an Kultur.
deal with ['diːl wɪð] v/t. ⚠ **dealt** [delt], **dealt** [delt]	**handeln von, behandeln**
The new book deals with an old subject.	Das neue Buch handelt von einem alten Thema.
describe [dɪ'skraɪb] v/t.	**beschreiben, schildern**
The boy could describe the accident exactly.	Der Junge konnte den Unfall genau schildern.
description [dɪ'skrɪpʃn] s.	**Beschreibung** f, **Schilderung** f
He gave us an exact description of the events.	Er gab uns eine genaue Schilderung der Ereignisse.

discover [dɪˈskʌvə] *v/t.*
Columbus discovered America.

entdecken
Kolumbus entdeckte Amerika.

element [ˈelɪmənt] *s.*
He taught me the elements of mathematics.

Element *n*, **Grundbegriff** *m*
Er lehrte mich die Grundbegriffe der Mathematik.

experience [ɪkˈspɪərɪəns] *s.*
We need a secretary with experience.

Erfahrung *f*
Wir brauchen eine Sekretärin mit Erfahrung.

experiment [ɪkˈsperɪmənt] *s.*
Their experiment was successful.

Experiment *n*, **Versuch** *m*
Ihr Experiment gelang.

expert [ˈekspɜːt] *s.*
He is an expert in adult education.

Experte *m*
Er ist ein Experte auf dem Gebiet der Erwachsenenbildung.

expert [ˈekspɜːt] *s.*
I'm not an expert in this field.

Fachmann *m*
Ich bin kein Fachmann auf diesem Gebiet.

find out [faɪnd ˈaʊt] *vt/i.*
The children should find [that] out for themselves.

es herausbekommen
Die Kinder sollten es [das] selbst herausbekommen.

ink [ɪŋk] *s.*
The lines were written in ink.

Tinte *f*
Die Zeilen waren mit Tinte geschrieben.

invent [ɪnˈvent] *v/t.*
Alexander Graham Bell invented the telephone.

erfinden
A.G.B. erfand das Telefon.

invention [ɪnˈvenʃn] *s.*
Is the telephone really a good invention?

Erfindung *f*
Ist das Telefon wirklich eine gute Erfindung?

knowledge [ˈnɒlɪdʒ] *s.*
Jack has no great knowledge of art.
She answered to the best of her knowledge.

Kenntnis(se *pl.*) *f*, **Wissen** *n*
J. besitzt keine große(n) Kunstkenntnis(se).
Sie antwortete nach bestem Wissen und Gewissen.

note [nəʊt] *s.*
You'd better take some notes.

Notiz *f*
Du machst dir besser ein paar Notizen.

note [nəʊt] *s.*
Read the notes at the bottom of page 20.

Anmerkung *f*
Lesen Sie die Anmerkungen auf Seite 20 unten.

notebook [ˈnəʊtbʊk] *s.*
Write that down in your note-book.

Notizbuch *n*
Schreib das in dein Notizbuch (ein).

novel [ˈnɒvl] *s.*
X. X. wrote a novel on Henry VIII.

Roman *m*
X. X. schrieb einen Roman über Heinrich den Achten.

observe [əbˈzɜːv] *v/t.*
Have you ever observed a bee gathering honey?

beobachten
Hast du schon einmal eine Biene beobachtet, wie sie Honig sammelte?

obtain [əbˈteɪn] *v/t.*

He obtained a good mark in the examination.

bekommen, erhalten, (sich) erwerben
Er bekam eine gute Note in der Prüfung.

poem [ˈpəʊɪm] *s.*
Sally began to write poems.

Gedicht *n*
S. begann, Gedichte zu schreiben.

poet [ˈpəʊɪt] *s.*
The poet shows much feeling in his work.

Dichter *m*
Der Dichter zeigt in seinem Werk viel Gefühl.

practi|ce, *bes. Am.* **-se**
[ˈpræktɪs] *s.*
In practice these rules are useless.

Praxis *f*

In der Praxis sind diese Regeln nutzlos.

reader [ˈriːdə] *s.*
The newspaper thanked the readers for their letters.

Leser(in *f***)** *m*
Die Zeitung dankte den Lesern für ihre Zuschriften (= *Briefe*).

read to [ˈriːd tə] *v/i.*

Grandmother read to the children.

vorlesen

Großmutter las den Kindern vor.

subject [ˈsʌbdʒɪkt] *s.*
The subject of our lesson is . . .

Thema *n*
Das Thema unserer Lektion ist . . .

table [ˈteɪbl] *s.*
There is a table on page 30.

Tabelle *f*
Auf Seite 30 befindet sich eine Tabelle.

test [test] *v/t.*
The pupils were tested on their knowledge of English.

prüfen, testen
Die Schüler wurden auf ihre Englischkenntnisse geprüft.

text [tekst] *s.*
The text is printed clearly.

Text *m*
Der Text ist deutlich gedruckt.

trial ['traɪəl] *s.*
He tested the car in a trial run.

Will he stand this trial?

Probe *f*, **Prüfung** *f*
Er testete den Wagen bei einer Probefahrt.
Wird er diese Prüfung (*des Schicksals*) bestehen?

understanding [ʌndə'stændɪŋ] *s.*
She has absolutely no understanding of this problem.

Verständnis *n*

Sie hat überhaupt kein Verständnis für dieses Problem.

volume ['vɒljuːm] *s.*
The dictionary consists of two volumes.

Band *m*
Das Lexikon besteht aus zwei Bänden.

1.1.4 VERHALTEN
(*Siehe auch CHARAKTER, 1.1.1.4 und FÜHLEN UND EMPFINDEN, 1.1.1.5*)

1.1.4.1 ALLGEMEINES VERHALTEN

«1–2000»

attention [ə'tenʃn] *s.*
May I have your attention, please.
Attention!

Aufmerksamkeit *f*
Darf ich um Ihre Aufmerksamkeit bitten.
Achtung!/Vorsicht!

be able to [bɪ 'eɪbl tʊ] *v./aux.*
Will they be able to come?

können
Werden sie kommen können?

be used to [bɪ 'juːst tʊ]

He is not used to drinking.

gewöhnt sein an (*oder* **zu**), **gewohnt sein**
Er ist das Trinken nicht gewohnt.

business ['bɪznɪs] *s.*
That's none of your business.

Angelegenheit(en *pl.***)** *f*
Das ist nicht deine Angelegenheit.

mind [maɪnd] *v/t.*
Mind your own business.

sich kümmern um (*bedenken*)
Kümmere dich um deine eigenen Angelegenheiten!

care [keə] s.
He must work with more care.

Sorgfalt f
Er muß sorgfältiger arbeiten.

cry [kraɪ] v/i.
The little girl began to cry.

(laut) **weinen**
Das kleine Mädchen fing an zu weinen.

depend [dɪ'pend] v/i.
He depends on his parents for money.

abhängig sein, abhängen
Er ist von seinen Eltern finanziell abhängig.

duty ['djuːtɪ] s.
He always does his duty.

Pflicht f
Er tut immer seine Pflicht.

expect [ɪk'spekt] v/t.
They had not expected him to arrive so early.

erwarten
Sie hatten nicht erwartet, daß er so früh kommen würde.

forget [fə'get] v/t.
⚠ **forgot** [fə'gɒt], **forgotten** [fə'gɒtn]
Don't forget to put out the light.

vergessen

Vergiß nicht, das Licht auszumachen!

guard [gɑːd] v/t.
Parents cannot guard their children against disease.

(be)schützen, behüten
Eltern können ihre Kinder nicht vor Krankheit schützen.

guard [gɑːd] s.
They kept guard.

Wache f
Sie hielten Wache.

hide [haɪd] v/t.
⚠ **hid** [hɪd], **hidden** ['hɪdn]
He hid the letter in his desk.

verstecken

Er versteckte den Brief in seinem Schreibtisch.

laugh [lɑːf] v/i.
We had to laugh.

lachen
Wir mußten lachen.

leave [liːv] v/t.
Don't leave me.
He left home very early.

verlassen
Verlaß mich nicht.
Er ging sehr früh von zu Hause weg.

matter ['mætə] s.
Can we help him in this matter?

Angelegenheit f, **Sache** f
Können wir ihm in dieser Angelegenheit helfen?

notice ['nəʊtɪs] v/t.
Her husband didn't notice that she was wearing a new dress.

(be)merken, wahrnehmen
Ihr Mann bemerkte nicht, daß sie ein neues Kleid trug.

pay attention (to) [peɪ əˈtenʃn (tə)]
Pay attention to what I tell you.

aufpassen (auf), achtgeben (auf)
Paß auf (auf das), was ich dir sage!

protect [prəˈtekt] v/t.
One cannot protect a child against every danger.

schützen
Man kann ein Kind nicht vor jeder Gefahr schützen.

protection [prəˈtekʃn] s.
Their dog is a protection against burglars.

Schutz m
Ihr Hund ist ein Schutz gegen Einbrecher.

smile [smaɪl] v/i.
She smiled (at him).

lächeln
Sie lächelte (ihn an).

smile [smaɪl] s.
There was a smile on the child's face.

Lächeln n
Ein Lächeln lag auf dem Gesicht des Kindes.

take care [teɪk ˈkeə]
Take care or you will fall.

achtgeben, aufpassen
Gib acht, sonst fällst du!

take care of [teɪk ˈkeər əv].
She took care of the baby while the parents were out.

sorgen für, versorgen
Sie sorgte für das Baby, während die Eltern weg waren.

wait [weɪt] v/i.
I had to wait for him.

warten
Ich mußte auf ihn warten.

«2001–4000»

affair [əˈfeə] s.
That's not your affair.

Angelegenheit f
Das ist nicht deine Angelegenheit.

await [əˈweɪt] v/t.
We are awaiting your instructions.

erwarten, warten auf
Wir erwarten Ihre Anweisungen.

be capable of [bɪ ˈkeɪpəbl əv]
Do you think she is capable of doing it all by herself?

fähig sein zu, können
Glaubst du, sie kann es ganz allein machen?

behave [bɪˈheɪv] v/i. u. v/reflex.
Don't behave like a child.

Behave yourself!

sich benehmen, sich verhalten
Benimm dich nicht wie ein Kind!

Benimm dich!

behaviour [bɪˈheɪvjə] s.
I cannot understand his behaviour.

Benehmen n, **Verhalten** n
Ich kann sein Benehmen nicht verstehen.

be in charge of [bɪ ɪn ˈtʃɑːdʒ əv]

Who is in charge of this project?

leiten, beaufsichtigen, die Aufsicht führen über

Wer leitet dieses Projekt?

---

dare [deə] *v/aux.*

I dared not enter the room.

(es) wagen

Ich wagte nicht, das Zimmer zu betreten.

---

direction [dɪˈrekʃn] *s.*

The work was finished under the direction of Mr Brown.

Leitung *f,* **Direktion** *f*

Die Arbeit wurde unter Leitung von Herrn B. beendet.

---

do without [duː wɪðˈaʊt] *v/i.*

I can very well do without his advice.

verzichten auf

Ich kann (sehr) gut auf seinen Rat verzichten.

---

ease [iːz] *s.*

They could swim the river with ease.

Leichtigkeit *f*

Sie konnten den Fluß mit Leichtigkeit durchschwimmen.

---

effort [ˈefət] *s.*

You must make an effort.

Anstrengung *f*

Du mußt dich anstrengen.

---

habit [ˈhæbɪt] *s.*

Swearing is a bad habit.

(An)Gewohnheit *f*

Fluchen ist eine schlechte Angewohnheit.

---

laughter [ˈlɑːftə] *s.*

The room was filled with their laughter.

Gelächter *n,* **Lachen** *n*

Ihr Gelächter erfüllte das Zimmer.

---

look after [lʊk ˈɑːftə] *v/i.*

Helen had to look after the animals.

sich kümmern um, betreuen

H. mußte sich um die Tiere kümmern.

---

manner [ˈmænə] *s.*

Her manner of dressing shows good taste.

He talked to us in a very friendly manner.

Art (und Weise) *f*

Die Art, wie sie sich kleidet, zeugt von gutem Geschmack.

Er redete sehr freundlich mit uns.

---

memory [ˈmemərɪ] *s.*

She has no memory of her father.

A chapel was built in memory of the king.

Erinnerung *f,* **Andenken** *n*

Sie hat keine Erinnerung an ihren Vater.

Eine Kapelle wurde zum Andenken an den König gebaut.

---

miss [mɪs] *v/t.*

I only missed my purse when I wanted to pay.

We shall miss her.

vermissen

Ich vermißte meinen Geldbeutel erst, als ich bezahlen wollte.

Wir werden sie vermissen.

neglect [nɪgˈlekt] *v/t.*
His wife felt neglected.

vernachlässigen
Seine Frau fühlte sich vernach-
lässigt.

notice [ˈnəʊtɪs] *v/t.*
I didn't notice her remark.

beachten
Ich habe ihre Bemerkung nicht
beachtet.

omit [əˈmɪt] *v/t.*

He had omitted to lock the
door.

**(es) versäumen, (es) unterlas-
sen**
Er hatte es versäumt, die Tür
abzuschließen.

overcome [əʊvəˈkʌm] *v/t.*
⚠ **overcame** [əʊvəˈkeɪm],
overcome [əʊvəˈkʌm]
You will overcome your difficulties.

überwinden

Du wirst deine Schwierigkeiten
überwinden.

stand [stænd] *v/t.*
⚠ **stood** [stʊd], **stood** [stʊd]
I can't stand that noise.

(v)ertragen, aushalten

Ich kann diesen Lärm nicht
ertragen.

watch [wɒtʃ] *v/t.*
They watched the sun set(ting).

Did you watch him enter(ing)
the house?

zusehen (bei), beobachten
Sie sahen zu, wie die Sonne
unterging.
Hast du beobachtet, wie er in
das Haus eintrat?

weep [wiːp] *v/i.*
⚠ **wept** [wept], **wept** [wept]
Mary wept like a child.

weinen

M. weinte wie ein Kind.

1.1.4.2 *VERHALTEN GEGEN MENSCHEN*

«1–2000»

disturb [dɪˈstɜːb] *v/t.*
Don't disturb her. She's asleep.

stören
Stör sie nicht! Sie schläft.

excuse [ɪkˈskjuːz] *v/t.*
I cannot excuse such behaviour.

entschuldigen
Ich kann so ein Benehmen
nicht entschuldigen.

excuse [ɪkˈskjuːs] *s.*
Must you always have an excuse?

Entschuldigung *f*
Mußt du immer eine Entschuldigung haben?

follow [ˈfɒləʊ] v/t.   (dat.) **folgen**
Will you follow me, please?   Wollen Sie mir bitte folgen?

follow [ˈfɒləʊ] v/t.   **verfolgen**
They followed the thief.   Sie verfolgten den Dieb.

help [help] v/t.   **helfen**
Can you help me?   Kannst du mir helfen?
It can't be helped.   Da kann man nichts machen.
He can't help it.   Er kann nicht anders.

help [help] s.   **Hilfe** f
That was a great help to me. Das war mir eine große Hilfe.

pardon [ˈpɑːdn] s.   **Verzeihung** f
I asked her pardon.   Ich bat sie um Verzeihung.

power [ˈpaʊə] s.   **Macht** f
He did everything that was   Er tat alles, was in seiner
within his power.   Macht stand.

promise [ˈprɒmɪs] v/t.   **versprechen**
I promise you never to do it Ich verspreche dir, es nie wie-
again.   der zu tun.

promise [ˈprɒmɪs] s.   **Versprechen** n
Will he keep his promise or Wird er sein Versprechen hal-
break it?   ten oder es brechen?

remind [rɪˈmaɪnd] v/t.   **erinnern**
That reminds me of my mother. Das erinnert mich an meine
                             Mutter.
Remind me to buy some bread. Erinnere mich daran, daß ich
                             Brot kaufe.

silence [ˈsaɪləns] s.   **Ruhe** f, **Stille** f, **Schweigen** n
Silence, please!   Ruhe bitte!
He passed over the mistake in Er überging den Fehler mit
silence.   Schweigen.

«2001–4000»

aid [eɪd] s.   **Hilfe** f
They came to our aid.   Sie kamen uns zur Hilfe.

apologize [əˈpɒlədʒaɪz] v/i. **um Entschuldigung bitten, sich
                                 entschuldigen**
I apologize.   Ich bitte um Entschuldigung!

assist [əˈsɪst] v/t.   (j-m) **helfen,** (j-m) **beistehen**
Can you assist me in filling in Kannst du mir helfen, dieses
that form?   Formular auszufüllen?

blame [bleɪm] v/t.
Don't blame me for that failure.

(j-m) **die Schuld geben, tadeln**
Gib nicht mir die Schuld an diesem Mißerfolg!

boast [bəʊst] v/i.
He boasts too much of his success.

prahlen
Er prahlt zuviel mit seinem Erfolg.

caution [ˈkɔːʃn] s.
Caution! Handle with care!

Vorsicht f
Vorsicht, zerbrechlich!

cheat [tʃiːt] v/t.
We dared not cheat the customs.

betrügen
Wir wagten nicht, den Zoll zu betrügen.

cheat [tʃiːt] v/i.
He always cheated at cards.

mogeln
Er mogelte immer beim Kartenspielen.

cheat [tʃiːt] s.
Don't trust that old cheat.

Betrüger(in f) m
Trau dem alten Betrüger nicht!

confidence [ˈkɒnfɪdəns] s.
I have confidence in him.

Vertrauen n
Ich habe Vertrauen zu ihm.

control [kənˈtrəʊl] s.
Keep that dog under control.

Kontrolle f
Halten Sie den Hund (da) unter Kontrolle!

copy [ˈkɒpɪ] v/t.
She copies the way her mother smiles.

nachahmen
Sie ahmt das Lächeln ihrer Mutter nach.

curse [kɜːs] v/t.
He cursed the thieves who had stolen his car.

fluchen auf, verfluchen
Er fluchte auf die Diebe, die sein Auto gestohlen hatten.

cursed [ˈkɜːsɪd] adj.
What did this cursed idiot do?

verflucht
Was tat dieser verfluchte Idiot?

encourage [ɪnˈkʌrɪdʒ] v/t.
The professor encouraged the young man in his studies.

ermutigen
Der Professor ermutigte den jungen Mann in seinen Studien.

example [ɪgˈzɑːmpl] s.
His great example was his uncle Ronald.

Vorbild n
Sein großes Vorbild war sein Onkel R.

favour [ˈfeɪvə] s.
David tried to win Kitty's favour.

Gunst f
D. versuchte, K.'s Gunst zu gewinnen.

favour ['feɪvə] s.
Do me a favour: don't talk so much.

Gefallen m
Tu mir einen Gefallen: Red nicht so viel!

forgive [fə'gɪv] v/t.
⚠ **forgave** [fə'geɪv], **forgiven** [fə'gɪvən]
Forgive my being late.

verzeihen

Verzeih, daß ich zu spät komme!

give in [gɪv 'ɪn] v/i.
Don't give in.

nachgeben
Gib nicht nach!

gossip ['gɒsɪp] s.
Why do you believe that gossip?

Klatsch m, **Tratsch** m
Warum glaubst du diesem Klatsch?

gossip ['gɒsɪp] s.
Mrs White is an old gossip.

Klatschbase f, **-tante** f
Frau W. ist eine alte Klatschbase.

guide [gaɪd] v/t.
The dog guided the blind man across the street.

führen
Der Hund führte den Blinden über die Straße führt.

honour ['ɒnə] s.
He had to fight for his honour.

Ehre f
Er mußte um seine Ehre kämpfen.

imitate ['ɪmɪteɪt] v/t.
Ted imitated the President's way of speaking.

nachahmen
T. ahmte die Sprechweise des Präsidenten nach.

impress [ɪm'pres] v/t.
I was greatly impressed by the play.

beeindrucken
Ich war von dem (Theater-) Stück sehr beeindruckt.

influence ['ɪnfluəns] s.
He has great influence with the minister.

Einfluß m
Er hat großen Einfluß auf den Minister.

interfere [ɪntə'fɪə] v/i.
Don't interfere.

sich einmischen
Misch dich nicht ein!

lead [liːd] vt/i.
⚠ **led** [led], **led** [led]
The road leads to the castle.
He can lead the way.

führen

Die Straße führt zum Schloß.
Er kann vorausgehen.

lie [laɪ] s.
Don't tell me lies.

Lüge f
Erzähl mir keine Lügen!

lie [laɪ] v/i.
The boy lied to his mother.

lügen
Der Junge log seine Mutter an.

model [ˈmɒdl] *s.*
Take your father as a model for yourself.

Vorbild *n*
Nimm dir deinen Vater zum Vorbild!

offen|ce, *Am.* **-se** [əˈfens] *s.*
She took offence (at what I said).

Beleidigung *f*
Sie war beleidigt (über das, was ich sagte).

offend [əˈfend] *v/t.*
I didn't want to offend you.

beleidigen
Ich wollte dich nicht beleidigen.

persuade [pəˈsweɪd] *v/t.*
Don't try to persuade me to do it.
She could not persuade me that this wasn't a lie.

überreden, überzeugen
Versuch nicht, mich dazu zu überreden!
Sie konnte mich nicht davon überzeugen, daß das keine Lüge war.

puzzle [ˈpʌzl] *v/t.*
The police put some puzzling questions to him.

verwirren
Die Polizei stellte ihm ein paar verwirrende Fragen.

quarrel [ˈkwɒrəl] *v/i.*
Ted quarrelled with his friends.

sich streiten
T. stritt sich mit seinen Freunden.

quarrel [ˈkwɒrəl] *s.*
Anne always starts quarrels with her sister.

Streit *m*
A. fängt immer mit ihrer Schwester Streit an.

regard [rɪˈgɑːd] *s.*
I have the greatest regard for this man.

Respekt *m*
Ich habe den größten Respekt vor diesem Mann.

rely on [rɪˈlaɪ ɒn] *v/i.*
One cannot rely on them.

sich verlassen auf
Man kann sich nicht auf sie verlassen.

represent [reprɪˈzent] *v/t.*
Mr Graham represents our country in Spain.

vertreten
Herr G. vertritt unser Land in Spanien.

respect [rɪˈspekt] *v/t.*
We must respect his reasons.

respektieren, achten
Wir müssen seine Gründe respektieren.

respect [rɪˈspekt] *s.*
This man has no respect for anybody.

Respekt *m*, **Achtung** *f*
Dieser Mann hat vor niemandem Respekt.

retire [rɪˈtaɪə] *v/i.*
She retired to her room.

sich zurückziehen
Sie zog sich auf ihr Zimmer zurück.

reward [rɪˈwɔːd] *s.*
Did you get the reward?

Belohnung *f*
Hast du die Belohnung bekommen?

---

scold [skəʊld] *v/t.*
She scolded him because he had kept her waiting.

schelten, (aus)schimpfen
Sie schimpfte ihn aus, weil er sie warten ließ.

---

secret [ˈsiːkrɪt] *adj.*
The foreign ministers had a secret conference.

geheim, Geheim...
Die Außenminister hatten eine Geheimkonferenz.

---

secret [ˈsiːkrɪt] *s.*
This news is an open secret.

Geheimnis *n*
Diese Nachricht ist ein offenes Geheimnis.

---

settle [ˈsetl] *v/t.*
The neighbours settled their quarrel.

(*Streit*) beilegen
Die Nachbarn legten ihren Streit bei.

---

shame [ʃeɪm] *s.*
She brought shame on her family.

Schande *f*
Sie machte ihrer Familie Schande.

---

spoil [spɔɪl] *v/t.*
⚠ **spoiled** [spɔɪld], **spoilt** [spɔɪlt]; **spoiled** [spɔɪld], **spoilt** [spɔɪlt]
She spoils her grandchild too much.

verwöhnen

Sie verwöhnt ihr Enkelkind zu sehr.

---

struggle [ˈstrʌgl] *s.*
Life's struggle is hard.

Kampf *m*
Der Lebenskampf ist schwer.

---

struggle [ˈstrʌgl] *v/i.*
They struggled against injustice [for their freedom].

kämpfen
Sie kämpften gegen die Ungerechtigkeit [für ihre Freiheit].

---

swear [sweə] *v/i.*
⚠ **swore** [swɔː], **sworn** [swɔːn]
Stop swearing like that!

fluchen

Hör auf, so zu fluchen!

---

threat [θret] *s.*
Do you think (that) he will carry out his threat?

Drohung *f*
Glaubst du, er wird seine Drohung wahr machen?

---

threaten [ˈθretn] *v/t.*
The terrorists threatened to kill his little daughter.

drohen
Die Terroristen drohten, seine kleine Tochter zu töten.

---

trick [trɪk] *s.*
None of your tricks!

Trick *m*
Laß diese Tricks!

trick [trɪk] s.
The boys played a mean trick on the old man.

Streich m
Die Jungen spielten dem alten Mann einen gemeinen Streich.

trust [trʌst] v/t.
Are you sure (that) we can trust him?

(ver)trauen
Bist du sicher, daß wir ihm (ver)trauen können?

trust [trʌst] s.
Those people put all their trust in their money.

Vertrauen n
Diese Leute setzen ihr ganzes Vertrauen in ihr Geld.

turn away [tɜːn əˈweɪ] v/i.
He turned away from his son.

sich abwenden
Er wandte sich von seinem Sohn ab.

worship [ˈwɜːʃɪp] s.
The ancients taught their children the worship of the gods.

Verehrung f
Die Alten erzogen ihre Kinder zur Ehrfurcht vor den Göttern.

1.1.5 SPRACHE UND SPRECHABSICHTEN

1.1.5.1 SPRACHE

«1–2000»

call [kɔːl] v/i.
The girl called for help.

rufen
Das Mädchen rief um Hilfe.

call [kɔːl] s.
They could hear a call (for help).

Ruf m
Sie konnten einen (Hilfe)Ruf hören.

cry [kraɪ] v/i.
He cried out with pain.

schreien
Er schrie auf vor Schmerz.

cry [kraɪ] s.
I heard loud cries of joy.

Schrei m
Ich hörte laute Freudenschreie.

say [seɪ] v/t.
⚠ **said** [sed], **said** [sed]
She could not say a word.
Say it again.

sagen

Sie konnte kein Wort sagen.
Sag es noch einmal.

speak [spiːk] vt/i.
⚠ **spoke** [spəʊk], **spoken** [ˈspəʊkən]
He speaks English and German.
Can I speak to Mr Miller?

sprechen

Er spricht Englisch und Deutsch.
Kann ich Herrn M. sprechen?

spell [spel] *v/t.*
⚠ **spelt** [spelt], **spelt** [spelt]
Spell the word "piece". –
P-I-E-C-E.

buchstabieren

Buchstabiere das Wort
„piece"! – P-i-e-c-e.

talk [tɔːk] *v/i.*
I must talk to him about the
money.

reden
Ich muß mit ihm über das Geld
reden.

talk [tɔːk] *s.*
They had a long talk.

Gespräch *n*
Sie hatten ein langes Ge-
spräch.

tell [tel] *v/t.*
⚠ **told** [təʊld], **told** [təʊld]
Tell us about it.

erzählen

Erzähl uns davon!

word [wɜːd] *s.*
He read the lines, word for
word.

Wort *n*
Er las die Zeilen Wort für Wort.

«2001 – 4000»

argue [ˈɑːgjuː] *v/i.*
I don't like to argue about it
with people like him.

(sich herum)streiten
Ich mag mich darüber nicht mit
Leuten wie ihm herumstreiten.

argument [ˈɑːgjʊmənt] *s.*
Last night he had an argument
with his father.

(Wort)Streit *m*
Gestern abend hatte er einen
Streit mit seinem Vater.

conversation [kɒnvəˈseɪʃn] *s.*
She had a long conversation
with her neighbour.

Unterhaltung *f*, **Gespräch** *n*
Sie hatte ein langes Gespräch
mit ihrer Nachbarin.

declare [dɪˈkleə] *v/t.*
He declared (that) he would
never do such a thing.

erklären *(feststellen)*
Er erklärte, er würde so etwas
nie tun.

discuss [dɪsˈkʌs] *v/t.*
The family is discussing its
problems.

diskutieren (über)
Die Familie diskutiert über ihre
Probleme.

discussion [dɪsˈkʌʃn] *s.*
We had a long discussion
about our future.

Diskussion *f*
Wir hatten eine lange Diskussion über unsere Zukunft.

dispute [dɪˈspjuːt] *s.*
They had a long dispute about
where to spend their holidays.

Streit *m*
Sie hatten einen langen Streit,
wo sie die Ferien verbringen
sollten.

express [ɪkˈspres] *v/t.*
Try to express it in your own words.

ausdrücken
Versuch, es mit deinen eigenen Worten auszudrücken!

expression [ɪkˈspreʃn] *s.*
The expression "elevator" exists in American English only.

Ausdruck *m*
Der Ausdruck „elevator" (= *Aufzug*) existiert nur im amerikanischen Englisch.

mention [ˈmenʃn] *v/t.*
He mentioned his father's name and they had a room for him at the hotel.

erwähnen
Er erwähnte den Namen seines Vaters, und man hatte ein Hotelzimmer für ihn.

pronounce [prəˈnaʊns] *v/t.*
The little boy always pronounced his name wrongly.

aussprechen
Der kleine Junge sprach seinen Namen immer falsch aus.

pronunciation [prənʌnsɪˈeɪʃn] *s.*
His pronunciation is rather bad.

Aussprache *f*

Seine Aussprache ist ziemlich schlecht.

roar [rɔː] *vt/i.*
"Are you crazy?", he roared (at the woman).
We heard the lions roaring.

brüllen
„Bist du verrückt?", brüllte er (die Frau an).
Wir hörten die Löwen brüllen.

roar [rɔː] *s.*
I could hear the roar of a tiger.

A roar of laughter followed his words.

Gebrüll *n,* **Brüllen** *n*
Ich konnte das Gebrüll (*oder* Brüllen) eines Tigers hören.
Seinen Worten folgte brüllendes Gelächter.

sentence [ˈsentəns] *s.*
Repeat this sentence, please.

Satz *m*
Wiederhole diesen Satz, bitte!

shout [ʃaʊt] *v/i.*
Stop shouting.
Don't shout at the child like that.

(laut) schreien
Hör auf zu schreien!
Schrei das Kind nicht so an!

shout [ʃaʊt] *s.*
They heard a shout.

(lauter) Schrei *m*
Sie hörten einen Schrei.

sound [saʊnd] *s.*
The German "ch" [ç] is a sound which doesn't exist in the English language.

Laut *m*
Das deutsche „ch" [ç] ist ein Laut, der in der englischen Sprache nicht vorkommt.

speech [spiːtʃ] *s.*
His speech is extremely clear.

Sprache *f* (*Sprechweise*)
Seine Sprache ist außerordentlich deutlich.

spelling [ˈspelɪŋ] *s.*
Is this the correct spelling of the word?

(Recht)Schreibung *f*
Ist das die richtige Schreibung für das Wort?

talk over [tɔːk ˈəʊvə] *v/t.*
I want to talk the matter over with my husband.

besprechen
Ich möchte die Sache mit meinem Mann besprechen.

voice [vɔɪs] *s.*
The baby has a strong voice.

Stimme *f*
Das Baby hat eine kräftige Stimme.

whisper [ˈwɪspə] *v/t.*
"They are coming", she whispered.

flüstern
,,Sie kommen", flüsterte sie.

1.1.5.2 SPRECHABSICHTEN

1.1.5.2.1 Auskunft

«1–2000»

INFORMATION

advice [ədˈvaɪs] *s.*
Why didn't you take my advice?

That was a good piece of advice.

Rat(schlag) *m*
Warum hast du meinen Rat nicht befolgt?

Das war ein guter Rat.

answer [ˈɑːnsə] *s.*
I am curious to know his answer.

Antwort *f*
Ich bin auf seine Antwort gespannt.

answer [ˈɑːnsə] *v/i.*
She did not answer.

antworten
Sie antwortete nicht.

answer [ˈɑːnsə] *v/t.*
Please answer all our questions.

beantworten
Bitte beantworten Sie alle unsere Fragen.

ask [ɑːsk] *v/t.*
Did I ask you?

fragen
Habe ich dich gefragt?

explain [ɪkˈspleɪn] *v/t.*
Would you explain the meaning of this word to me?

erklären (*erläutern*)
Würden Sie mir die Bedeutung dieses Wortes erklären?

information [ɪnfəˈmeɪʃn] *s.*
Where can we get information about this man?

Auskunft *f*
Wo können wir Auskunft über diesen Mann bekommen?

information [ɪnfəˈmeɪʃn] s.
For your information, we shall arrive on Monday.

Information f
Zu Ihrer Information, wir werden am Montag ankommen.

mean [miːn] v/t.
⚠ **meant** [ment], **meant** [ment]
What does this sign mean?

bedeuten

Was bedeutet dieses Zeichen?

meaning [ˈmiːnɪŋ] s.
Do you understand the meaning of these words?

Bedeutung f
Verstehst du die Bedeutung dieser Worte?

news [njuːz] s.
This was bad news.

Nachricht(en pl.) f, **Neuigkeit** f
Das war eine schlechte Nachricht.

question [ˈkwestʃn] s.
May I ask (you) a question?

Frage f
Darf ich (Sie) etwas fragen?

report [rɪˈpɔːt] s.
The newspapers gave a report on the murder.

Bericht m
Die Zeitungen brachten einen Bericht über den Mord.

report [rɪˈpɔːt] v/i.
She reported on the events.

berichten
Sie berichtete über die Ereignisse.

show [ʃəʊ] v/t.
⚠ **showed** [ʃəʊd], **shown** [ʃəʊn]
Can you show me the way, please?

zeigen

Können Sie mir bitte den Weg zeigen?

tip [tɪp] s.
Eric gave me a good tip.

Hinweis m, „Tip" m
E. hat mir einen guten Tip gegeben.

«2001–4000»

advise [ədˈvaɪz] v/t.
He advised me to wait for a while.

raten
Er riet mir, eine Zeitlang zu warten.

enquire [ɪnˈkwaɪə], **enquiry** [ɪnˈkwaɪərɪ]

→ **inquire, inquiry**

explanation [ekspləˈneɪʃn] s.
They could give us no explanation for their behaviour.

Erklärung f
Sie konnten uns keine Erklärung für ihr Benehmen geben.

inform [ɪnˈfɔːm] *v/t.*

Please inform me when he arrives.

informieren, unterrichten, benachrichtigen

Bitte benachrichtigen Sie mich, wenn er ankommt.

---

inquire [ɪnˈkwaɪə] *v/i.*
We inquired about the way.

sich erkundigen
Wir erkundigten uns nach dem Weg.

---

inquiry [ɪnˈkwaɪərɪ] *s.*
Inquiries were made about his life.

Erkundigung *f*
Es wurden Erkundigungen über sein Leben eingezogen.

---

message [ˈmesɪdʒ] *s.*
I left a message for my parents.

Nachricht *f,* **Botschaft** *f*
Ich hinterließ eine Nachricht für meine Eltern.

---

point out [pɔɪnt ˈaʊt] *v/t.*
They pointed out that they didn't have enough money.

hinweisen auf
Sie wiesen darauf hin, daß sie nicht genug Geld hatten.

---

point to [ˈpɔɪnt tʊ] *v/i.*
This points to his guilt.

(hin)deuten auf
Das deutet auf seine Schuld hin.

---

recommend [rekəˈmend] *v/t.*
What do you recommend?

empfehlen
Was empfehlen Sie (mir, uns)?

---

recommendation [rekəmenˈdeɪʃn] *s.*
She showed the manager a letter of recommendation.

Empfehlung *f*

Sie zeigte dem Geschäftsführer ein Empfehlungsschreiben.

---

refer to [rɪˈfɜː tʊ] *v/i.*
Does that refer to us, too?

sich beziehen auf
Bezieht sich das auch auf uns?

---

remark [rɪˈmɑːk] *v/t.*
"A funny thing", he remarked.

bemerken, äußern
„Komische Sache", bemerkte er.

---

remark [rɪˈmɑːk] *s.*
He made some remarks on the subject.

Bemerkung *f*
Er machte ein paar Bemerkungen zu dem Thema.

---

state [steɪt] *v/t.*

He stated the facts of the case.

feststellen (= *erklären*), **darlegen, kundtun,** *auch* **angeben**
Er legte die Tatsachen des Falles (*oder* den Tatbestand) dar.

---

statement [ˈsteɪtmənt] *s.*
Mr X made a statement on foreign policy.

Erklärung *f,* **Feststellung** *f*
Herr X gab eine Erklärung zur Außenpolitik ab.

tell [tel] *v/t.*
⚠ **told** [təʊld], **told** [təʊld]
Can you tell me the way to
Oxford Street?
Who told you to go there?

sagen (*mitteilen, auch j-n heißen*)

Können Sie mir den Weg zur
Oxford Street sagen?
Wer hat dir gesagt, daß du
hingehen sollst?

1.1.5.2.2 Zustimmung und Ablehnung

«1–2000»

yes
no

admire [ədˈmaɪə] *v/t.*
He admired her very much.

bewundern
Er bewunderte sie sehr.

admit [ədˈmɪt] *v/t.*
I admit (that) I was wrong.

zugeben
Ich gebe zu, daß ich unrecht
hatte.

be right [bɪ ˈraɪt]
You're right. "Address" is
spelt with two "d"s.

recht haben
Du hast recht. „Address" wird
mit zwei „d" geschrieben.

be wrong [bɪ ˈrɒŋ]
You are wrong.

unrecht haben
Du hast unrecht.

correct [kəˈrekt] *adj.*
She could not give one correct
answer.

richtig, korrekt
Sie konnte keine einzige richtige Antwort geben.

correct [kəˈrekt] *v/t.*
Please correct me if I am
wrong.

verbessern, korrigieren
Bitte verbessere mich, wenn
ich mich irre.

mean [miːn] *v/t.*
⚠ **meant** [ment], **meant**
[ment]
What do you mean?

meinen, im Sinn haben

Was meinst du?

mistake [mɪˈsteɪk] *s.*
He has made many mistakes.

Fehler *m*
Er hat viele Fehler gemacht.

no [nəʊ] *adv.*
Can you help me? Sorry, no, I
can't.

nein
Kannst du mir helfen? Nein,
leider nicht.

no [nəʊ] *s.*
I got a clear no to my request.

Nein *n*
Ich bekam ein deutliches Nein
auf meine Bitte.

not [nɒt] *adv.*
I'll not go to see her.

nicht.
Ich werde sie nicht besuchen.

right [raɪt] *adj.*
Your answer was quite right.

richtig
Deine Antwort war ganz richtig.

---

true [truː] *adj.*
Is it true (that) you want to leave us?

wahr
Ist es wahr, daß Sie uns verlassen wollen?

---

truth [truːθ] *s.*
Tell her the truth.

Wahrheit *f*
Sag ihr die Wahrheit.

---

view [vjuː] *s.*
I do not share his political views.

Ansicht *f*
Ich teile seine politischen Ansichten nicht.

---

wrong [rɒŋ] *adj.*
This is the wrong key.

falsch
Das ist der falsche Schlüssel.

---

yes [jes] *adv.*
Do [Can] you see me? – Yes, I do [I can].
Is that your room? – Yes, it is.

ja
Siehst du mich? [Kannst du mich sehen?] – Ja.
Ist das dein Zimmer? – Ja.

---

yes [jes] *s.*
Her answer was a loud "yes".

Ja *n*
Ihre Antwort war ein lautes „Ja".

«2001–4000»

agree [əˈgriː] *v/i.*
Do you agree to our proposal?

einverstanden sein
Sind Sie mit unserem Vorschlag einverstanden?

---

agree [əˈgriː] *v/i.*
I am sorry but we don't agree on some points.

übereinstimmen
Leider stimmen wir in einigen Punkten nicht überein.

---

agreement [əˈgriːmənt] *s.*
They made an agreement to end their quarrel.

Übereinkunft *f*
Sie trafen eine Übereinkunft, ihren Streit zu beenden.

---

approve of [əˈpruːv əv] *v/i.*
They didn't approve of our plan.

billigen
Sie billigten unseren Plan nicht.

---

argument [ˈɑːgjumənt] *s.*
He had no arguments to support his opinion.

Argument *n*
Er hatte keine Argumente, um seine Meinung zu unterstützen.

---

be mistaken [bɪ mɪˈsteɪkən].
You're mistaken on this point.

sich irren
In diesem Punkt irrst du dich.

complain [kəmˈpleɪn] v/i.
Don't complain about the weather.

sich beklagen
Beklage dich nicht über das Wetter!

complaint [kəmˈpleɪnt] s.
Have you any complaints?

Klage f, Beschwerde f
Haben Sie irgendwelche Klagen?

deny [dɪˈnaɪ] v/t.
She denied having seen (oder seeing) him last night.

leugnen
Sie leugnete, ihn gestern abend gesehen zu haben.

disagree [dɪsəˈgriː] v/i.
I disagree with what he said.

nicht übereinstimmen
Ich stimme nicht überein mit dem, was er sagte.

dislike [dɪsˈlaɪk] v/t.
Many children dislike fish.

nicht mögen
Viele Kinder mögen keinen Fisch.

in favour of [ɪn ˈfeɪvər əv]
I am in favour of their plan.
The judge's decision was in favour of our firm.

für, zugunsten (von)
Ich bin für ihren Plan.
Die Entscheidung des Richters fiel zugunsten unserer Firma.

mind [maɪnd] v/t.
Do you mind my smoking?

etwas dagegen haben
Haben Sie etwas dagegen, wenn ich rauche?

object [əbˈdʒekt] v/i.
He always objects to my proposals.

etwas einzuwenden haben
Er hat immer etwas gegen meine Vorschläge einzuwenden.

opinion [əˈpɪnjən] s.
In my opinion this is mere nonsense.

Meinung f
Meiner Meinung nach ist das reiner Unsinn.

point of view [pɔɪnt əv ˈvjuː] s.
I accept your point of view.

Standpunkt m
Ich billige deinen Standpunkt.

praise [preɪz] v/t.
The boy was praised by everybody.

loben
Der Junge wurde von jedermann gelobt.

praise [preɪz] s.
The play received high praise.

Lob n
Das (Theater)Stück erntete großes Lob.

protest [ˈprəʊtest] s.
They accepted the new regulations only under protest.

Protest m
Sie akzeptierten die neuen Richtlinien nur unter Protest.

protest [prəˈtest] *v/i.*
The children protested about the food.

protestieren
Die Kinder protestierten gegen das Essen.

refusal [rɪˈfjuːzl] *s.*
His words met with a cold refusal.
Her refusal to answer questions was very clever.

Ablehnung *f*, **Weigerung** *f*
Seine Worte stießen auf kalte Ablehnung.
Ihre Weigerung, auf Fragen zu antworten, war sehr geschickt.

refuse [rɪˈfjuːz] *v/i.*
I asked her to come, but she refused.

sich weigern
Ich bat sie zu kommen, aber sie weigerte sich.

refuse [rɪˈfjuːz] *v/t.*
He was refused admittance.

verweigern
Man verweigerte ihm den Zutritt.

reply [rɪˈplaɪ] *s.*
She made no reply.

Antwort *f*, **Erwiderung** *f*
Sie gab keine Antwort.

reply [rɪˈplaɪ] *v/t.*
What did they reply?

antworten, erwidern
Was antworteten sie?

untrue [ʌnˈtruː] *adj.*
Your remark is untrue.

unrichtig
Deine Bemerkung ist unrichtig (*oder* stimmt nicht).

1.1.5.2.3 Gewißheit und Zweifel

«1–2000»

certainly [ˈsɜːtnlɪ] *adv.*
Are they coming? – Certainly!

gewiß, bestimmt
Werden sie kommen? – Gewiß!

impossible [ɪmˈpɒsəbl] *adj.*
It's impossible for me to meet you tomorrow.

unmöglich
Ich kann mich unmöglich morgen mit dir treffen.

indeed [ɪnˈdiːd] *adv.*
I was indeed very surprised to see her.

tatsächlich
Ich war tatsächlich sehr überrascht, sie zu sehen.

perhaps [pəˈhæps; præps] *adv.*
Perhaps we should have something to eat now.

vielleicht
Vielleicht sollten wir jetzt etwas essen.

possible [ˈpɒsəbl] *adj.*
It is possible, but not probable.

möglich
Es ist möglich, aber nicht wahrscheinlich.

probable [ˈprɒbəbl] *adj.*
It is (quite) probable that she is ill.

wahrscheinlich
Es ist (ziemlich) wahrschein-lich, daß sie krank ist.

proof [pruːf] *s.*
I don't want any proof of what you said.

Beweis *m*
Ich brauche keinen Beweis für das, was du sagtest.

seem [siːm] *v/i.*
Their story seems to be true.

scheinen
Ihre Geschichte scheint wahr zu sein.

suppose [səˈpəʊz] *v/t.*
I suppose (that) he doesn't like me.

vermuten
Ich vermute, er kann mich nicht leiden.

sure [ʃʊə] *adj.*
Are you sure (that) this is true?

sicher, gewiß
Sind Sie sicher, daß das wahr ist?

«2001–4000»

appear [əˈpɪə] *v/i.*
The thieves appear to have taken all the money.

scheinen (*den Anschein haben*)
Die Diebe scheinen das ganze Geld genommen zu haben.

claim [kleɪm] *v/t.*
He claims to be an American.

behaupten
Er behauptet, Amerikaner zu sein.

convince [kənˈvɪns] *v/t.*
Your words cannot convince me.

überzeugen
Deine Worte können mich nicht überzeugen.

decide [dɪˈsaɪd] *v/t.*
Our teacher decided the ques-tion.

entscheiden
Unser Lehrer entschied die Frage.

decision [dɪˈsɪʒn] *s.*
A decision will soon be made.

Entscheidung *f*
Eine Entscheidung wird bald getroffen werden.

doubt [daʊt] *s.*
There is no doubt about it.

Zweifel *m*
Darüber besteht kein Zweifel.

doubt [daʊt] *v/t.*
I doubt whether this is true.

bezweifeln
Ich bezweifle, daß das wahr ist.

estimate [ˈestɪmeɪt] *v/t.*
Can you estimate her age?

(ab)schätzen
Kannst du ihr Alter schätzen?

fact [fækt] *s.*
You should stick to the facts.

Tatsache *f*
Du solltest dich an die Tatsachen halten.

guess [ges] *v/i.*
He guessed right.

raten
Er hat richtig geraten.

guess [ges] *v/t.*
Can you guess how much money I've got?

erraten
Kannst Du erraten, wieviel Geld ich habe?

guess [ges] *v/t.*
I guess I can soon finish that job.

(Am.) **denken, annehmen**
Ich denke, ich kann diese Arbeit bald zu Ende bringen.

hesitate [ˈhezɪteɪt] *v/i.*
Why do you hesitate?

zögern
Warum zögerst du?

maybe [ˈmeɪbiː] *adv.*
Maybe she is right.

vielleicht
Vielleicht hat sie recht.

obviously [ˈɒbvɪəslɪ] *adv.*
They are obviously very much in love with each other.

offensichtlich
Sie sind offensichtlich sehr ineinander verliebt.

plain [pleɪn] *adj.*
It is plain [as plain as day] that this is a case of murder.

klar, deutlich
Es ist klar [sonnenklar], daß das Mord war.

possibility [pɒsəˈbɪlətɪ] *s.*
Is there a possibility of this happening?

Möglichkeit *f*
Ist es möglich, daß das geschieht?

prove [pruːv] *v/t.*
It was never proved that she had stolen the ring.

beweisen
Es wurde nie bewiesen, daß sie den Ring gestohlen hatte.

reality [rɪˈælətɪ] *s.*
His dream of a house of his own became a reality.

Wirklichkeit *f*, **Realität** *f*
Sein Traum von einem eigenen Haus wurde Wirklichkeit.

wonder [ˈwʌndə] *v/t.*
I wonder if she will return in time.

gespannt sein, sich fragen
Ich bin gespannt, ob sie rechtzeitig zurückkommen wird.

1.1.5.2.4 Wertung und Urteil

«1–2000»

bad [bæd] *adj.*
These small letters are bad for the eyes.

schlecht
Diese kleinen Buchstaben sind schlecht für die Augen.

bad [bæd] *adj.*
Bad news came from the Near East.

schlimm
Schlimme Nachrichten kamen aus dem Nahen Osten.

best [best] *adj.*
What is the best restaurant in town?

beste(r, -s)
Welches ist das beste Restaurant in der Stadt?

best [best] *adv.*
She knows best.

am besten
Sie weiß es am besten.

better ['betə] *adj.*
Mike's car is good, but Steve's is better.

besser
M.'s Auto ist gut, aber das von S. ist besser.

choose [tʃuːz] *v/i.*
⚠ **chose** [tʃəʊz], **chosen** ['tʃəʊzn]
If you had to choose, what would you prefer to do?

(aus)wählen

Wenn du wählen müßtest, was würdest du lieber tun?

difficult ['dɪfɪkəlt] *adj.*
This is a difficult job (to do).

schwierig, schwer
Das ist eine schwierige Aufgabe.

easy ['iːzɪ] *adj.*
That's easier said than done.

leicht
Das ist leichter gesagt als getan.

fine [faɪn] *adj.*
(That's) Fine!

fein, ausgezeichnet
Fein!

first-class ['fɜːstklɑːs] *adj.*
They stayed at a first-class hotel.

erstklassig
Sie wohnten in einem erstklassigen Hotel.

good [gʊd] *adj.*
He likes a good meal.

gut
Er hat gern(e) ein gutes Essen.

great [greɪt] *adj.*
He is one of the greatest writers of our time.

groß (= *bedeutend*)
Er ist einer der größten Schriftsteller unserer Zeit.

important [ɪm'pɔːtnt] *adj.*
This is a very important question.

wichtig
Das ist eine sehr wichtige Frage.

interesting ['ɪntrɪstɪŋ] *adj.*
The story of her life is interesting.

interessant
Ihre Lebensgeschichte ist interessant.

least [liːst] *adj.*
I hadn't the least idea.

geringste(r, -s)
Ich hatte nicht die geringste Ahnung.

less [les] *adj.*
Who entered? No less a person than the President.

geringer
Wer kam herein? Kein Geringerer als der Präsident.

---

nice [naɪs] *adj.*
Her hat is very nice.

hübsch, nett, schön
Ihr Hut ist sehr hübsch.

---

prefer [prɪ'fɜː] *v/t.*
I prefer to go.

They prefer wine to beer.

vorziehen, lieber mögen
Ich ziehe es vor zu gehen (= *Ich gehe lieber*).

Sie mögen lieber Wein als Bier.

---

simple ['sɪmpl] *adj.*
This is a simple question.

einfach
Das ist eine einfache Frage.

---

use [juːs] *s.*
What is the use of all that?

Nutzen *m*
Was nützt das alles?

---

useful ['juːsfʊl] *adj.*
A saw is a very useful tool.

nützlich
Eine Säge ist ein sehr nützliches Werkzeug.

---

value ['væljuː] *s.*
Your advice was of great value to me.

Wert *m*
Ihr Rat war für mich von großem Wert.

---

well [wel] *adv.*
Shake well.

gut
Gut schütteln.

---

wonderful ['wʌndəfʊl] *adj.*
Her party was wonderful.

wunderbar, -schön
Ihre Party war wunderbar.

---

worse [wɜːs] *adj.*
The patient is worse today.

schlechter
Dem Patienten geht es heute schlechter.

---

worse [wɜːs] *adj.*
So much the worse!

schlimmer
Umso schlimmer!

---

worst [wɜːst] *adj.*
That was the worst thing he could do.

schlechteste(r, -s)
Das war das Schlechteste, was er tun konnte.

---

worst [wɜːst] *adj.*
That was the worst frost this winter.

schlimmste(r, -s)
Das war der schlimmste Frost in diesem Winter.

---

worst [wɜːst] *adv.*
He played the worst of them all.

am schlechtesten
Er spielte am schlechtesten von ihnen allen.

---

worst [wɜːst] *adj.*
... and, what was worst of all, ...

am schlimmsten
..., und, was am allerschlimmsten war, ...

«2001–4000»

amazing [əˈmeɪzɪŋ] *adj.*
Her abilities are amazing.

erstaunlich
Ihre Fähigkeiten sind erstaunlich.

appreciate [əˈpriːʃɪeɪt] *v/t.*
We (greatly) appreciate your help.

schätzen
Wir wissen Ihre Hilfe (sehr) zu schätzen.

awful [ˈɔːfʊl] *adj.*
What an awful noise!

furchtbar
Was für ein furchtbarer Lärm!

be suited [bɪ ˈsuːtɪd]
Is she suited for such a post?

sich eignen, passen
Eignet sie sich für einen solchen Posten?

boring [ˈbɔːrɪŋ] *adj.*
He told us boring stories.

langweilig
Er erzählte uns langweilige Geschichten.

care for [ˈkeə fə] *v/i.*
She doesn't care for fashionable dresses.

sich etwas machen aus, mögen
Sie macht sich nichts aus modischen Kleidern.

choice [tʃɔɪs] *s.*
I had to take my choice.

(Aus)Wahl *f*
Ich mußte eine Auswahl treffen.

considerable [kənˈsɪdərəbl] *adj.*
The costs were considerable.

beträchtlich
Die Unkosten waren beträchtlich.

convenient [kənˈviːnjənt] *adj.*
We met at a convenient time.

geeignet, passend
Wir trafen uns zu einem passenden Zeitpunkt.

delightful [dɪˈlaɪtfʊl] *adj.*
What a delightful village!

entzückend, reizend
Was für ein entzückendes Dorf!

deserve [dɪˈzɜːv] *v/t.*
This brave deed deserves praise.

verdienen
Diese mutige Tat verdient Lob.

dull [dʌl] *adj.*
His lecture on the Greeks was rather dull.

langweilig
Sein Vortrag über die Griechen war ziemlich langweilig.

excellent [ˈeksələnt] *adj.*
Mrs Lee is an excellent teacher.

ausgezeichnet, hervorragend
Frau L. ist eine ausgezeichnete Lehrerin.

extraordinary [ɪkˈstrɔːdnrɪ] *adj.*
He is an extraordinary man.

außergewöhnlich
Er ist ein außergewöhnlicher Mann.

failure [ˈfeɪljə] *s.*
The new play was a failure.

Mißerfolg *m*
Das neue (Theater)Stück war ein Mißerfolg.

false [fɔːls] *adj.*
One cannot see his false teeth.

Is this story true or false?

falsch, unecht, unwahr
Man kann sein falsches Gebiß nicht erkennen.
Ist diese Geschichte wahr oder unwahr?

fault [fɔːlt] *s.*
There was a fault in the jacket.

Fehler *m*, **Mangel** *m*
Die Jacke hatte einen Fehler.

favourable [ˈfeɪvərəbl] *adj.*
Conditions are favourable for our journey.

günstig
Die Bedingungen sind günstig für unsere Reise.

glorious [ˈglɔːrɪəs] *adj.*
We saw a glorious sunrise.

herrlich
Wir sahen einen herrlichen Sonnenaufgang.

ideal [aɪˈdɪəl] *adj.*
I found an ideal place for spending a holiday.

ideal
Ich fand einen idealen Ort zum Ferienmachen.

importance [ɪmˈpɔːtns] *s.*
This is of (no) importance to me.

Wichtigkeit *f*
Das ist (nicht) von Wichtigkeit (*oder* wichtig) für mich.

improve [ɪmˈpruːv] *v/t.*
Salt improves the taste of many dishes.

verbessern, besser machen
Salz verbessert den Geschmack vieler Speisen.

improve [ɪmˈpruːv] *v/i.*
His state of health has improved.

sich bessern, besser werden
Sein Gesundheitszustand hat sich gebessert.

lovely [ˈlʌvlɪ] *adj.*
It was a lovely evening.

(F) reizend
Es war ein reizender Abend.

mistake for [mɪˈsteɪk fɔː] *v/t.*
⚠ **mistook** [mɪˈstʊk], **mistaken** [mɪˈsteɪkən]
He mistook the dog for a cat.

(irrtümlich) halten für

Er hielt den Hund für eine Katze.

nonsense [ˈnɒnsəns] *s.*
Stop that nonsense!

Unsinn *m*
Hör auf mit dem Unsinn!

odd [ɒd] *adj.*
What an odd sight!

„komisch", sonderbar
Was für ein komischer Anblick!

perfect [ˈpɜːfɪkt] *adj.*
I am a perfect stranger here.

The murder was perfect.

vollkommen, perfekt
Ich bin hier vollkommen fremd
(= *ein vollkommener Fremder*).
Der Mord war perfekt.

practical [ˈpræktɪkl] *adj.*
She has a great deal of practical knowledge.

praktisch
Sie hat eine Menge praktisches Wissen.

precious [ˈpreʃəs] *adj.*
He thinks his car is his most precious possession.

wertvoll, kostbar
Er meint, sein Auto sei sein wertvollster Besitz.

proper [ˈprɒpə] *adj.*
This is not the proper time to visit him.

richtig, geeignet
Das ist nicht der richtige Zeitpunkt, ihn zu besuchen.

prove [pruːv] *v/i.*
She proved (to be) a good secretary.

sich erweisen (als)
Sie erwies sich als gute Sekretärin.

purpose [ˈpɜːpəs] *s.*
This tool can be used for many purposes.

Zweck *m*
Dieses Werkzeug ist zu vielen Zwecken zu gebrauchen.

satisfy [ˈsætɪsfaɪ] *v/t.*
She could not satisfy her curiosity [her hunger].

Are you satisfied at last?

befriedigen, zufriedenstellen
Sie konnte ihre Neugierde [ihren Hunger] nicht befriedigen.
Bist du jetzt endlich zufrieden?

slight [slaɪt] *adj.*
There is a slight difference between ... and ...
He had a slight cold.

gering(fügig), leicht
Es besteht ein geringer Unterschied zwischen ... und ...
Er hatte eine leichte Erkältung.

so-called [səʊˈkɔːld] *adj.*
Where are his so-called friends now?

sogenannt
Wo sind jetzt seine sogenannten Freunde?

splendid [ˈsplendɪd] *adj.*
The cathedral is a splendid work of art.

großartig, prächtig
Die Kathedrale ist ein großartiges Kunstwerk.

strange [streɪndʒ] *adj.*
(That's) Strange, isn't it?

seltsam
(Das ist) Seltsam, nicht wahr?

suit [suːt] *v/t.*

That suits me very well.

(*j-m*) **passen**, (*j-m*) **gelegen sein (oder kommen)**

Das paßt mir sehr gut (*oder* kommt mir sehr gelegen).

---

suitable ['suːtəbl] *adj.*
I don't have a suitable dress for the reception.

geeignet, passend
Ich habe kein passendes Kleid für den Empfang.

---

terrible ['terəbl] *adj.*
War is always terrible.

schrecklich
Krieg ist immer schrecklich.

---

useless ['juːslɪs] *adj.*
It is useless to argue with her.

nutzlos, unnütz
Es hat keinen Sinn, sich mit ihr herumzustreiten.

1.1.5.2.5 Befehl und Verbot

«1–2000»

allow [ə'laʊ] *v/t.*
He did not allow his children to watch TV.

erlauben
Er erlaubte seinen Kindern nicht fernzusehen.

---

be allowed to [bɪ ə'laʊd tə]
No one is allowed to smoke here.

dürfen
Niemand darf hier rauchen.

---

let [let] *v/aux.*
⚠ **let** [let], **let** [let]
Let him have a ride on the bicycle.
Let us (= **Let's** [lets]) start early!

lassen

Laß ihn (doch) mal auf dem Fahrrad fahren!
Laß(t) uns früh aufbrechen!/ Brechen wir früh auf!

---

must [mʌst] *v/aux.*
I must go (*oder* be off) now.
They must have been here.

muß/mußt/müssen/müßt
Ich muß jetzt gehen.
Sie müssen hier gewesen sein.

---

must not [mʌst nɒt] (= **mustn't**) ['mʌsnt] *v/aux.*
I must not be late.

darf/darfst/dürfen/dürft nicht

Ich darf nicht zu spät kommen.

---

order ['ɔːdə] *s.*
He gave orders to let no one in.

Befehl *m*
Er gab Befehl, niemanden hereinzulassen.

---

order ['ɔːdə] *v/t.*
The teacher ordered his pupils to be quiet.

befehlen
Der Lehrer befahl seinen Schülern, ruhig zu sein.

«2001–4000»

be forced to [bɪ ˈfɔːst tʊ]
They were forced to sell their house.

müssen (= *gezwungen sein*)
Sie mußten ihr Haus verkaufen.

be obliged to [bɪ əˈblaɪdʒd tʊ]
We are obliged to help the poor.

müssen (= *verpflichtet sein*)
Wir müssen den Armen helfen.

be permitted to [bɪ pəˈmɪtɪd tʊ]
They were not permitted to leave the room.

dürfen
Sie durften das Zimmer nicht verlassen.

command [kəˈmɑːnd] *s.*
His commands must be obeyed.

Befehl *m*, **Kommando** *n*
Seinen Befehlen muß gehorcht werden.

forbid [fəˈbɪd] *v/t.*
⚠ **forbade** [fəˈbæd], **forbidden** [fəˈbɪdn]
Smoking is forbidden in this room.

verbieten

Rauchen ist in diesem Zimmer verboten.

insist on [ɪnˈsɪst ɒn] *v/i.*
They insisted on our staying over the weekend.

bestehen auf
Sie bestanden darauf, daß wir über das Wochenende blieben.

make [meɪk] *v/aux.*
⚠ **made** [meɪd], **made** [meɪd]
The teacher made the girls repeat the words.

(veran)lassen

Der Lehrer ließ die Mädchen die Wörter wiederholen.

obey [əˈbeɪ] *v/t.*
Why didn't you obey your father?

(j-m) gehorchen
Warum hast du deinem Vater nicht gehorcht?

oblige [əˈblaɪdʒ] *v/t.*
I felt obliged to assist her.

verpflichten
Ich fühlte mich verpflichtet, ihr beizustehen.

permission [pəˈmɪʃn] *s.*
I asked his permission to leave.

Erlaubnis *f*
Ich bat ihn um die Erlaubnis zu gehen.

prevent [prɪˈvent] *v/t.*
Nobody will prevent him from leaving.

(ver)hindern
Niemand wird ihn am Gehen hindern (können).

warn [wɔːn] *v/t.*
I warned him not to be late.

warnen
Ich warnte ihn davor, zu spät zu kommen.

1.1.5.2.6 Wunsch und Bitte

«1–2000»

Jwant

ask [ɑːsk] *v/t.*
He asked me for (some)
money.

bitten
Er bat mich um Geld.

want [wɒnt] *v/t.*
What do you want (from me)?

wünschen
Was wünschen Sie (von mir)?

want [wɒnt] *v/t.*
I want to see you again.

wollen
Ich will (*oder* möchte) Sie wiedersehen.

will [wɪl] *v/aux.*
Kurzformen: **I'll** [aɪl], **you'll**
[juːl], **he'll** [hiːl], **she'll** [ʃiːl],
we'll [wiːl], **they'll** [ðeɪl],
won't ['wəʊnt]
Will you show me the way,
please?
I will not (*oder* won't) do it
again.
Won't you (= *Will you not*) stay
here?

will/willst/wollen/wollt

Wollen Sie mir bitte den Weg
zeigen?
Ich will es nicht wieder tun.

Wollt ihr nicht hierbleiben?

wish [wɪʃ] *v/t.*
She wished me good luck.

wünschen
Sie wünschte mir viel Glück.

wish [wɪʃ] *s.*
It is his greatest wish to live in
the country.

Wunsch *m*
Es ist sein größter Wunsch, auf
dem Land zu leben.

would [wʊd] *v/aux.*
He would not (*oder* **wouldn't**
['wʊdnt]) come at all.

wollte/wolltest/wollten/wolltet
Er wollte überhaupt nicht kommen.

«2001–4000»

beg [beg] *v/t.*
Do come soon, I beg you.

(herzlich) bitten
Komm doch bald, ich bitte dich.

demand [dɪˈmɑːnd] *v/t.*
He demanded to be heard.

fordern
Er forderte Gehör.

demand [dɪˈmɑːnd] *s.*
Their demand for more money
is too high.

Forderung *f*
Ihre Forderung nach mehr
Geld ist zu hoch.

desire [dɪˈzaɪə] v/t.
Frances desired to be left alone.

wünschen, begehren
F. wünschte, allein gelassen zu werden.

desire [dɪˈzaɪə] s.
He had no desire to meet his enemy.

Verlangen n, **Begehren** n
Er hatte nicht das Verlangen, seinem Feind zu begegnen.

grant [grɑːnt] v/t.
He granted the boy his wish.

gewähren, (*Bitte*) **erfüllen**
Er gewährte dem Jungen seinen Wunsch.

proposal [prəˈpəʊzl] s.
The President offered new proposals for peace.

Vorschlag m
Der Präsident legte neue Friedensvorschläge vor.

propose [prəˈpəʊz] v/t.
The man was proposed for the job.

vorschlagen
Der Mann wurde für die Aufgabe vorgeschlagen.

request [rɪˈkwest] s.
May I make a request?

Bitte f, **Ersuchen** n
Darf ich eine Bitte äußern?

request [rɪˈkwest] v/t.
Our guests are requested to leave their keys at the reception.

bitten, ersuchen
Unsere Gäste werden gebeten, die Schlüssel beim Empfang zu hinterlegen.

suggest [səˈdʒest] v/t.
I suggest trying it.

We suggest you see a doctor.

vorschlagen, (an)raten
Ich schlage vor, es zu versuchen.

Wir raten dir, zum Arzt zu gehen.

suggestion [səˈdʒestʃən] s.
Many thanks for your suggestion.

Vorschlag m, **Anregung** f
Vielen Dank für Ihren Vorschlag.

will [wɪl] s.
He wrote the letter against our will.

Wollen n, **Willen** m
Er schrieb den Brief gegen unseren Willen.

1.1.5.2.7 Begrüßung und Abschied

«1–2000»

Good afternoon! [gʊd ɑːftəˈnuːn]

Guten Tag! (*nachmittags*)

Goodbye! [gʊdˈbaɪ]

Auf Wiedersehen!

Good evening! [gʊd ˈiːvnɪŋ]	**Guten Abend!**
Good morning! [gʊd ˈmɔːnɪŋ]	**Guten Morgen!**
Good morning! [gʊd ˈmɔːnɪŋ]	**Guten Tag!** (*vormittags*)
Goodnight! [gʊdˈnaɪt]	**Gute Nacht!**
Hello! [heˈləʊ]	**Grüß dich!, Guten Tag!** (*freund-schaftlich*)
How do you do? [haʊdjʊˈduː]	**Guten Tag!** (*Begrüßung und Antwort darauf bei Vorstellung*)

Miss [mɪs]	**Fräulein** *n*
Goodnight, Miss Richards!	Gute Nacht, Fräulein R.!

Mister [ˈmɪstə], *meist* **Mr** [ˈmɪstə]	**Herr** *m*
Good morning, Mr Miller!	Guten Morgen, Herr M.!

Mrs [ˈmɪsɪz]	**Frau** *f*
Hello, Mrs White!	Guten Tag, Frau W.!
Do you know a Mrs Moss?	Kennen Sie eine Frau M.?

«2001–4000»

Madam [ˈmædəm]	**Gnädige Frau!, Meine Dame!**
What can I do for you, Madam?	Was wünschen Sie (, gnädige Frau)?

Ms [mɪz]	**Frau** *f* (*schriftliche Anrede für Frau oder Fräulein*)
Ms Mary Doolittle.	Frau M. D.

Sir [sɜː]	**Mein Herr!**
(Do you want) Another beer, Sir?	(Wünschen Sie) Noch ein Bier (, mein Herr)?

1.1.5.3 HÄUFIGE REDEWENDUNGEN

«1–2000»

Come in!	**Herein!**
Excuse me!	**Entschuldigung!**
Good luck!	**Viel Glück!**
Help yourself!, *pl.* **Help yourselves!**	**Bedienen Sie sich!**
How are you?	**Wie geht es dir/Ihnen?**
(I'm) Sorry!	**Entschuldigung!**
I beg your pardon!	**Verzeihung!, Pardon!**

(I beg your) Pardon?	**Wie bitte?**
I'd like (to) ...	**Ich möchte ...**
I hope so.	**Das will ich hoffen.**
Many thanks	**Vielen Dank**
Never mind!	**Macht nichts!**
No, thank you.	**Nein, danke!**
Please	**Bitte (sehr)**
Thank you	**Danke (schön)**
Thank you very much	**Vielen Dank**
Well!	**Nun ja!**
What's the matter?	**Was ist los?**
Would you like (to) ...?	**Möchtest du/Möchten Sie/ Möchtet Ihr ...?**
Yes, please.	**Ja, bitte!**

«2001–4000»

Can I help you?	(*im Geschäft:*) **Was wünschen Sie, bitte?, Was darf es sein, bitte?**
Do you need ...?	**Brauchen Sie ...?**
Do you want ...?	**Wünschen Sie ...?**
Good Lord!	**(Du) Meine Güte!, Mein Gott!**
Have a good time!	**Viel Vergnügen!**
Here you are!	a) **(Hier,) Bitte!**
	b) **Da haben wir's!**
Here's to you(r health)!	**Prosit!**
How much is/are ...?	**Was kostet/kosten ...?**
May I have ...?	**Kann ich ... haben?**
Oh Lord!	**Mein Gott!, (Du) Meine Güte!**
O.K.	**In Ordnung!, O.K.!**
Remember me to ...	**Grüßen Sie ... von mir!**
So do I.	**Ich auch.**
That will do.	**Das genügt.**
There you are!	a) **Siehst du!/Sehen Sie!/Seht ihr!**
	b) **Da haben wir's!**
What can I do for you?	(*im Geschäft:*) **Was wünschen Sie, bitte?, Was darf es sein, bitte?**

1.1.6 DER MENSCH UND DIE GESELLSCHAFT

1.1.6.1 IDENTIFIZIERUNG

«1–2000»

age [eɪdʒ] *s.*
I don't know his age.
She's 13 years of age.

Alter *n*
Ich kenne sein Alter nicht.
Sie ist 13 Jahre alt.

---

baby [ˈbeɪbɪ] *s.*
The baby is learning to speak.

Baby *n*
Das Baby lernt sprechen.

---

be called [bɪ ˈkɔːld]
The girl is called Angela.

heißen
Das Mädchen heißt A.

---

boy [bɔɪ] *s.*
Roger is a clever boy.

Junge *m*
R. ist ein kluger Junge.

---

call [kɔːl] *v/t.*
Let's call him Billy!

nennen
Nennen wir ihn B.!

---

child [tʃaɪld] *s.*
pl. **children** [ˈtʃɪldrən]
They have two children.

Kind *n*

Sie haben zwei Kinder.

---

gentleman [ˈdʒentlmən] *s.*
pl. **-men** [-mən]
Do you know this gentleman?

Herr *m*

Kennen Sie diesen Herrn?

---

girl [gɜːl] *s.*
She went for a walk with the girls.

Mädchen *n*
Sie ging mit den Mädchen spazieren.

---

man [mæn] *s.*
pl. **men** [men]
A man took her bag away.

Mann *m*

Ein Mann nahm ihr die Tasche weg.

---

name [neɪm] *s.*
What's his name?
My name is ...

Name *m*
Wie ist sein Name?
Ich heiße ...

---

woman [ˈwʊmən] *s.*
pl. **women** [ˈwɪmɪn]
A young woman came in.

Frau *f*

Eine junge Frau kam herein.

---

youth [juːθ] *s.*

In her youth she was very beautiful.

Jugend *f* (*auch = die jungen Leute*)
In ihrer Jugend war sie sehr schön.

«2001–4000»

Christian name [ˈkrɪstjən neɪm] s.
His Christian name is Patrick.

Vor-, Taufname m
Sein Vorname ist P.

female [ˈfiːmeɪl] adj.
There are many female workers in the factory.

weiblich
In der Fabrik sind viele Arbeiterinnen (oder weibliche Arbeitskräfte).

first name [ˈfɜːst neɪm] s.
What's your first name?

Vorname m
Wie heißen Sie mit Vornamen?

human [ˈhjuːmən] adj.
To err is human.

menschlich
Irren ist menschlich.

individual [ɪndɪˈvɪdjʊəl] adj.
Her style of dress is highly individual.
Each of the ladies got an individual present.

individuell, persönlich
Sie kleidet sich äußerst individuell.
Jede der Damen bekam ein persönliches Geschenk.

lady [ˈleɪdɪ] s.
Margaret has become a young lady.

Dame f
M. ist eine junge Dame geworden.

male [meɪl] adj.
He has four male monkeys.

männlich
Er hat vier Affenmännchen.

man [mæn] s.
pl. **men** [men]
All men must die.

No man can do this.

Mensch m

Alle Menschen müssen sterben.
Kein Mensch kann das tun.

mankind [mænˈkaɪnd] s.
His invention was of great value to mankind.

(die) **Menschheit** f
Seine Erfindung war für die Menschheit von großem Wert.

person [ˈpɜːsn] s.
She is such a nice person.
Keep that person out of our house.

Person f
Sie ist so eine nette Person.
(Verächtlich:) Halt diese Person von unserem Haus fern!

personal [ˈpɜːsnl] adj.
That's my personal opinion.

persönlich
Das ist meine persönliche Meinung.

race [reɪs] s.
That's a new race of cattle.

Rasse f
Das ist eine neue Rinderrasse.

sex [seks] *s.* What sex is your cat?	**Geschlecht** *n* Welches Geschlecht hat Ihre Katze?
surname ['sɜːneɪm] *s.* What's your surname?	**Familienname** *m*, **Zuname** *m* Wie ist Ihr Familienname?
youth [juːθ] *s.* Wanted: A youth to help in the garden. A group of youths came up to him.	**junger Mann** *m*, **Jugendliche(r)** *m* Junger Mann gesucht, der im Garten hilft. Eine Gruppe Jugendlicher kam auf ihn zu.

1.1.6.2 FAMILIE

«1–2000»

aunt [ɑːnt] *s.* My aunt Alice is my father's sister.	**Tante** *f* Meine Tante A. ist die Schwester meines Vaters.
brother ['brʌðə] *s.* Martin has three brothers. Henry has a lot of brothers and sisters.	**Bruder** *m* M. hat drei Brüder. H. hat viele Geschwister.
cousin ['kʌzn] *s.* My cousin Fred is sixteen.	**Vetter** *m* Mein Vetter F. ist sechzehn.
cousin ['kʌzn] *s.* My cousin Bridget is my aunt Pamela's daughter.	**Kusine** *f* Meine Kusine B. ist die Tochter meiner Tante P.
daughter ['dɔːtə] *s.* Nancy has two daughters.	**Tochter** *f* N. hat zwei Töchter.
engaged [ɪn'geɪdʒd] *adj.* Jane is engaged to a student.	**verlobt** J. ist mit einem Studenten verlobt.
family ['fæməlɪ] *s.* They are a large family.	**Familie** *f* Sie sind eine große Familie.
father ['fɑːðə] *s.* My father is not at home.	**Vater** *m* Mein Vater ist nicht zu Hause.
grandchild ['græntʃaɪld] *s.* She has a lot of grandchildren.	**Enkel(kind** *n***)** *m* Sie hat viele Enkelkinder.
grandfather ['grændfɑːðə] *s.* His grandfather bought him a bicycle.	**Großvater** *m* Sein Großvater kaufte ihm ein Fahrrad.

grandmother [ˈgrænmʌðə] s.
My grandmother will soon be eighty.

Großmutter f
Meine Großmutter wird bald achtzig.

husband [ˈhʌzbənd] s.
Her husband was in town.

(Ehe)Mann m
Ihr Mann war in der Stadt.

married [ˈmærɪd] adj.
She is a married woman.

verheiratet
Sie ist eine verheiratete Frau.

mother [ˈmʌðə] s.
Is that woman your mother?

Mutter f
Ist diese Frau Ihre Mutter?

parents [ˈpeərənts] s. pl.
Her parents are very rich.

Eltern m/pl.
Ihre Eltern sind sehr reich.

sister [ˈsɪstə] s.
Anne is Margaret's little sister.

Schwester f
A. ist M.'s kleine Schwester.

son [sʌn] s.
She is proud of her sons.

Sohn m
Sie ist stolz auf ihre Söhne.

uncle [ˈʌŋkl] s.
Uncle Ted is my mother's brother.

Onkel m
Onkel T. ist der Bruder meiner Mutter.

wife [waɪf] s.
pl. **wives** [waɪvz]
Remember me to your wife.

(Ehe)Frau f

Grüßen Sie Ihre Frau von mir!

«2001–4000»

bride [braɪd] s.
Phyllis is a lovely bride.

Braut f
P. ist eine reizende Braut.

bridegroom [ˈbraɪdgrʊm] s.
The bridegroom was a handsome young man.

Bräutigam m
Der Bräutigam war ein hübscher junger Mann.

brother-in-law [ˈbrʌðərɪnlɔː] s.
He had got the car from his brother-in-law.

Schwager m
Er hatte den Wagen von seinem Schwager bekommen.

couple [ˈkʌpl] s.
The young couple got many presents.

(Ehe)Paar n
Das junge Paar bekam viele Geschenke.

daughter-in-law [ˈdɔːtərɪnlɔː] s.
Our daughter-in-law is going to have a baby.

Schwiegertochter f
Unsere Schwiegertochter bekommt ein Kind.

father-in-law [ˈfɑːðərɪnlɔː] s.
His father-in-law was an engineer.

Schwiegervater m
Sein Schwiegervater war ein Ingenieur.

granddaughter ['grændɔːtə] *s.*
How many granddaughters do
you have?

Enkelin *f*
Wie viele Enkelinnen hast du?

grandparents ['grænpeərənts]
s. pl.
Grandparents often spoil their
grandchildren.

Großeltern *m/pl.*
Großeltern verwöhnen oft ihre
Enkelkinder.

grandson ['grænsʌn] *s.*
He bought toys for his little
grandson.

Enkel(sohn) *m*
Er kaufte Spielzeug für seinen
kleinen Enkel.

heir [eə] *s.*
The eldest son is heir to the
throne.

Erbe *m*
Der älteste Sohn ist der Thron-
erbe.

mother-in-law ['mʌðərɪnlɔː] *s.*
She doesn't like her mother-in-
-law.

Schwiegermutter *f*
Sie kann ihre Schwiegermutter
nicht leiden.

nephew ['nevjuː] *s.*
Mr Neill gave his nephew a
birthday present.

Neffe *m*
Herr N. gab seinem Neffen ein
Geburtstagsgeschenk.

niece [niːs] *s.*
Mrs Potter had gone to town
with her niece.

Nichte *f*
Frau P. war mit ihrer Nichte in
die Stadt gegangen.

parents-in-law ['peərəntsɪnlɔː]
s. pl.
Peggy got on very well with her
parents-in-law.

Schwiegereltern *m/pl.*
P. kam sehr gut mit ihren
Schwiegereltern aus.

related [rɪ'leɪtɪd] *adj.*
They are related to us.

verwandt
Sie sind mit uns verwandt.

relation [rɪ'leɪʃn] *s.*
Friends and relations had
come to their wedding.

Verwandte(r) *m*, **Verwandte** *f*
Freunde und Verwandte waren
zu ihrer Hochzeit gekommen.

relative ['relətɪv] *s.*
Is he a relative of yours?

Verwandte(r) *m*, **Verwandte** *f*
Ist er mit Ihnen verwandt (=
ein Verwandter von Ihnen)?

single ['sɪŋgl] *adj.*
She's a single woman.

ledig
Sie ist ledig (= *eine ledige
Frau*).

sister-in-law ['sɪstərɪnlɔː] *s.*
My sister-in-law is a beautiful
woman.

Schwägerin *f*
Meine Schwägerin ist eine
schöne Frau.

widow ['wɪdəʊ] *s.*
Mr Miller left a large sum to his widow.

Witwe *f*
Herr M. hinterließ seiner Witwe eine hohe Geldsumme.

1.1.6.3 SOZIALE BINDUNGEN

«1–2000»

common ['kɒmən] *adj.*
This will be our common task.

gemeinsam
Das wird unsere gemeinsame Aufgabe sein.

---

company ['kʌmpənɪ] *s.*
We kept the boy company when he was ill.
They had company last night.

Gesellschaft *f*
Wir leisteten dem Jungen Gesellschaft, als er krank war.
Sie hatten gestern abend Gäste.

---

enemy ['enəmɪ] *s.*
Peter and Chris are enemies.

Feind(in *f)* *m*
P. und Ch. sind Feinde.

---

fellow ['feləʊ] *s.*
His schoolfellows don't like him.

Kamerad(in *f)* *m*
Seine Schulkameraden mögen ihn nicht.

---

fellow ['feləʊ] *s.*
Don't trust that fellow.

Bursche *m,* **Kerl** *m*
Trau diesem Burschen nicht!

---

friend [frend] *s.*
They were good friends of ours.
Lucy is a friend of mine.

Freund(in *f)* *m*
Sie waren gute Freunde von uns.
L. ist eine Freundin von mir.

---

member ['membə] *s.*
He is a member of our party.

Mitglied *n*
Er ist Mitglied unserer Partei.

---

neighbour ['neɪbə] *s.*
Mr Jones and Mrs Smith are our neighbours.

Nachbar(in *f)* *m*
Herr J. und Frau S. sind unsere Nachbarn.

---

people ['piːpl] *s.pl.*
They are nice people.

Leute *pl.*
Sie sind nette Leute.

---

private ['praɪvɪt] *adj.*
These are private grounds.

privat
Dies ist Privatgrund.

---

public ['pʌblɪk] *adj.*
The party held a public meeting.

öffentlich
Die Partei hielt eine öffentliche Versammlung ab.

public [ˈpʌblɪk] *s.*
The (general) public does not know the author.

Öffentlichkeit *f*
Die (breite) Öffentlichkeit kennt den Schriftsteller nicht.

society [səˈsaɪətɪ] *s.*
They spent the evening in the society of their friends.
This criminal is dangerous (*oder* a danger) to society.

Gesellschaft *f*
Sie verbrachten den Abend in Gesellschaft von Freunden.
Dieser Verbrecher ist gemeingefährlich.

strange [streɪndʒ] *adj.*
These customs are strange to me.

fremd(artig)
Diese Bräuche sind mir fremd.

stranger [ˈstreɪndʒə] *s.*
He never talks to strangers.

Fremde(r) *m*, **Fremde** *f*
Er spricht nie mit Fremden.

«2001–4000»

association [əsəʊsɪˈeɪʃn] *s.*
Are you a member of a football association?

Verein(igung *f)* *m*
Bist du Mitglied bei einem Fußballverein?

boyfriend [ˈbɔɪfrend] *s.*
Helen's got a boyfriend.

Freund *m* (*eines Mädchens*)
H. hat einen Freund.

club [klʌb] *s.*
Is he a member of our club?

Klub *m*
Ist er Mitglied in unserem Klub?

community [kəˈmjuːnətɪ] *s.*
The partners were held together by a community of interests.

Gemeinschaft *f*
Die Partner wurden durch eine Interessengemeinschaft zusammengehalten.

community [kəˈmjuːnətɪ] *s.*
It's for the good of the community.

Allgemeinheit *f*
Es dient dem Wohl der Allgemeinheit.

companion [kəmˈpænjən] *s.*

Gefährte *m*, **Gefährtin** *f*, **Kamerad(in** *f)* *m*

He's been my travel companion for three weeks.
They were good companions.

Er ist seit drei Wochen mein Reisegefährte.
Sie waren gute Kameraden.

girlfriend [ˈgɜːlfrend] *s.*
Fred's new girlfriend is very pretty.

Freundin *f* (*eines Mannes*)
F.'s neue Freundin ist sehr hübsch.

lover [ˈlʌvə] *s.*
Dorothy has a new lover.

Liebhaber *m*
D. hat einen neuen Liebhaber.

partner [ˈpɑːtnə] s.
Brian is an excellent tennis partner.

Partner(in f) m
B. ist ein hervorragender Tennispartner.

rival [ˈraɪvl] s.
Peter and Thomas are rivals for a girl.

Rivale m, **Rivalin** f
P. und T. rivalisieren (= sind Rivalen) um ein Mädchen.

union [ˈjuːnjən] s.
Their marriage was a happy union.

Verbindung f, **Vereinigung** f
Ihre Ehe war eine glückliche Vereinigung.

1.1.6.4 BERUFE

«1–2000»

baker [ˈbeɪkə] s.
The baker bakes (the) bread for us.

Bäcker m
Der Bäcker bäckt für uns das Brot.

butcher [ˈbʊtʃə] s.
We buy our meat at the butcher's.

Fleischer m
Wir kaufen unser Fleisch beim Fleischer.

cook [kʊk] s.
They have a new cook at the "Continental".
Your wife is a good cook.

Koch m, **Köchin** f
Sie haben im „Continental" einen neuen Koch.
Ihre Frau ist eine gute Köchin.

farmer [ˈfɑːmə] s.
The farmer is in the fields.

Bauer m
Der Bauer ist auf dem Feld.

grocer [ˈgrəʊsə] s.
I bought sugar and milk at the grocer's.

Lebensmittelhändler m
Ich kaufte Zucker und Milch beim Lebensmittelhändler.

master [ˈmɑːstə] s.
He is a master tailor.

Meister m
Er ist Schneidermeister.

tailor [ˈteɪlə] s.
Peter has a good tailor.

Schneider m
P. hat einen guten Schneider.

«2001–4000»

barber [ˈbɑːbə] s.
He had his hair cut at the barber's.

(Herren)Friseur m
Er ließ sich beim Friseur die Haare schneiden.

businessman [ˈbɪznɪsmæn] s.
pl. **-men** [-mən]
He is a successful businessman.

Geschäftsmann m

Er ist ein erfolgreicher Geschäftsmann.

chemist [ˈkemɪst] s.
The chemist gave me some
cough drops.

Apotheker(in f) m
Der Apotheker gab mir Husten-
bonbons.

engineer [endʒɪˈnɪə] s.
His son wants to become an
engineer.

Ingenieur m
Sein Sohn will Ingenieur werden.

farmer's wife [ˈfɑːməz ˈwaɪf] s.
The farmer's wife helps her
husband.

Bäuerin f
Die Bäuerin hilft ihrem Mann.

hairdresser [ˈheədresə] s.
Do you know a good hairdresser for me?

(Damen)Friseur m, **Friseuse** f
Wissen Sie einen guten Friseur
für mich?

hostess [ˈhəʊstɪs] s.
She works as a hostess at ex-
hibitions.

Hostess f
Sie arbeitet als Hostess bei
Ausstellungen.

interpreter [ɪnˈtɜːprɪtə] s.
They did not need an interpreter for their talks.

Dolmetscher(in f) m
Sie brauchten für ihre Gesprä-
che keinen Dolmetscher.

keeper [ˈkiːpə] s.
The zoo keeper feeds the
animals.

Wärter(in f) m
Der Wärter im Zoo füttert die
Tiere.

mechanic [mɪˈkænɪk] s.
Fred is a car mechanic.

Mechaniker m
F. ist Automechaniker.

miner [ˈmaɪnə] s.
Tom works as a miner.

Bergmann m
T. arbeitet als Bergmann.

occupation [ɒkjʊˈpeɪʃn] s.
What's his occupation?

Beruf m
Was ist er von Beruf?

photographer [fəˈtɒgrəfə] s.
Is he a professional photographer?

Fotograf(in f) m
Ist er Berufsfotograf?

profession [prəˈfeʃn] s.

He is a teacher by profession.

(bes. **akademischer) Beruf** m,
(Berufs)Stand m
Er ist von Beruf Lehrer.

professional [prəˈfeʃənl] adj.
Henry is a professional sportsman.

berufsmäßig, Berufs...
H. ist Berufssportler (oder
Profi).

representative [reprɪˈzentətɪv] s.
Our representative will visit you next Monday.

Vertreter(in f) m
Unser Vertreter wird Sie am Montag besuchen.

salesclerk [ˈseɪlzklɑːk] s.
His girlfriend is a salesclerk.

(*Am.*) **Verkäufer(in f) m**
Seine Freundin ist Verkäuferin.

secretary [ˈsekrətrɪ] s.
This is Miss Foster, our new secretary.
He has a private secretary.

Sekretär(in f) m
Das ist Fräulein F., unsere neue Sekretärin.
Er hat einen Privatsekretär.

shop assistant [ˈʃɒp əsɪstənt] s.
The shop assistant was a silly young girl.

(*Br.*) **Verkäufer(in f) m**
Die Verkäuferin war ein albernes junges Ding.

specialist [ˈspeʃəlɪst] s.
He is a specialist in eighteenth--century furniture.

Fachmann m, Spezialist(in f) m
Er ist Fachmann für Möbel des 18. Jahrhunderts.

typist [ˈtaɪpɪst] s.
She is a typist in an electrical firm.

Stenotypistin f, Schreibkraft f
Sie ist Stenotypistin in einer Elektrofirma.

worker [ˈwɜːkə] s.
(The) Steelworkers are demanding higher wages.

Arbeiter(in f) m
Die Stahlarbeiter verlangen höhere Löhne.

1.1.6.5 SOZIALE SITUATION

«1–2000»

living [ˈlɪvɪŋ] s.
What does he do for a living?

Lebensunterhalt m
Womit verdient er seinen Lebensunterhalt?

master [ˈmɑːstə] s.
The dog followed its master.

Herr m (= *Gebieter*)
Der Hund folgte seinem Herrn.

of one's own [əv wʌnz ˈəʊn] (*nachgestellt*)
She has a car of her own.

eigene/-r/-s

Sie hat ein eigenes Auto.

poor [pʊə] adj.
They are poor people.

arm
Sie sind arme Leute.

rich [rɪtʃ] adj.
Mr X. is a rich man.

reich
Herr X. ist ein reicher Mann.

servant ['sɜːvənt] *s.* They keep a servant.	**Diener(in** *f***)** *m* Sie halten sich einen Diener.
serve [sɜːv] *v/i.* He served as a gardener.	**dienen** Er diente als Gärtner (= *stand im Dienst*).
service ['sɜːvɪs] *s.* He is in the service of the Queen.	**Dienst** *m* Er steht im Dienst (bei) der Königin.

«2001–4000»

beg [beg] *v/i.* She begged for money.	**betteln** Sie bettelte um Geld.
beggar ['begə] *s.* The beggar asked us for money.	**Bettler(in** *f***)** *m* Der Bettler bat uns um Geld.
boss [bɒs] *s.* I'll ask my boss for leave.	(F) **Chef** *m* Ich werde meinen Chef um Urlaub bitten.
chairman ['tʃeəmən] *s.* We listened to the chairman's report.	**Vorsitzende(r)** *m* Wir hörten den Bericht des Vorsitzenden an.
citizen ['sɪtɪzn] *s.* Is he a citizen of the USA?	**Bürger(in** *f***)** *m* Ist er ein Bürger der USA?
civil ['sɪvl] We have civil rights and duties.	**bürgerlich, zivil, Bürger...** Wir haben Bürgerrechte und -pflichten.
leader ['liːdə] *s.* Who is the leader of the Labour Party?	**(An)Führer(in** *f***)** *m* Wer ist der Führer der Labour Party?
mistress ['mɪstrɪs] *s.* Our mother is the mistress of the household.	**Herrin** *f* Unsere Mutter ist der Haushaltsvorstand (= *die Herrin des Haushalts*).
rank [ræŋk] *s.* Mr Parr holds the rank of captain.	**Rang** *m* Herr P. steht im Rang eines Hauptmanns.
slave [sleɪv] *s.* He treated his children like slaves.	**Sklave** *m*, **Sklavin** *f* Er behandelte seine Kinder wie Sklaven.

1.1.6.6 SOZIALES VERHALTEN

«1–2000»

---

admit [əd'mɪt] v/t.
She was not admitted into the house.

(her)einlassen, zulassen
Sie wurde nicht in das Haus eingelassen.

---

come to see [kʌm tə 'siː]
My uncle came to see us.

besuchen (kommen)
Mein Onkel hat uns besucht.

---

congratulation [kəngrætjʊ'leɪ-ʃn] s.
Congratulations, Mrs White!

Glückwunsch m
Herzliche Glückwünsche, Frau W.!

---

custom ['kʌstəm] s.
This is an old custom here.

Brauch m
Das ist hier ein alter Brauch.

---

date [deɪt] s.

He had a date with his friend's sister.

Verabredung f, bes. **Rendezvous** n
Er hatte eine Verabredung mit der Schwester seines Freundes.

---

gift [gɪft] s.
We bought gifts and souvenirs.

Geschenk n
Wir kauften Geschenke und Andenken.

---

go to see [gəʊ tə 'siː]
I must go to see her soon.

besuchen (gehen)
Ich muß sie bald (einmal) besuchen.

---

guest [gest] s.
Please be our guest.

Gast m
Bitte seien Sie unser Gast!

---

invite [ɪn'vaɪt] v/t.
The Smiths invited us to their party.

einladen
S.'s luden uns zu ihrer Party ein.

---

know [nəʊ] v/t.
⚠ **knew** [njuː], **known** [nəʊn]
I only know him by name.

kennen

Ich kenne ihn nur dem Namen nach.

---

meet [miːt] v/t.
⚠ **met** [met], **met** [met]
I met Mrs Clyde at the supermarket.
We shall meet her at the station.

treffen, (dat.) **begegnen**

Ich traf Frau C. im Supermarkt.

Wir werden sie am Bahnhof abholen.

meet [miːt] *v/i.*
⚠ **met** [met], **met** [met]
They met at the concert.

sich treffen

Sie trafen sich im Konzert.

meet [miːt] *v/t.*
⚠ **met** [met], **met** [met]
We met a lot of interesting people.

kennenlernen

Wir lernten eine Menge interessante Leute kennen.

meeting [ˈmiːtɪŋ] *s.*
I saw him at the party meeting.

Versammlung f, **Treffen** n
Ich sah ihn auf der Parteiversammlung.

neighbourhood [ˈneɪbəhʊd] *s.*
The whole neighbourhood protested against the new road.
Our house is in a very quiet neighbourhood.

Nachbarschaft f, *auch* **Gegend** f
Die ganze Nachbarschaft protestierte gegen die neue Straße.
Unser Haus liegt in einer sehr ruhigen Gegend.

party [ˈpɑːtɪ] *s.*
Anne gave a party last Friday.

Party f, **Gesellschaft** f
A. gab am letzten Freitag eine Party.

present [ˈpreznt] *s.*
The children showed us their Christmas presents.

Geschenk n
Die Kinder zeigten uns ihre Weihnachtsgeschenke.

show [ʃəʊ] *v/t.*
⚠ **showed** [ʃəʊd], **shown** [ʃəʊn]
She showed us into her room [round the house].

führen

Sie führte uns in ihr Zimmer [im Haus herum].

social [ˈsəʊʃl] *adj.*

They belong to different social classes.

gesellschaftlich, Gesellschafts-
...
Sie gehören verschiedenen Gesellschaftsklassen an.

visit [ˈvɪzɪt] *v/t.*
He visited his parents.

besuchen
Er besuchte seine Eltern.

visit [ˈvɪzɪt] *s.*
Mr Gardiner is on a visit to London.

Besuch m
Herr G. ist zu Besuch in London.

welcome [ˈwelkəm] *adj.*
They are welcome guests.

willkommen
Sie sind willkommene Gäste.

«2001–4000»

accompany [əˈkʌmpənɪ] *v/t.*
Will you accompany me?

begleiten
Willst du mich begleiten?

acquainted [ə'kweɪntɪd] *adj.*
Are you acquainted with the lady?

bekannt
Kennen Sie die Dame? (= *Sind Sie mit ... bekannt?*)

appointment [ə'pɔɪntmənt] *s.*
He couldn't keep the appointment.

Verabredung *f, auch* **Termin** *m*
Er konnte die Verabredung nicht einhalten.

bow [baʊ] *v/i.*
He bowed politely to the old lady.

sich verbeugen
Er verbeugte sich höflich vor der alten Dame.

call on ['kɔːl ɒn] *v/i.*
Can you call on me tomorrow?

besuchen (*vorsprechen bei*)
Können Sie mich morgen besuchen?

celebrate ['selɪbreɪt] *v/t.*
They celebrated his birthday.

feiern
Sie feierten seinen Geburtstag.

congratulate [kən'grætjʊleɪt] *v/t.*
I congratulated her on her birthday.

gratulieren
Ich gratulierte ihr zum Geburtstag.

contact ['kɒntækt] *s.*
He tried to get into contact with his son's teacher.

Verbindung *f,* **Kontakt** *m*
Er versuchte, sich mit dem Lehrer seines Sohnes in Verbindung zu setzen.

cultivate ['kʌltɪveɪt] *v/t.*
Friendship must be cultivated.

pflegen
Freundschaft muß gepflegt werden.

formal ['fɔːml] *adj.*
His behaviour was rather formal.

förmlich
Sein Benehmen war ziemlich förmlich.

friendship ['frendʃɪp] *s.*
Their friendship lasted for years.

Freundschaft *f*
Ihre Freundschaft währte jahrelang.

get along with [get ə'lɒŋ wɪð] *v/i.*
They got along very well with each other.

auskommen mit

Sie kamen sehr gut miteinander aus.

greet [griːt] *v/t.*
She greeted her neighbour at the door.

(be)grüßen
Sie (be)grüßte ihre Nachbarin an der Tür.

host [həʊst] *s.*
Mr Reed acted as a host.

Gastgeber *m*
Herr R. spielte den Gastgeber.

hostess [ˈhəʊstɪs] *s.*
His wife was a charming hostess.

Gastgeberin *f*
Seine Frau war eine charmante Gastgeberin.

introduce [ɪntrəˈdjuːs] *v/t.*
The new teacher was introduced to the pupils.

vorstellen
Der neue Lehrer wurde den Schülern vorgestellt.

introduction [ɪntrəˈdʌkʃn] *s.*
Their introduction to each other was rather formal.

Vorstellung *f*
Ihre gegenseitige Vorstellung war ziemlich formell.

invitation [ɪnvɪˈteɪʃn] *s.*
He sent us an invitation.

Einladung *f*
Er schickte uns eine Einladung.

join [dʒɔɪn] *v/t.*

Won't you join our club?

beitreten (= *sich anschließen an*)
Willst du nicht unserem Klub beitreten?

keep waiting [kiːp ˈweɪtɪŋ] *v/t.*
Don't keep us waiting too long.

warten lassen
Laßt uns nicht zu lang(e) warten!

kiss [kɪs] *s.*
She gave him a kiss.

Kuß *m*
Sie gab ihm einen Kuß.

kiss [kɪs] *v/t.*
He kissed her (on the lips).

küssen
Er küßte sie (auf die Lippen).

knock [nɒk] *s.*
There was a knock at the door.

Klopfen *n*
Es klopfte (an der Tür).

manners [ˈmænəz] *s. pl.*

Where are your manners?

(gutes) Benehmen *n*, **Manieren** *f/pl.*, **Anstand** *m*
Wo bleibt dein gutes Benehmen?

marriage [ˈmærɪdʒ] *s.*
Their marriage lasted only two years.

Ehe *f*
Ihre Ehe dauerte nur zwei Jahre.

marry [ˈmærɪ] *vt/i.*
He asked the girl to marry him.

They got married last month.

heiraten
Er bat das Mädchen, ihn zu heiraten.

Sie haben im letzten Monat geheiratet.

receive [rɪˈsiːv] *v/t.*
They seldom receive guests.

(*als Gast*) **empfangen**
Sie empfangen selten Gäste.

reception [rɪˈsepʃn] s.
Will you go to the wedding reception?

Empfang m
Werden Sie zum Hochzeitsempfang gehen?

---

run across [rʌn əˈkrɒs] v/i.

I ran across an old teacher (in the street).

(F) **stoßen auf** (= zufällig begegnen)

Ich stieß (auf der Straße) auf einen ehemaligen Lehrer.

---

see [siː] v/t.
⚠ **saw** [sɔː], **seen** [siːn]
They saw us to the airport.

begleiten, bringen

Sie brachten uns zum Flugplatz.

---

separate [ˈsepəreɪt] v/i.
We shall never separate.

sich trennen
Wir werden uns nie trennen.

---

solemn [ˈsɒləm] adj.
They played very solemn music during the church service.

feierlich
Während des Gottesdienstes spielten sie sehr feierliche Musik.

---

take part in [teɪk ˈpɑːt ɪn] v/i.
I could not take part in their project.

teilnehmen an
Ich konnte nicht an ihrem Projekt teilnehmen.

---

unite [juːˈnaɪt] v/t.
He was happily united with his family again.

vereinigen
Er war wieder glücklich mit seiner Familie vereint.

---

unite [juːˈnaɪt] v/i.
They united against their enemies.

sich vereinigen
Sie vereinigten sich gegen ihre Feinde.

---

visitor [ˈvɪzɪtə] s.
All visitors to the museum through this gate, please.

Besucher(in f**)** m
Alle Museumsbesucher durch dieses Tor, bitte.

---

visitor [ˈvɪzɪtə] s.
They seldom have visitors.

Gast m
Sie haben selten Gäste (oder Besuch).

---

wave [weɪv] v/i.
Paul waved to his girlfriend across the street.

winken
P. winkte seiner Freundin über die Straße zu.

---

wedding [ˈwedɪŋ] s.
Their wedding will take place next Saturday.

Hochzeit f, **Trauung** f
Ihre Hochzeit findet am nächsten Samstag statt.

---

welcome [ˈwelkʌm] s.
They gave him a hearty welcome.

Willkommen n, **Empfang** m
Sie bereiteten ihm einen herzlichen Empfang.

welcome ['welkəm] *v/t.*
They were warmly welcomed.

willkommen heißen
Sie wurden herzlich willkommen geheißen.

1.1.7 SCHICKSAL UND ZUFALL

«1–2000»

danger ['deɪndʒə] *s.*
Her life was in danger.

Gefahr *f*
Ihr Leben war in Gefahr.

dangerous ['deɪndʒərəs] *adj.*
He is a dangerous man.

gefährlich
Er ist ein gefährlicher Mann.

fire ['faɪə] *s.*
A fire broke out.

Brand *m*
Ein Brand brach aus.

happen ['hæpən] *v/i.*
And what happened then?

geschehen, passieren
Und was geschah dann?

lose [luːz] *v/t.*
⚠ **lost** [lɒst], **lost** [lɒst]
She lost her purse [her job, a lot of time].

verlieren

Sie verlor ihren Geldbeutel [ihre Arbeit, viel Zeit].

luck [lʌk] *s.*
With a bit of luck you will succeed.

Glück *n (glücklicher Zufall)*
Mit etwas Glück wirst du Erfolg haben.

safety ['seɪftɪ] *s.*
They got home in safety.

Sicherheit *f*
Sie kamen sicher nach Hause.

save [seɪv] *v/t.*
The boy saved the little girl's life.

retten
Der Junge rettete dem kleinen Mädchen das Leben.

succeed [sək'siːd] *v/i.*
At last he succeeded.
We succeeded in selling both cars.

Erfolg haben, erfolgreich sein
Endlich hatte er Erfolg.
Es gelang uns, beide Wagen zu verkaufen.

success [sək'ses] *s.*
Agatha Christie had great success as a writer.

Erfolg *m*
A. C. hatte großen Erfolg als Schriftstellerin.

successful [sək'sesfʊl] *adj.*
Mr Jones is a successful businessman.

erfolgreich
Herr J. ist ein erfolgreicher Geschäftsmann.

trouble ['trʌbl] *s.*
We had trouble getting that old car started.

Schwierigkeit(en *pl.*) *f*
Wir hatten Schwierigkeiten, den alten Wagen zu starten.

«2001–4000»

advantage [ədˈvɑːntɪdʒ] *s.*
Living in a town is not always an advantage.

Vorteil *m*
In der Stadt zu wohnen ist nicht immer ein Vorteil.

adventure [ədˈventʃə] *s.*
Our journey was a great adventure.

Abenteuer *n*
Unsere Reise war ein großes Abenteuer.

bad luck [bæd ˈlʌk] *s.*
This was really bad luck for her.

Pech *n*, **Unglück** *n*
Da hat sie wirklich Pech gehabt.

blow [bləʊ] *s.*
He got a blow on the head.

Schlag *m*
Er bekam einen Schlag an den Kopf.

case [keɪs] *s.*
That is another case.
I have an umbrella with me just in case.

Fall *m*
Das ist ein anderer Fall.
Notfalls habe ich einen Regenschirm dabei.

chance [tʃɑːns] *s.*
Give them a chance.
I'll take a chance.

Chance *f*
Gib ihnen eine Chance!
Ich will mein Glück probieren.

condition [kənˈdɪʃn] *s.*
The house is in good [bad] condition.

Zustand *m*
Das Haus ist in gutem [schlechtem] Zustand.

curse [kɜːs] *s.*
They seem to be under a curse.

Fluch *m*
Sie scheinen unter einem Fluch zu stehen.

damage [ˈdæmɪdʒ] *s.*
The thunderstorm did great damage.

Schaden *m*
Das Gewitter richtete großen Schaden an.

destroy [dɪˈstrɔɪ] *v/t.*
Bombs destroyed the town.

zerstören, vernichten
Bomben zerstörten die Stadt.

destruction [dɪˈstrʌkʃn] *s.*
The destruction of the airport was a great loss.

Zerstörung *f*, **Vernichtung** *f*
Die Zerstörung des Flughafens war ein großer Verlust.

difficulty [ˈdɪfɪkəltɪ] *s.*
They had financial difficulties.

Schwierigkeit *f*
Sie hatten finanzielle Schwierigkeiten.

emergency [ɪˈmɜːdʒənsɪ] *s.*
Press the button in case of emergency.

Notfall *m*
Drücken Sie im Notfall auf den Knopf.

escape [ɪˈskeɪp] *v/t.*
He escaped punishment.

(*dat.*) **entgehen**
Er entging der Strafe.

event [ɪˈvent] *s.*
Their wedding was the event of the year.

Ereignis *n*
Ihre Hochzeit war das Ereignis des Jahres.

explosion [ɪkˈspləʊʒn] *s.*
They ran away when they heard the explosion.

Explosion *f*
Sie rannten davon, als sie die Explosion hörten.

fate [feɪt] *s.*
He met with a terrible fate.

Schicksal *n*
Ihm widerfuhr ein schreckliches Schicksal.

fortunate [ˈfɔːtʃnət] *adj.*
She is not always fortunate in the choice of her words.
I was fortunate (enough) to get my keys back.

glücklich
Die Wahl ihrer Worte ist nicht immer glücklich.
Glücklicherweise bekam ich meine Schlüssel wieder.

fortunately [ˈfɔːtʃnətlɪ] *adv.*
Fortunately we arrived in time.

glücklicherweise, zum Glück
Glücklicherweise kamen wir rechtzeitig an.

get lost [get ˈlɒst] *v/t.*
His ticket got lost.

verlorengehen
Seine Fahrkarte ging verloren.

harm [hɑːm] *s.*
There was no harm done.

Schaden *m*
Es ist nichts passiert *(= Es wurde kein Schaden angerichtet).*

hit [hɪt] *s.*
He made a hit with her.

(Glücks)Treffer *m*, **Erfolg** *m*
Er hatte bei ihr Erfolg *(= „kam bei ihr an").*

lack [læk] *s.*
His lack of good manners is awful.

Mangel *m*
Sein Mangel an guten Manieren ist schrecklich.

lucky [ˈlʌkɪ] *adj.*
Six seems to be her lucky number.
She's a lucky girl.

glücklich, Glücks...
(Die) Sechs scheint ihre Glückszahl zu sein.
Das Mädchen hat Glück.

mystery [ˈmɪstərɪ] *s.*
The mystery about her death will never be solved.

Geheimnis *n*
Das Geheimnis um ihren Tod wird nie gelöst werden.

necessity [nɪˈsesətɪ] *s.*
There is no necessity for us to wait for him.

Notwendigkeit *f*
Es ist nicht notwendig *(= Es besteht keine Notwendigkeit),* daß wir auf ihn warten.

need [niːd] *s.*
They were in need of money.

Not *f*
Sie waren in Geldnot (= *brauchten Geld*).

occasion [ə'keɪʒn] *s.*
This is no occasion for joking.

Anlaß *m*, **Gelegenheit** *f*
Das ist kein Anlaß zum Spaßen.

opportunity [ɒpə'tjuːnətɪ] *s.*
You must take (*oder* seize) the opportunity.

(günstige) Gelegenheit *f*
Du mußt die Gelegenheit ergreifen.

rescue ['reskjuː] *v/t.*
The baby could be rescued from the fire.

(er)retten, bergen
Das Baby konnte aus dem Feuer gerettet werden.

rescue ['reskjuː] *s.*
The rescue of the injured persons was very difficult.

Rettung *f*
Die Rettung der Verletzten war sehr schwierig.

risk [rɪsk] *s.*
Don't take such a risk.

Risiko *n*
Geh kein solches Risiko ein!

risk [rɪsk] *v/t.*
I risked missing my plane.

(es) riskieren, (es) wagen
Ich riskierte (*oder* lief Gefahr), mein Flugzeug zu versäumen.

ruin ['rʊɪn] *s.*
The loss of his job meant his ruin.

Ruin *m*, **Untergang** *m*
Der Verlust seiner Arbeit bedeutete für ihn den Ruin.

ruin ['rʊɪn] *v/t.*
Too much smoking will ruin your health.

ruinieren, zugrunde richten
Das viele Rauchen wird deine Gesundheit ruinieren.

safe [seɪf] *adj.*
They were in a safe place.

sicher
Sie waren an einem sicheren Ort.

situation [sɪtjʊ'eɪʃn] *s.*
Peter was in a difficult situation.

Lage *f*, **Situation** *f*
P. war in einer schwierigen Lage.

state [steɪt] *s.*
The state of the man's health was very bad.

Zustand *m*
Der Gesundheitszustand des Mannes war sehr schlecht.

unlucky [ʌn'lʌkɪ] *adj.*

He was an unlucky person.
She was very unlucky last year.

unglücklich (= *glücklos*), **Pech..., Unglücks...**
Er war ein Pechvogel.
Sie hatte im letzten Jahr viel Pech.

win [wɪn] *v/t.*
⚠ **won** [wʌn], **won** [wʌn]
Percy won the prize.

gewinnen

P. gewann den Preis.

1.2 Alltagswelt

1.2.1 DER MENSCH UND SEIN ZUHAUSE

1.2.1.1 HAUS UND WOHNUNG

«1−2000»

bathroom [ˈbɑːθrʊm] *s.*
Sally went (in)to the bathroom.
The Americans usually mean
"toilet" when they speak of
"bathroom".

Bad *n*, **Badezimmer** *n*
S. ging ins Bad.
Die Amerikaner meinen ge-
wöhnlich „Toilette", wenn sie
von „bathroom" sprechen.

bedroom [ˈbedrʊm] *s.*
Their house has three bed-
rooms upstairs.

Schlafzimmer *n*
Ihr Haus hat oben drei Schlafzimmer.

build [bɪld] *v/t.*
⚠ **built** [bɪlt], **built** [bɪlt]
The house was built in six
months.

bauen

Das Haus wurde in sechs Monaten gebaut.

cellar [ˈselə] *s.*
The doctor has a good wine in
his cellar.

Keller *m*
Der Doktor hat einen guten
Wein im Keller.

door [dɔː] *s.*
There's someone at the door.

Tür *f*
Es ist jemand an der Tür.

entrance [ˈentrəns] *s.*
There's someone at the back
entrance.

Eingang *m*
Es ist jemand am Hinterein-
gang.

exit [ˈeksɪt] *s.*
We could not find an emergency exit.

Ausgang *m*
Wir konnten keinen Notaus-
gang finden.

flat [flæt] *s.*
They live in the top flat.

Wohnung *f*
Sie wohnen in der obersten
Wohnung.

floor [flɔː] *s.*
The children were playing on
the floor.

(Fuß)Boden *m*
Die Kinder spielten auf dem
(Fuß)Boden.

floor [flɔː] *s.*
On which floor does she live?

Stock(werk *n***)** *m*, **Etage** *f*
In welchem Stockwerk wohnt sie?

garage [ˈgærɑːdʒ] *s.*
The car is in the garage.

Garage *f*
Der Wagen ist in der Garage.

garden [ˈgɑːdn] *s.*
Paul is working in the garden.

Garten *m*
P. arbeitet im Garten.

gate [geɪt] *s.*
She opened the gate wide.

Tor *n*
Sie machte das Tor weit auf.

ground floor [graʊnd ˈflɔː] *s.*
Who is living on the ground floor?

(*Br.*) **Erdgeschoß** *n*
Wer wohnt im Erdgeschoß?

hall [hɔːl] *s.*
The house has a large entrance hall.

Halle *f*, **Diele** *f*
Das Haus hat eine große Eingangshalle.

hall [hɔːl] *s.*
The pupils were having dinner in the dining-hall.

Saal *m*
Die Schüler aßen im Speisesaal zu Abend.

heating [ˈhiːtɪŋ] *s.*
Heating costs have risen.

Heizung *f*
Die Heizungskosten sind gestiegen.

home [həʊm] *s.*
Come and see us in our new home.
Mrs Brown is not at home.

Heim *n*
Besuchen Sie uns in unserem neuen Heim!
Frau B. ist nicht zu Hause.

home [həʊm] *adv.*
I want to go home.

nach Hause, heim
Ich möchte nach Hause gehen.

house [haʊs] *s.*
He had a house built.

Haus *n*
Er ließ sich ein Haus bauen.

kitchen [ˈkɪtʃɪn] *s.*
The children helped their mother in the kitchen.

Küche *f*
Die Kinder halfen ihrer Mutter in der Küche.

lift [lɪft] *s.*
You can use the lift.

(*Br.*) **Lift** *m*, **Aufzug** *m*
Sie können den Aufzug benutzen.

live [lɪv] *v/i.*
We live in the country.

wohnen
Wir wohnen auf dem Lande.

living room [ˈlɪvɪŋ ruːm] *s.*
Let's go into the living room.

Wohnzimmer *n*
Gehen wir ins Wohnzimmer!

roof [ruːf] *s.*
The house has a flat roof.

Dach *n*
Das Haus hat ein flaches Dach.

room [ruːm] *s.*
We had separate rooms at the hotel.

Zimmer *n*
Wir hatten im Hotel getrennte Zimmer.

sitting room [ˈsɪtɪŋ ruːm] *s.*
Maud had tea in the sitting room with some friends.

(*bes. Br.*) **Wohnzimmer** *n*
M. trank mit einigen Freunden im Wohnzimmer Tee.

stairs [steəs] *s. pl.*
The boys were running up and down the stairs.

Treppe *f*
Die Jungen rannten die Treppe auf und ab.

step [step] *s.*
Mind the steps!

Stufe *f*
Vorsicht, Stufen!

toilet [ˈtɔɪlɪt] *s.*
Where are the toilets?

Toilette *f*
Wo sind die Toiletten?

wall [wɔːl] *s.*
The picture is on the wall.

Wand *f*
Das Bild ist an der Wand.

wall [wɔːl] *s.*
There is a stone wall round the field.

Mauer *f*
Um das Feld läuft eine Steinmauer.

window [ˈwɪndəʊ] *s.*
Close the window, please.

Fenster *n*
Mach bitte das Fenster zu!

«2001–4000»

basement [ˈbeɪsmənt] *s.*
Food is sold in the basement.

Untergeschoß *n*
Lebensmittel gibt es im Untergeschoß.

block [blɒk] *s.*
He is the owner of a block of houses.

Block *m*
Er ist der Besitzer eines Häuserblocks.

ceiling [ˈsiːlɪŋ] *s.*
The ceilings of modern flats are very low.

(Zimmer)Decke *f*
Die Decken in modernen Wohnungen sind sehr niedrig.

chimney [ˈtʃɪmnɪ] *s.*
The town has too many factory chimneys.

Kamin *m*, **Schornstein** *m*
Die Stadt hat zuviele Fabrikschornsteine.

crack [kræk] *s.*
I saw cracks in the wall.

Riß *m*
Ich sah Risse in der Wand.

dining room [ˈdaɪnɪŋ ruːm] *s.*
They had breakfast in the dining room.

Speise-, Eßzimmer *n*
Sie frühstückten im Speisezimmer.

downstairs [daʊnˈsteəz] *adv.*
The old man came downstairs.

(die Treppe) herunter
Der alte Mann kam die Treppe herunter.

downstairs [daʊnˈsteəz] *adv.*
Their rooms are downstairs.

unten
Ihre Zimmer sind unten.

dwell [dwel] *v/i.*
⚠ **dwelt** [dwelt], **dwelt** [dwelt]
They dwelt on a small island.

wohnen

Sie wohnten auf einer kleinen Insel.

dwelling [ˈdwelɪŋ] *s.*
Did you see the cave dwellings?

Wohnung *f*, **Behausung** *f*
Habt ihr die Höhlenwohnungen gesehen?

elevator [ˈelɪveɪtə] *s.*
The house got a new elevator.

(Am.) **Aufzug** *m*
Das Haus bekam einen neuen Aufzug.

front [frʌnt] *s.*
The castle front has 20 windows.

Fassade *f*
Die Fassade des Schlosses hat 20 Fenster.

furnish [ˈfɜːnɪʃ] *v/t.*
He is living in a furnished room.

möblieren
Er wohnt in einem möblierten Zimmer.

household [ˈhaʊshəʊld] *s.*
There are five persons in our household.

Haushalt *n*
In unserem Haushalt sind fünf Personen.

indoors [ɪnˈdɔːz] *adv.*
We had to stay indoors.

im Hause, drinnen
Wir mußten im Hause bleiben.

lavatory [ˈlævətərɪ] *s.*
Public lavatories are near the entrance to the park.

Toilette *f*
Öffentliche Toiletten sind beim Parkeingang.

lighting [ˈlaɪtɪŋ] *s.*
The little house had no electric lighting.

Beleuchtung *f*, **Licht** *n*
Das Häuschen hatte kein elektrisches Licht.

lock [lɒk] *s.*
There was a heavy lock on the door.

Schloß *n* (*an der Tür*)
An der Tür war ein schweres Schloß.

lock [lɒk] *v/t.*
Did you lock the door of your car?

absperren, -schließen
Hast du deine Wagentür abgesperrt?

outdoors [aʊtˈdɔːz] *adv.*
Go and play outdoors.

draußen, im Freien
Geht und spielt draußen!

paint [peɪnt] s. I bought a tin of red paint.	**Farbe** f, **Anstrich** m Ich kaufte eine Dose rote Farbe.
situated ['sɪtjʊeɪtɪd] adj. His house is situated on a hill.	**gelegen** Sein Haus liegt auf einem Hügel (= ist ... gelegen).
storey ['stɔːrɪ] s. The building has ten storeys.	**Stock(werk** n) m Das Gebäude hat zehn Stockwerke.
yard [jɑːd] s. The pupils were in the school yard.	**Hof** m Die Kinder waren auf dem Schulhof.

1.2.1.2 EINRICHTUNG

«1–2000»

bed [bed] s. Stephen was lying in bed.	**Bett** n S. lag im Bett.
bench [bentʃ] s. Let's sit down on that bench.	**Bank** f Setzen wir uns auf diese Bank!
carpet ['kɑːpɪt] s. Danny should get a new carpet in his room.	**Teppich** m D. sollte einen neuen Teppich in sein Zimmer bekommen.
chair [tʃeə] s. Sit down on this chair.	**Stuhl** m Setz dich auf diesen Stuhl!
comfortable ['kʌmfətəbl] adj. The beds were very comfortable.	**bequem** Die Betten waren sehr bequem.
cupboard ['kʌbəd] s. Rice and salt are in the kitchen cupboard.	**Schrank** m Reis und Salz sind im Küchenschrank.
desk [desk] s. He was sitting at his desk writing a letter.	**Schreibtisch** m Er saß an seinem Schreibtisch und schrieb einen Brief.
furniture ['fɜːnɪtʃə] s. We bought new furniture for our kitchen.	**Möbel** n/pl. Wir kauften neue Möbel für unsere Küche.
leg [leg] s. The table has four legs.	**(Tisch-, Stuhl)Bein** n Der Tisch hat vier Beine.

table [ˈteɪbl] s.
Dinner is on the table.

Tisch m
Das Essen steht auf dem Tisch.

«2001–4000»

armchair [ˈɑːmtʃeə] s.
There are a sofa and two arm-chairs standing in the corner.

Sessel m
In der Ecke stehen ein Sofa und zwei Sessel.

blanket [ˈblæŋkɪt] s.
I had two blankets on my bed.

She wrapped a blanket round her legs.

(Bett-, Woll)Decke f
Ich hatte zwei Decken auf mei-nem Bett.

Sie wickelte eine Decke um ihre Beine.

chest [tʃest] s.
We put our winter clothes in the chest.

Kasten m, **Kiste** f, **Truhe** f
Wir taten unsere Wintersachen in die Truhe.

chest of drawers [tʃest əv ˈdrɔːz] s.
I came across an old chest of drawers.

Kommode f
Ich stieß auf eine alte Kom-mode.

couch [kaʊtʃ] s.
The patient was lying on the doctor's couch.

Couch f, **Liege** f
Der Patient lag auf der Arzt-couch.

cover [ˈkʌvə] s.
There was a cover on the bed.

Decke f
Auf dem Bett war eine Decke.

curtain [ˈkɜːtn] s.
She closed the curtain.

Vorhang m
Sie schloß den Vorhang.

cushion [ˈkʊʃn] s.
Put a cushion under your head.

(Sitz)Kissen n
Leg ein Kissen unter deinen Kopf!

drawer [drɔː] s.
I put my stockings in the drawer.

Schublade f
Ich legte meine Strümpfe in die Schublade.

frame [freɪm] s.
The picture has a golden frame.

Rahmen m
Das Bild hat einen Goldrah-men.

fridge [frɪdʒ] s.
(*Kurz für* **refrigerator**)
She put the butter in the fridge.

(F) **Kühlschrank** m

Sie legte die Butter in den Kühlschrank.

lamp [læmp] *s.*
Helen put a lamp on the table.

Lampe *f*
H. stellte eine Lampe auf den Tisch.

pillow [ˈpɪləʊ] *s.*
He never sleeps with a pillow.

Kopfkissen *n*
Er schläft nie mit einem Kopfkissen.

refrigerator [rɪˈfrɪdʒəreɪtə] *s.*
There's milk in the refrigerator.

Kühlschrank *m*
Im Kühlschrank ist Milch.

rug [rʌg] *s.*

Put that rug in front of the couch.

Brücke *f*, **Vorleger** *m*, **kleiner Teppich** *m*
Leg diese Brücke vor die Couch!

seat [siːt] *s.*
Take a seat, please.

(Sitz)Platz *m*
Bitte nehmen Sie Platz!

shelf [ʃelf] *s.*
pl. **shelves** [ʃelvz]
The book is on the upper shelf.

Regal *n*

Das Buch ist im oberen Regal.

sofa [ˈsəʊfə] *s.*
This sofa is for two persons.

Sofa *n*
Dieses Sofa ist für zwei Personen.

stove [stəʊv] *s.*
He turned the electric stove on.

Ofen *m*
Er schaltete den elektrischen Ofen ein.

wardrobe [ˈwɔːdrəʊb] *s.*
Her coats are in the wardrobe.

(Kleider)Schrank *m*
Ihre Mäntel sind im Schrank.

1.2.1.3 *GEGENSTÄNDE UND GERÄTE*

«1–2000»

bag [bæg] *s.*
Show me your new bag.

Tasche *f* (*z. B. Handtasche*)
Zeig mir deine neue Tasche!

basket [ˈbɑːskɪt] *s.*
Liza had cherries in her basket.

Korb *m*
L. hatte Kirschen in ihrem Korb.

bell [bel] *s.*
The bell's ringing.

Glocke *f*, **Klingel** *f*
Die Glocke läutet/Es läutet.

box [bɒks] *s.*
Have you got a box for the glasses?

Schachtel *f*
Haben Sie eine Schachtel für die Gläser?

box [bɒks] *s.*
The plates were packed in a wooden box.

Kiste *f*
Die Teller waren in einer Holzkiste verpackt.

card [kɑːd] *s.*
She sent us a Christmas card.

Karte *f*
Sie schickte uns eine Weihnachtskarte.

chain [tʃein] *s.*
The dog is on a long chain.

Kette *f*
Der Hund liegt an einer langen Kette.

clock [klɒk] *s.*
A clock stood on his desk.

(*größere*) **Uhr** *f*
Eine Uhr stand auf seinem Schreibtisch.

hand [hænd] *s.*
The hour hand is shorter than the minute hand.

(Uhr)Zeiger *m*
Der Stundenzeiger ist kürzer als der Minutenzeiger.

handkerchief [ˈhæŋkətʃif] *s.*
Can you give me a handkerchief, please?

Taschentuch *n*
Kannst du mir bitte ein Taschentuch geben?

key [kiː] *s.*
I can't find my keys.

Schlüssel *m*
Ich kann meine Schlüssel nicht finden.

match [mætʃ] *s.*
Do you have any matches on you?

Zündholz *n*
Hast du Zündhölzer bei dir?

mirror [ˈmɪrə] *s.*
She looked at herself in the mirror.

Spiegel *m*
Sie betrachtete sich im Spiegel.

pen [pen] *s.*
This pen scratches.

(Schreib)Feder *f*
Diese Feder kratzt.

pencil [ˈpensl] *s.*
The letter was written in pencil.

Bleistift *m*
Der Brief war mit Bleistift geschrieben.

pin [pɪn] *s.*
A pin lay on the floor.

(Steck)Nadel *f*
Eine Stecknadel lag am (Fuß)Boden.

purse [pɜːs] *s.*
Where did you lose your purse?

Geldbeutel *m*, **Portemonnaie** *n*
Wo hast du deinen Geldbeutel verloren?

purse [pɜːs] *s.*

Put that ticket in your purse.

(*Am.*) **Handtasche** *f*, **-täschchen** *n*
Steck die Karte in deine Handtasche.

scissors [ˈsɪzəz] *s. pl.*
Who took my scissors away?

I need a pair of scissors.

Schere *f*
Wer hat meine Schere (weg-) genommen?
Ich brauche eine Schere.

string [strɪŋ] *s.*
She took some paper and a piece of string to make a parcel.

Bindfaden *m*, **Schnur** *f*
Sie nahm Papier und ein Stück Bindfaden, um ein Paket zu packen.

thing [θɪŋ] *s.*
What do you call that thing?
Her things are in her chest of drawers.

Ding *n*, **Sache** *f*
Wie nennen Sie dieses Ding?
Ihre Sachen sind in ihrer Kommode.

toy [tɔɪ] *s.*
Where can we buy children's toys?

Spielzeug *n*
Wo können wir Kinderspielzeug (*oder* Spielwaren) kaufen?

«2001–4000»

alarm clock [əˈlɑːm klɒk] *s.*
I have set the alarm clock for seven.

Wecker *m*
Ich habe den Wecker auf 7 Uhr gestellt.

ball pen [ˈbɔːl pen] *s.*
Take a ball pen to write the letter.

Kugelschreiber *m*
Nimm zum Schreiben des Briefes einen Kugelschreiber!

basin [ˈbeɪsn] *s.*
The basin of the fountain catches the water.

Becken *n*
Das Becken des Brunnens fängt das Wasser auf.

bucket [ˈbʌkɪt] *s.*
Could you please get a bucket for me?

Eimer *m*
Könntest du mir bitte einen Eimer bringen?

bulb [bʌlb] *s.*
We have to change the (electric light) bulb.

Glühbirne *f*
Wir müssen die Glühbirne auswechseln.

candle [ˈkændl] *s.*
The light went out, so I had to light a candle.

Kerze *f*
Das Licht ging aus, daher mußte ich eine Kerze anzünden.

case [keɪs] *s.*
His books were packed (up) in a case.

Kasten *m*, **Kiste** *f*
Seine Bücher waren in einem Kasten eingepackt.

container [kən'teɪnə] *s.*

The goods are transported in special containers.

Behälter *m,* (*speziell:*) **Container** *m*

Die Waren werden in besonderen Behältern transportiert.

cord [kɔːd] *s.*

She took a cord and wound it round the carpet.

Strick *m*

Sie nahm einen Strick und wickelte ihn um den Teppich.

fountain pen ['faʊntɪn pen] *s.*

We use more ball pens than fountain pens today.

Füller *m,* **Füllfederhalter** *m*

Wir verwenden heute mehr Kugelschreiber als Füller.

glasses ['glɑːsɪz] *s. pl.*

Where are my glasses?
I need a new pair of glasses.

Brille *f*

Wo ist meine Brille?
Ich brauche eine neue Brille.

hammer ['hæmə] *s.*

He took a hammer to drive (*oder* knock) the nail in.

Hammer *m*

Er nahm einen Hammer, um den Nagel einzuschlagen.

hook [hʊk] *s.*

Where is there a hook to hang my coat on?

Haken *m*

Wo ist ein Haken, an dem ich meinen Mantel aufhängen kann?

ladder ['lædə] *s.*

He fell off the ladder.

Leiter *f*

Er fiel von der Leiter.

lighter ['laɪtə] *s.*

Nell gave her boyfriend a lighter for his birthday.

Feuerzeug *n*

N. schenkte ihrem Freund zum Geburtstag ein Feuerzeug.

link [lɪŋk] *s.*

How many links are there in this chain?

Glied *n* (*einer Kette etc.*)

Wie viele Glieder hat diese Kette?

nail [neɪl] *s.*

There is a nail on the wall for the picture.

Nagel *m*

An der Wand ist ein Nagel für das Bild.

needle ['niːdl] *s.*

I can't find my needle.

(Näh)Nadel *f*

Ich kann meine Nadel nicht finden.

net [net] *s.*

They had few fish in their (fishing-)nets.

Netz *n*

Sie hatten wenige Fische in ihren (Fischer)Netzen.

object ['ɒbdʒɪkt] *s.*

How many objects do you see on the table?

Gegenstand *m*

Wie viele Gegenstände siehst du auf dem Tisch?

plate [pleɪt] s.
His car has got a new number-plate.

Schild n
Sein Auto hat ein neues Nummernschild.

plough, Am. **plow** [plaʊ] s.
The plough is drawn by a tractor.

Pflug m
Der Pflug wird von einem Traktor gezogen.

rope [rəʊp] s.
Mountaineers need a good rope.

Seil n
Bergsteiger brauchen ein gutes Seil.

sack [sæk] s.
The farmer sold us two sacks of potatoes.

Sack m
Der Bauer verkaufte uns zwei Sack Kartoffeln.

saw [sɔ:] s.
The tree was sawn through with a long saw.

Säge f
Der Baum wurde mit einer langen Säge durchgesägt.

scales [skeɪlz] s. pl.
I weighed the parcel on the kitchen scales.
Have you got a pair of scales to weigh out the sugar?

Waage f
Ich habe das Päckchen auf der Küchenwaage gewogen.
Hast du eine Waage zum Zuckerabwiegen?

screw [skru:] s.
I must buy some steel screws.

Schraube f
Ich muß Stahlschrauben kaufen.

spade [speɪd] s.
A spade is used for digging.

Spaten m
Ein Spaten wird zum Graben verwendet.

spectacles [ˈspektəklz] s. pl.
I can't read that without my spectacles.
You need a pair of spectacles.

Brille f
Ich kann das nicht ohne meine Brille lesen.
Du brauchst eine Brille.

tap [tæp] s.
She turned the tap on.

(Wasser)Hahn m
Sie drehte den Hahn auf.

thread [θred] s.
Can you please give me a needle and thread?

Faden m
Kannst du mir bitte Nadel und Faden geben?

tube [tju:b] s.
The water flows through a rubber tube.

Schlauch m
Das Wasser fließt durch einen Gummischlauch.

umbrella [ʌmˈbrelə] s.
I forgot to take an umbrella with me.

(Regen)Schirm m
Ich vergaß, einen Schirm mitzunehmen.

vessel ['vesl] *s.*
The drinking vessel is made of plastic.

Gefäß *n*
Das Trinkgefäß ist aus Plastik.

wastepaper basket [weɪst-ˈpeɪpə ˈbɑːskɪt] *s.*
Put these letters in the wastepaper basket.

Papierkorb *m*
Wirf diese Briefe in den Papierkorb!

1.2.1.4 SAUBERKEIT

«1–2000»

clean [kliːn] *adj.*
Your dress is not clean.

sauber
Dein Kleid ist nicht sauber.

clean [kliːn] *v/t.*
A woman comes to clean my room.

säubern, reinigen
Eine Frau kommt und säubert mein Zimmer.

dirty ['dɜːtɪ] *adj.*
Wash your dirty hands.

schmutzig
Wasch deine schmutzigen Hände!

spot [spɒt] *s.*
What are those dirty spots on your coat?

Fleck(en) *m*
Was sind das für Schmutzflecke auf deinem Mantel?

wash [wɒʃ] *v/t.*
I must go and wash my hands.

waschen
Ich muß mir die Hände waschen gehen.

«2001–4000»

broom [bruːm] *s.*
She cleaned the path with a broom.

Besen *m*
Sie säuberte den Weg mit einem Besen.

dirt [dɜːt] *s.*
His shoes were covered with dirt.

Schmutz *m*
Seine Schuhe waren voll(er) Schmutz.

dust [dʌst] *s.*
The books were covered with (*oder* in) dust.

Staub *m*
Die Bücher waren mit Staub bedeckt.

laundry ['lɔːndrɪ] *s.*
Is there a laundry near here?

Wäscherei *f*
Ist hier in der Nähe eine Wäscherei?

neat [niːt] *adj.*
Betty's room is always neat and tidy.
She wore a very neat dress.

ordentlich, adrett
B.s Zimmer ist immer ordentlich und sauber.
Sie trug ein sehr adrettes Kleid.

polish ['pɒlɪʃ] *v/t.*
We polished the silver with a cloth.
He polished all our shoes.

polieren, putzen
Wir polierten das Silber mit einem Tuch.
Er putzte alle unsere Schuhe.

shine [ʃaɪn] *s.*
The boy gave my shoes a shine.

Glanz *m*
Der Junge putzte meine Schuhe (= *gab ihnen Glanz*).

soil [sɔɪl] *v/t.*

Don't soil your dress.

schmutzig machen, beschmutzen

Mach (dir) dein Kleid nicht schmutzig!

stain [steɪn] *s.*
There is a stain on the carpet.

Fleck(en) *m*
Auf dem Teppich ist ein Fleck(en).

sweep [swiːp] *v/t.*
⚠ **swept** [swept], **swept** [swept]
She swept the floor.

fegen, kehren

Sie fegte den Boden.

tidy ['taɪdɪ] *adj.*
Mary always keeps her room tidy.

sauber, ordentlich
M. hält ihr Zimmer immer in Ordnung.

washing machine ['wɒʃɪŋ məˈʃiːn] *s.*
Our washing machine is out of order.

Waschmaschine *f*

Unsere Waschmaschine funktioniert nicht.

wipe [waɪp] *v/t.*
Would you wipe the table (clean), please?

wischen
Würdest du bitte den Tisch abwischen?

1.2.2 KLEIDUNG UND SCHMUCK

«1–2000»

button ['bʌtn] *s.*
My dress has four buttons.

Knopf *m*
Mein Kleid hat vier Knöpfe.

cap [kæp] *s.*
He never wears a cap.

Mütze *f*, **Kappe** *f*
Er trägt nie eine Mütze.

clothes [kləʊðz] *s. pl.*
We bought the child some new clothes.

Kleider *n/pl.*, **Kleidung** *f*
Wir kauften dem Kind neue Kleider.

coat [kəʊt] *s.*
Put your coat on.

Mantel *m*
Zieh deinen Mantel an!

dress [dres] *s.*
She's got a new dress.

Kleid *n*
Sie hat ein neues Kleid.

dress [dres] *s.*
They went to the dinner in evening dress.

Kleidung *f*
Sie gingen in Abendkleidung zu dem Essen.

dress [dres] *v/t.*
We got dressed quickly.

anziehen
Wir zogen uns rasch an.

dress [dres] *v/i.*
Wait a moment! I'm dressing.

She dresses well.

sich anziehen, sich kleiden
Augenblick! Ich ziehe mich gerade an.
Sie kleidet sich gut.

fashion [ˈfæʃn] *s.*
I hope short skirts will never go out of fashion.

Mode *f*
Ich hoffe, kurze Röcke kommen nie aus der Mode.

fit [fɪt] *v/i.*
This dress doesn't fit.

passen
Dieses Kleid paßt nicht.

glove [glʌv] *s.*
Put your woollen gloves on.

Handschuh *m*
Zieh deine Wollhandschuhe an!

hat [hæt] *s.*
He put his hat on.

Hut *m*
Er setzte seinen Hut auf.

hole [həʊl] *s.*
There's a hole in my stocking.

Loch *n*
Mein Strumpf hat ein Loch.

jacket [ˈdʒækɪt] *s.*
May I take off my jacket?

Jackett *n*
Kann ich mein Jackett ablegen?

pocket [ˈpɒkɪt] *s.*
Take your hands out of your pockets.

(*Hosen- etc.*) **Tasche** *f*
Nimm die Hände aus den Taschen!

put on [pʊt ˈɒn] *v/t.*
The man put his coat on.

anziehen
Der Mann zog seinen Mantel an.

put on [pʊt ˈɒn] *v/t.*
You must put a cap on.

aufsetzen
Du mußt eine Mütze aufsetzen.

ring [rɪŋ] s.
She wears a ring on her finger.

Ring m
Sie trägt einen Ring am Finger.

shirt [ʃɜːt] s.
He wore a clean white shirt.

(Ober)Hemd n
Er trug ein sauberes weißes Hemd.

shoe [ʃuː] s.
Your shoes are dirty.

Schuh m
Deine Schuhe sind schmutzig.

skirt [skɜːt] s.
Her skirt is too short.

Rock m
Ihr Rock ist zu kurz.

sock [sɒk] s.
He put on a new pair of socks.

Socke f
Er zog ein Paar frische Socken an.

stocking ['stɒkɪŋ] s.
I want to buy a pair of stockings.

Strumpf m
Ich möchte ein Paar Strümpfe kaufen.

suit [suːt] s.
He needs a new suit.

Anzug m
Er braucht einen neuen Anzug.

take off [teɪk 'ɒf] v/t.
Won't you take off your coat?

ausziehen, ablegen
Möchten Sie nicht (Ihren Mantel) ablegen?

take off [teɪk 'ɒf] v/t.
He took off his hat.

abnehmen
Er zog seinen Hut (oder nahm den Hut ab).

trousers ['traʊzəz] s. pl.
The boy got a new pair of trousers.

Hose f
Der Junge bekam eine neue Hose (oder ein Paar neue Hosen).

watch [wɒtʃ] s.
Have you got a watch on you?

(Armband-, Taschen**)Uhr** f
Hast du eine Uhr bei dir?

wear [weə] v/t.
⚠ **wore** [wɔː], **worn** [wɔːn]
You should wear a hat in this cold weather.

tragen

Du solltest bei diesem kalten Wetter einen Hut tragen.

«2001–4000»

belt [belt] s.
The policeman wore a white leather belt.

Gürtel m
Der Polizist trug einen weißen Ledergürtel.

blouse [blaʊz] s.
Bess likes to wear a blouse and skirt.

Bluse f
B. trägt gerne Rock und Bluse.

boot [buːt] s.
The soldiers had heavy boots on.

Stiefel m
Die Soldaten hatten schwere Stiefel an.

bow [bəʊ] s.
She had a bow in her hair.

Schleife f
Sie hatte eine Schleife im Haar.

change [tʃeɪndʒ] v/i.
I'll have to change.

sich umziehen
Ich muß mich umziehen.

collar [ˈkɒlə] s.
You can wash the collar of this shirt separately.

Kragen m
Sie können den Kragen dieses Hemdes getrennt waschen.

diamond [ˈdaɪəmənd] s.
He gave his wife a diamond ring.

Diamant m
Er schenkte seiner Frau einen Diamantring.

heel [hiːl] s.
She wears high heels.

Absatz m
Sie trägt hohe Absätze.

jewel [ˈdʒuːəl] s.
Fortunately she was not wearing her real jewels.

Juwel n, pl. **Schmuck** m
Zum Glück trug sie nicht ihren echten Schmuck.

knit [nɪt] vt/i.
⚠ **knit(ted)** [nɪt(ɪd)], **knit(ted)** [nɪt(ɪd)]
Barbara is knitting (a pullover).

stricken

B. strickt (einen Pullover).

material [məˈtɪərɪəl] s.
The dress was made of fine cotton material.

Stoff m
Das Kleid war aus feinem Baumwollstoff (gemacht).

mend [mend] v/t.
Can you mend my stockings?

ausbessern
Kannst du meine Strümpfe ausbessern (= oder stopfen)?

model [ˈmɒdl] s.
This is a very expensive dress.
– It's a model.
She is a fashion model.

Modell n
Das ist ein sehr teures Kleid.
– Es ist ein Modell.
Sie ist Mannequin.

pants [pænts] s. pl.
Patrick wore grey pants.

(Am.) **Hose** f
P. trug eine graue Hose.

pattern [ˈpætən] s.
I bought a pattern to make a dress.

Schnittmuster n
Ich kaufte ein Schnittmuster, um ein Kleid zu nähen.

pearl [pɜːl] s.
She got a pearl necklace as a
Christmas present.

Perle f
Sie bekam eine Perlenkette als
Weihnachtsgeschenk.

pullover [ˈpʊləʊvə] s.
Put on your woollen pullover.

Pullover m
Zieh deinen Wollpullover an.

ribbon [ˈrɪbən] s.
The girl looked nice with a
ribbon in her hair.

Band n
Das Mädchen sah nett aus mit
einem Band im Haar.

sew [səʊ] v/t.
⚠ **sewed** [səʊd], **sewn** [səʊn]
I must sew on this button.

nähen

Ich muß diesen Knopf annä-
hen.

sleeve [sliːv] s.
My new summer dress has no
sleeves.

Ärmel m
Mein neues Sommerkleid hat
keine Ärmel.

slip [slɪp] s.
Your slip is showing.

Unterkleid n
Dein Unterkleid ist zu sehen.

spin [spɪn] v/t.
⚠ **spun** [spʌn], **spun** [spʌn]
Cotton is spun into thread.

spinnen

Baumwolle wird zu Garn ge-
sponnen.

stick [stɪk] s.
The man was lame in one leg
and had to walk with a stick.

Stock m
Der Mann war auf einem Bein
lahm und mußte am Stock gehen.

stripe [straɪp] s.
The material is red cotton with
white stripes.

Streifen m
Der Stoff ist rote Baumwolle
mit weißen Streifen.

tie [taɪ] s.
Which tie shall I wear with this
suit?

Krawatte f
Welche Krawatte soll ich zu
diesem Anzug anziehen?

tight [taɪt] adj.
She doesn't like tight dresses.

enganliegend
Sie mag keine enganliegenden
Kleider.

try on [traɪ ˈɒn] v/t.
I tried several coats on.

anprobieren
Ich probierte verschiedene
Mäntel an.

uniform [ˈjuːnɪfɔːm] s.
He wore the uniform of the
British Army.

Uniform f
Er trug die Uniform der britischen Armee.

wristwatch ['rɪstwɒtʃ] s.
The boy got a wristwatch from
his uncle.

Armbanduhr f
Der Junge bekam eine Arm-
banduhr von seinem Onkel.

zip (fastener) ['zɪp ('fɑːsnə)],
Am. **zipper** ['zɪpə] s.
The dress had a zip instead of
buttons.

Reißverschluß m
Das Kleid hatte einen Reißverschluß an Stelle von Knöpfen.

1.2.3   ARBEITSWELT

1.2.3.1 FABRIK UND WERKSTATT
    (Siehe auch TECHNIK, 1.6.1)

«1–2000»

factory ['fæktərɪ] s.
300 people are employed in our
factory.

Fabrik f
300 Personen sind in unserer
Fabrik beschäftigt.

repair [rɪ'peə] v/t.
Can you repair my bicycle?

reparieren
Können Sie mein Fahrrad reparieren?

repair [rɪ'peə] s.
The repair of the car cost me
£ 250.

Reparatur f
Die Reparatur des Wagens
kostete mich 250 Pfund.

tool [tuːl] s.
His tools were very sharp.

Werkzeug n
Seine Werkzeuge waren sehr
scharf.

«2001–4000»

industrial [ɪn'dʌstrɪəl] adj.
Germany and England are industrial nations.

industriell, Industrie...
Deutschland und England sind
Industrieländer.

industry ['ɪndəstry] s.
He has an important position in
the steel industry.

Industrie f
Er hat eine wichtige Stellung in
der Stahlindustrie.

mend [mend] v/t.
She took her shoes to be
mended.

ausbessern, reparieren
Sie brachte ihre Schuhe zum
Reparieren.

mine [maɪn] s.
His two sons work in a mine.

Bergwerk n
Seine beiden Söhne arbeiten
in einem Bergwerk.

plant [plɑːnt] *s.*
There is an automobile plant in the town.

Fabrik(anlage) *f*
In der Stadt ist eine Autofabrik.

---

service [ˈsɜːvɪs] *s.*
This workshop gives quick service.

Kundendienst *m*
In dieser Werkstatt arbeitet der Kundendienst schnell.

---

spare part [speə ˈpɑːt] *s.*
Where do I get spare parts for this radio set?

Ersatzteil *n*
Wo bekomme ich Ersatzteile für dieses Radiogerät?

---

works [wɜːks] *s. pl.*
Our works is (*oder* are) closed at weekends.

Werk *n*, **Betrieb** *m*
Unser Werk ist an den Wochenenden geschlossen.

---

works [wɜːks] *s. pl.*
The glassworks have been closed for three weeks.

Fabrik *f*
Die Glasfabrik ist seit drei Wochen geschlossen.

---

workshop [ˈwɜːkʃɒp] *s.*
The television must be taken to the workshop for repair.

Werkstatt *f*
Der Fernseher muß zum Reparieren in die Werkstatt (gebracht werden).

1.2.3.2 WIRTSCHAFTSLEBEN

1.2.3.2.1 Allgemeines

«1–2000»

business [ˈbɪznɪs] *s.*
Business was good last year.

Geschäft *n*
Das Geschäft ging letztes Jahr gut.

---

busy [ˈbɪzɪ] *adj.*
Mr Smith was very busy.

beschäftigt
Herr S. war sehr beschäftigt.

---

busy [ˈbɪzɪ] *adj.*
We walked through the busy streets.

belebt, geschäftig
Wir gingen durch die belebten Straßen.

---

company [ˈkʌmpənɪ] *s.*
He works for a big business company.

Gesellschaft *f*
Er arbeitet bei einer großen Handelsgesellschaft (*oder* Firma).

---

employ [ɪmˈplɔɪ] *v/t.*
They employ about 250 men.

beschäftigen
Sie beschäftigen etwa 250 Mann.

firm [fɜːm] *s.*
He belongs to our firm.

Firma *f*
Er gehört zu unserer Firma.

goods [gʊdz] *s. pl.*
Have the goods arrived?

Waren *f/pl.*
Sind die Waren angekommen?

job [dʒɒb] *s.*
Peter got the job.

Stellung *f*, „**Job**" *m* (*Arbeit*)
P. bekam die Stellung.

offer [ˈɒfə] *v/t.*
Webb offers shirts for £ 5.

He offered her a seat.

anbieten
W. bietet Hemden für 5 Pfund an.

Er bot ihr einen Platz an.

offer [ˈɒfə] *s.*
They didn't accept our offer.

Angebot *n*
Sie nahmen unser Angebot nicht an.

order [ˈɔːdə] *s.*
They got an order for 60 bottles of beer.

Auftrag *m*, **Bestellung** *f*
Sie erhielten eine Bestellung über 60 Flaschen Bier.

post [pəʊst] *s.*
She got a post as a secretary.

Posten *m*, **Stellung** *f*
Sie bekam einen Posten als Sekretärin.

sale [seɪl] *s.*
The sale of the house was difficult.

Verkauf *m*
Der Verkauf des Hauses war schwierig.

sale [seɪl] *s.*
I got that pullover at a sale.

Ausverkauf *m*
Ich bekam diesen Pullover bei einem Ausverkauf.

wages [ˈweɪdʒɪz] *s. pl.*
Their wages are not too high.

Lohn *m*, **Löhne** *pl.*
Ihre Löhne sind nicht allzu hoch.

«2001–4000»

arrangement [əˈreɪndʒmənt] *s.*
They did not keep to our arrangement.

Abmachung *f*
Sie hielten sich nicht an unsere Abmachung.

article [ˈɑːtɪkl] *s.*
Household articles are sold on the third floor.

Artikel *m*
Haushaltsartikel gibt es im dritten Stock.

available [əˈveɪləbl] *adj.*
Tickets for the performance are still available.

zu haben, verfügbar
Karten für die Vorstellung sind noch zu haben.

bargain [ˈbɑːgɪn] *s.*
He made a bargain with his brother.
This coat was a good bargain.

Handel *m*, **Geschäft** *n*
Er ging mit seinem Bruder einen Handel ein.
Dieser Mantel war ein gutes Geschäft.

board [bɔːd] *s.*
He was elected to the board of the company.

(*Gremium*:) **Vorstand** *m*
Er wurde in den Vorstand der Gesellschaft gewählt.

chamber [ˈtʃeɪmbə] *s.*
He is a member of the Chamber of Commerce.

Kammer *f*
Er ist Mitglied der Handelskammer.

commerce [ˈkɒmɜːs] *s.*
Venice became rich by her commerce.

Handel *m*
Venedig wurde durch seinen Handel reich.

commercial [kəˈmɜːʃl] *adj.*
Anne goes to a commercial school.

kaufmännisch, Handels...
A. geht in eine kaufmännische Schule (*oder* Handelsschule).

competition [kɒmpɪˈtɪʃn] *s.*
There was keen competition.

Konkurrenz *f*, **Wettbewerb** *m*
Es herrschte scharfe Konkurrenz.

concern [kənˈsɜːn] *s.*
This concern makes plastic goods.

Unternehmen *n*
Dieses Unternehmen stellt Plastikwaren her.

demand [dɪˈmɑːnd] *s.*
There is great demand for Japanese cars.

Nachfrage *f*
Es herrscht starke (*oder* rege) Nachfrage nach japanischen Autos (= ... *sind sehr gefragt*).

director [dɪˈrektə] *s.*
He became the director of a large firm.

Leiter *m*, **Direktor** *m*
Er wurde Leiter einer großen Firma.

dismiss [dɪsˈmɪs] *v/t.*
They had to dismiss 200 men.

entlassen
Sie mußten 200 Mann entlassen.

economic [iːkəˈnɒmɪk] *adj.*
The economic situation could be better.

wirtschaftlich, Wirtschafts...
Die Wirtschaftslage könnte besser sein.

employ [ɪmˈplɔɪ] *v/t.*
She is employed with XX as a secretary.

anstellen
Sie ist bei XX als Sekretärin angestellt.

employee [emplɔɪˈiː] *s.*
The employees did not agree to this proposal.

Arbeitnehmer(in *f*) *m*
Die Arbeitnehmer waren mit diesem Vorschlag nicht einverstanden.

employer [ɪmˈplɔɪə] *s.*
Employers and employees discussed higher wages.

Arbeitgeber(in *f*) *m*
Arbeitgeber und Arbeitnehmer diskutierten über höhere Löhne.

employment [ɪmˈplɔɪmənt] *s.*
He lost his employment.

Beschäftigung *f*, **Anstellung** *f*
Er verlor seine Beschäftigung.

establish [ɪˈstæblɪʃ] *v/t.*
The firm was established in 1926.

gründen
Die Firma wurde 1926 gegründet.

export [ˈekspɔːt] *s.*
Their export trade is no longer as high as their import trade.

Export *m*
Ihr Exporthandel ist nicht mehr so hoch wie ihr Importhandel.

export [ekˈspɔːt] *v/t.*
Switzerland rarely exports her wines.

exportieren
Die Schweiz exportiert ihre Weine selten.

found [faʊnd] *v/t.*
The company was founded after the war.

gründen
Die Gesellschaft wurde nach dem Krieg gegründet.

foundation [faʊnˈdeɪʃn] *s.*
The city planned the foundation of a new hospital.

Gründung *f*
Die Stadt plante die Gründung eines neuen Krankenhauses.

furnish [ˈfɜːnɪʃ] *v/t.*
The supermarket furnished us with what we needed.

beliefern
Der Supermarkt lieferte uns, was wir brauchten [= *belieferte uns mit dem ...*].

give notice [gɪv ˈnəʊtɪs]
The company gave 120 workers their notice.
I gave the company my notice.

kündigen
Die Gesellschaft kündigte 120 Arbeitern.
Ich kündigte bei der Firma.

(*bei Mietverhältnis* :)
We gave the owner of the flat our notice.
The owner gave us notice.

Wir kündigten bei unserem Wohnungsbesitzer.
Der Wohnungsbesitzer kündigte uns.

head [hed] *s.*
He is the head of a radio firm.

Leiter(in *f*) *m*, **Chef** *m*
Er ist Leiter einer Radiofirma.

import [ˈimpɔːt] s.
The import of foreign goods was stopped.

Import m
Der Import fremder Waren wurde eingestellt.

import [imˈpɔːt] v/t.
We import wines from France and Italy.

importieren
Wir importieren Weine aus Frankreich und Italien.

labour [ˈleibə] s.
The Ministry of Labour ...

Arbeit f, fig. **Mühe** f
Das Arbeitsministerium ...

manage [ˈmænidʒ] v/t.
Mr Fisher manages our business in Manchester.

leiten
Herr F. leitet unser Geschäft in Manchester.

management [ˈmænidʒmənt] s.
The management of a business of this size is not easy.

The firm has grown under his management.

Verwaltung f, **(Geschäfts)Leitung** f
Die Verwaltung eines Geschäfts dieser Größe ist nicht leicht.
Die Firma ist unter seiner Leitung gewachsen.

manager [ˈmænidʒə] s.
May I see the manager of the hotel, please?

Geschäftsleiter m
Kann ich bitte den Geschäftsleiter des Hotels sprechen?

manager [ˈmænidʒə] s.
The star never goes on a journey without his manager.

Manager(in f**)** m
Der Star geht nie ohne seinen Manager auf Reisen.

merchant [ˈmɜːtʃənt] s.
They are shoe merchants.

Händler m
Sie sind Schuhhändler.

owner [ˈəʊnə] s.
Who is the owner of this house?

Besitzer(in f**)** m
Wer ist der Besitzer dieses Hauses?

possess [pəˈzes] v/t.
He never possessed great riches.

besitzen
Große Reichtümer besaß er nie.

possession [pəˈzeʃn] s.
The possession of great wealth rarely brings real happiness.
She lost all her possessions.

Besitz m
Der Besitz großer Reichtümer bringt selten das wahre Glück.
Sie verlor alles, was sie besaß
(= alle ihre Besitztümer).

produce [prəˈdjuːs] v/t.
Italy and France produce famous wines.

erzeugen, herstellen
Italien und Frankreich erzeugen berühmte Weine.

product [ˈprɒdʌkt] s.
The chief products of the country are ...

Produkt n, **Erzeugnis** n
Die Hauptprodukte des Landes sind ...

production [prəˈdʌkʃn] s.
Car production is no longer increasing.

Produktion f, **Herstellung** f
Die Autoproduktion steigert sich nicht mehr.

property [ˈprɒpətɪ] s.
The house is Mrs Baker's property.

Eigentum n
Das Haus gehört (oder ist das Eigentum von) Frau B.

purchase [ˈpɜːtʃəs] s.
She carried her purchases home.
The purchase of a new car became a problem.

(Ein)Kauf m
Sie trug ihre Einkäufe nach Hause.
Der Kauf eines neuen Wagens wurde zum Problem.

rival [ˈraɪvl] s.
Our rivals could not offer the article cheaper.

Rivale m, **Konkurrent** m
Unsere Rivalen konnten (oder Die Konkurrenz konnte) den Artikel nicht billiger anbieten.

salary [ˈsælərɪ] s.
He gets his salary from the State.

Gehalt n
Er bekommt sein Gehalt vom Staat.

season [ˈsiːzn] s.
The tourist season has begun.

Cherries are now in season.

Saison f
Die Fremdensaison hat begonnen.
Jetzt ist Kirschenzeit.

service [ˈsɜːvɪs] s.
The service in this hotel is excellent.

Service m
Der Service in diesem Hotel ist ausgezeichnet.

settle [ˈsetl] v/t.
I settled the bill.

erledigen, regeln
Ich erledigte (oder beglich) die Rechnung.

settlement [ˈsetlmənt] s.
The settlement was accepted by all.

Regelung f
Die Regelung wurde von allen angenommen.

shortage [ˈʃɔːtɪdʒ] s.
There was a shortage of small change.

Knappheit f
Es herrschte Knappheit an Kleingeld.

stock [stɒk] s.
New stocks will arrive next week.

Vorrat m
Neue Vorräte werden nächste Woche ankommen.

store [stɔː] s.
Are our stores sufficient to last the winter?

Vorrat m
Reichen unsere Vorräte über den Winter?

---

strike [straɪk] s.
They have had a lot of strikes lately.

Streik m
Sie hatten in letzter Zeit viele Streiks.

---

supply [səˈplaɪ] v/t.
Their firm supplies the oil for our heating.

liefern
Ihre Firma liefert das Öl für unsere Heizung.

---

supply [səˈplaɪ] v/t.
They supply us with food and other things.

beliefern
Sie liefern uns Lebensmittel und andere Dinge (= *beliefern uns mit ...*).

---

supply [səˈplaɪ] s. (*auch im pl.*)
Please order new supplies of beer.

Vorrat m
Bitte bestelle einen neuen Vorrat an Bier.

---

supply [səˈplaɪ] s.
Their food supply was cut off.

Versorgung f, **Belieferung** f
Ihre Lebensmittelversorgung wurde abgeschnitten.

---

terms [tɜːmz] s. pl.
They accepted all our terms.

Bedingungen f/pl.
Sie nahmen alle unsere Bedingungen an.

---

trade [treɪd] s.
Their trade with foreign countries has increased.

Handel m
Ihr Handel mit dem Ausland hat zugenommen.

---

trade [treɪd] s.
He worked in the printer's trade.
You should learn a trade.

Gewerbe n, **Handwerk** n
Er arbeitete im Druckgewerbe.

Du solltest ein Handwerk lernen.

---

trade(s) union [treɪd(z) ˈjuːnjən] s.
The trade unions demand better working conditions.

Gewerkschaft f
Die Gewerkschaften fordern bessere Arbeitsbedingungen.

---

unemployed [ʌnɪmˈplɔɪd] adj.
He has been unemployed for three months.

arbeitslos
Er ist seit drei Monaten arbeitslos.

---

unemployment [ʌnɪmˈplɔɪmənt] s.
He got a job after months of unemployment.

Arbeitslosigkeit f
Nach monatelanger Arbeitslosigkeit bekam er eine Stelle.

1.2.3.2.2 Geschäft

«1–2000»

at [æt; ət] *prp.*
I bought some bread at the baker's.

bei
Ich kaufte Brot beim Bäcker.

---

buy [baɪ] *v/t.*
⚠ **bought** [bɔːt], **bought** [bɔːt]
I must buy some fruit.

kaufen

Ich muß Obst kaufen.

---

department store [dɪˈpɑːtmənt stɔː] *s.*
She saw the towels in a department store.

Kaufhaus *n*

Sie sah die Handtücher in einem Kaufhaus.

---

sell [sel] *v/t.*
⚠ **sold** [səʊld], **sold** [səʊld]
Bob had to sell his car.

verkaufen

B. mußte seinen Wagen verkaufen.

---

shop [ʃɒp] *s.*
Shops open at 9 o'clock.

(*Br.*) **Geschäft** *n*, **Laden** *m*
Die Geschäfte machen um 9 Uhr auf.

---

shopping [ˈʃɒpɪŋ] *s.*
In the morning we did the shopping.

Einkaufen *n*, **Einkäufe** *m/pl.*
Vormittags machten wir die Einkäufe.

---

store [stɔː] *s.*
They bought a table at a furniture store.

(*Am.*) **Geschäft** *n*, **Laden** *m*
Sie kauften einen Tisch in einem Möbelgeschäft.

«2001–4000»

advertise [ˈædvətaɪz] *v/i.*
The firm advertises in the local newspaper.

annoncieren, inserieren
Die Firma annonciert in der Lokalzeitung.

---

advertisement [ədˈvɜːtɪsmənt] *s.*
We put an advertisement in the newspaper.

Anzeige *f*, **Annonce** *f*

Wir setzten eine Anzeige in die Zeitung.

---

agent [ˈeɪdʒənt] *s.*
Mr Prince is an insurance agent.
Our agent in Berlin will give you further details.

Agent(in *f*) *m*, **Vertreter(in** *f*) *m*
Herr P. ist Versicherungsagent.
Unser Berliner Vertreter wird Ihnen Näheres mitteilen.

assistant [ə'sɪstənt] *s.*
I need some assistants.

Assistent(in *f*) *m*, **Helfer(in** *f*) *m*
Ich brauche einige Helfer.

bookshop ['bʊkʃɒp], *Am.*
bookstore ['bʊkstɔː] *s.*
I found the book in the new bookshop.

Buchhandlung *f*
Ich fand das Buch in der neuen Buchhandlung.

customer ['kʌstəmə] *s.*
He is a (regular) customer at the grocer's.

Kunde *m*, **Kundin** *f*
Er ist (Stamm)Kunde im Lebensmittelgeschäft.

dairy ['deərɪ] *s.*
We buy dairy products at the grocer's.

Molkerei *f*, **Milchgeschäft** *n*
Wir kaufen Molkereiprodukte im Lebensmittelgeschäft.

deal in ['diːl ɪn] *v/i.*
⚠ **dealt** [delt], **dealt** [delt]
They deal in leather goods.

handeln mit

Sie handeln mit Lederwaren.

department [dɪ'pɑːtmənt] *s.*
We have a large television department.

Abteilung *f* (*eines Kaufhauses*)
Wir haben eine große Fernsehabteilung.

display [dɪ'spleɪ] *v/t.*
He displayed the jewels in the window.

ausstellen, zeigen
Er stellte die Juwelen im Fenster aus.

drugstore ['drʌgstɔː] *s.*
In the USA a drugstore also sells simple snacks.

(*bes. Am.*) **Drugstore** *m*
In den USA werden in einem Drugstore auch einfache Imbisse verkauft.

supermarket ['suːpəmɑːkɪt] *s.*
I bought the wine-glasses at the supermarket.

Supermarkt *m*
Ich kaufte die Weingläser im Supermarkt.

1.2.4 GELD

«1–2000»

bank [bæŋk] *s.*
She has her money in the bank.

Bank *f*
Sie hat ihr Geld auf der Bank.

bank note ['bæŋk nəʊt] *s.*
I gave the boy a bank note.

Geldschein *m*
Ich gab dem Jungen einen Geldschein.

bill [bɪl] *s.*
May I have the bill, please?

Rechnung *f*
Kann ich bitte die Rechnung haben?

cash [kæʃ] s.
He had no cash on him.

Bargeld n
Er hatte kein Bargeld bei sich.

cent [sent] s. (= c.)
1 cent is the hundredth part of a dollar.

(Am.) **Cent** m
1 Cent ist der hundertste Teil eines Dollars.

cheap [tʃiːp] adj.
We had cheap seats in the theatre.

billig
Wir hatten billige Plätze im Theater.

cost [kɒst] v/t.
⚠ **cost** [kɒst], **cost** [kɒst]
What does this hat cost?

kosten

Was kostet dieser Hut?

cost [kɒst] s.
The cost of living is (!) too high.

Kosten pl.
Die Lebenshaltungskosten sind zu hoch.

debt [det] s.
I could not pay my debts.

Schuld(en pl.**)** f
Ich konnte meine Schulden nicht bezahlen.

dollar ['dɒlə] s. (= $)
The flight cost 300 dollars (= $300).

Dollar m
Der Flug kostete 300 Dollar.

duty ['djuːtɪ] s.
We had to pay (customs) duty on our cigarettes.

Zoll(gebühr f**)** m
Wir mußten für unsere Zigaretten Zoll zahlen.

earn [ɜːn] v/t.
Her father earns a lot of money.

verdienen
Ihr Vater verdient viel Geld.

expensive [ɪk'spensɪv] adj.
This coat was rather expensive.

teuer
Dieser Mantel war ziemlich teuer.

means [miːnz] s. pl.
They haven't got the means to buy a new house.

Mittel pl.
Sie haben nicht die Mittel, ein neues Haus zu kaufen.

money ['mʌnɪ] s.
Do you want to make a lot of money?

Geld n
Willst du viel Geld verdienen?

pay [peɪ] v/i.
⚠ **paid** [peɪd], **paid** [peɪd]
How much did you pay for the tickets?

(be)zahlen

Wieviel hast du für die Karten bezahlt?

penny ['penɪ] s.
pl. **pennies** ['penɪz]
He had only a few pennies in his purse.

Penny m (pl. Pennies = einzelne Pennies)
Er hatte nur ein paar Pennies in seinem Geldbeutel.

penny ['penɪ] s. (= p)
pl. **pence** [pens]
The paper costs 25 pence (= 25p).

Penny m (pl. Pence = Geldbetrag)
Die Zeitung kostet 25 Pence.

pound [paʊnd] s. (= £)
It cost us sixty pounds (= £60).

Pfund n (Sterling)
Es kostete uns sechzig Pfund.

price [praɪs] s.
What is the price of these apples?

(Geld)Preis m
Was kosten diese Äpfel?

rent [rent] s.
We have to pay a very high rent.

Miete f
Wir müssen eine sehr hohe Miete zahlen.

riches ['rɪtʃɪz] s. pl.
She lost all her riches.

Reichtümer m/pl.
Sie verlor alle ihre Reichtümer.

save [seɪv] v/t.
Their mother saved every penny.

sparen
Ihre Mutter sparte jeden Pfennig.

spend [spend] v/t.
⚠ **spent** [spent], **spent** [spent]
He spent a lot of money on books.

ausgeben

Er gab eine Menge Geld für Bücher aus.

tax [tæks] s.
Taxes are getting higher and higher.

Steuer f
Die Steuern werden immer höher.

«2001–4000»

account [ə'kaʊnt] s.
She paid £300 into her own account.

Konto n
Sie zahlte 300 Pfund auf ihr eigenes Konto ein.

amount [ə'maʊnt] s.
We spent a large amount (of money).

Betrag m
Wir gaben eine Menge Geld (= einen großen Geldbetrag) aus.

amount to [ə'maʊnt tʊ] v/i.
The total amounted to £600.

sich belaufen auf, betragen
Die Gesamtsumme belief sich auf 600 Pfund.

bookkeeping [ˈbʊkkiːpɪŋ] *s.*
He passed a course on book-keeping.

Buchführung *f*, **Buchhaltung** *f*
Er bestand einen Buchführungskurs.

capital [ˈkæpɪtl] *s.*
He had some small capital to start a business with.

Kapital *n*
Er hatte ein kleines Kapital, um damit ein Geschäft zu eröffnen.

change [tʃeɪndʒ] *s.*
Count your change, please.

Wechselgeld *n*
Zählen Sie bitte Ihr Wechselgeld nach.

change [tʃeɪndʒ] *s.*
Can you give me some (small) change?

Kleingeld *n*
Können Sie mir etwas Kleingeld geben?

charge [tʃɑːdʒ] *s.*
What are the hotel charges?

This book is free of charge.

Gebühr *f*, **Kosten** *pl.*
Wie hoch sind die Hotelgebühren?

Dieses Buch ist kostenlos.

charge [tʃɑːdʒ] *v/t.*
How much did they charge for these oranges?

verlangen
Wieviel kosteten diese Orangen (= *Wieviel verlangte man für ...*)?

cheque [tʃek], *Am.* **check** [tʃek] *s.*
May I pay by cheque, please?

Scheck *m*
Kann ich bitte mit Scheck zahlen?

coin [kɔɪn] *s.*
My uncle collects gold and silver coins.

Münze *f*
Mein Onkel sammelt Gold- und Silbermünzen.

credit [ˈkredɪt] *s.*
If you buy on credit you have to pay interest.

Kredit *m*
Wenn man auf Kredit kauft, muß man Zinsen zahlen.

currency [ˈkʌrənsɪ] *s.*
Which is the strongest currency in Europe?

Währung *f*
Welches ist die sicherste Währung in Europa?

expenses [ɪkˈspensɪz] *s. pl.*
The firm paid all his expenses.

Unkosten *pl.*, **Auslagen** *pl.*
Die Firma zahlte ihm alle Unkosten.

gain [geɪn] *v/t.*
They gained a large sum of money by it.

gewinnen
Sie gewannen dabei eine große Summe Geld.

gain [geɪn] *s.*
This man is only interested in gain.

Gewinn *m*
Dieser Mensch ist nur am Gewinn interessiert.

hire [ˈhaɪə] *v/t.*
They hired a car and went on a tour through the country.

mieten
Sie mieteten ein Auto und machten eine Rundreise durch das Land.

---

in cash [ɪn ˈkæʃ] *adv.*
You can pay in cash or by cheque.

bar
Sie können bar oder mit Scheck bezahlen.

---

income [ˈɪnkəm] *s.*
Their income is very small.

Einkommen *n*
Ihr Einkommen ist sehr niedrig.

---

insurance [ɪnˈʃʊərəns] *s.*
Your car insurance is due on January 15th.

Versicherung *f*
Ihre Kraftwagenversicherung ist am 15. Januar fällig.

---

insure [ɪnˈʃʊə] *v/t.*
Is the house insured against fire?

versichern
Ist das Haus gegen Feuer versichert?

---

interest [ˈɪntrɪst] *s.*
The bank lends money at interest.

Zins(en *pl.*) *m*
Die Bank verleiht Geld gegen Zinsen.

---

loss [lɒs] *s.*
Mr Greene had to sell his house at a loss.

Verlust *m*
Herr G. mußte sein Haus mit Verlust verkaufen.

---

owe [əʊ] *v/t.*
I owe you £40.

schulden
Ich schulde Ihnen 40 Pfund.

---

per [pə] *prp.*
Sandy earns £150 per week.

pro
S. verdient 150 Pfund pro Woche.

---

profit [ˈprɒfɪt] *s.*
He was able to sell his house at a profit.

Profit *m*, **Gewinn** *m*
Er konnte sein Haus mit Gewinn verkaufen.

---

rate [reɪt] *s.*
Hotel rates have been increased.

Tarif *m*, **Satz** *m*
Die Hoteltarife sind erhöht worden.

---

reduce [rɪˈdjuːs] *v/t.*
They sell their china at reduced prices.

herabsetzen
Sie verkaufen ihr Porzellan zu herabgesetzten Preisen.

---

rent [rent] *v/t.*
We rented a summer house for three months.

mieten
Wir mieteten ein Sommerhaus für drei Monate.

safe [seɪf] *s.*
You can put your valuables in the hotel safe.

Safe *m*
Sie können Ihre Wertsachen in den Hotelsafe geben.

savings [ˈseɪvɪŋz] *s. pl.*
My savings are all used up.

Ersparnisse *f/pl.*
Meine Ersparnisse sind aufgebraucht.

treasure [ˈtreʒə] *s.*
The children were in search of hidden treasures.

Schatz *m*
Die Kinder suchten nach verborgenen Schätzen.

valuable [ˈvæljʊəbl] *adj.*
She lost a valuable necklace.

wertvoll
Sie verlor eine wertvolle Halskette.

valuables [ˈvæljʊəblz] *s. pl.*

We keep our valuables in a safe.

Wertsachen *f/pl.*, **-gegenstände** *m/pl.*
Wir bewahren unsere Wertsachen in einem Safe auf.

value [ˈvæljuː] *s.*
The value of the American dollar has increased.

(Geld)Wert *m*
Der Wert des amerikanischen Dollars ist gestiegen.

wealth [welθ] *s.*
Her new wealth has changed her.

Reichtum *m*
Ihr neuer Reichtum hat sie verwandelt.

withdraw [wɪðˈdrɔː] *v/t.*
⚠ **withdrew** [wɪðˈdruː], **withdrawn** [wɪðˈdrɔːn]
Don't withdraw all your money.

(Geld) **abheben**

Heb nicht dein ganzes Geld ab!

1.2.5 ÄMTER UND BEHÖRDEN

«1–2000»

customs [ˈkʌstəmz] *s. pl.*
We had got through the customs.

Zoll *m (Behörde)*
Wir hatten den Zoll passiert.

desk [desk] *s.*
Let's ask at the information desk.

Schalter *m*
Fragen wir am Informationsschalter!

office [ˈɒfɪs] *s.*
She works in an office.

Büro *n*
Sie arbeitet in einem Büro.

office [ˈɒfɪs] s.
The President is in office for four years.

Amt n
Der Präsident ist vier Jahre (lang) im Amt.

sign [saɪn] v/t.
The manager had to sign some letters.

unterschreiben
Der Geschäftsführer hatte einige Briefe zu unterschreiben.

staff [stɑːf] s.
Mrs Kelvin is on the staff of our firm.

Personal n
Frau K. gehört zum Personal unserer Firma.

«2001–4000»

application [æplɪˈkeɪʃn] s.
Send in your application to ...

Bewerbung f
Richten Sie Ihre Bewerbung an ...

apply for [əˈplaɪ fə] v/i.
He applied for the job and got it.

sich bewerben um
Er bewarb sich um die Stelle und bekam sie.

apply to [əˈplaɪ tʊ] v/i.
Please apply to Mr Taylor.

sich wenden an
Wenden Sie sich bitte an Herrn T.

appoint [əˈpɔɪnt] v/t.
He was appointed (to be) their chairman.

ernennen
Er wurde zu ihrem Vorsitzenden ernannt.

clerk [klɑːk] s.

I asked one of the clerks for information.

(Büro-, Bank)Angestellte(r) m, **(-)Angestellte** f
Ich bat eine(n) der Angestellten um Auskunft.

department [dɪˈpɑːtmənt] s.
Who is the head of your department?

Abteilung f (in der Verwaltung)
Wer ist Ihr Abteilungsleiter?

document [ˈdɒkjʊmənt] s.
A passport is an important document.

Dokument n, **Urkunde** f
Ein Reisepaß ist ein wichtiges Dokument.

employee [emplɔɪˈiː] s.
He is a government employee.

Angestellte(r) m, **Angestellte** f
Er ist Regierungsangestellter.

enter [ˈentə] v/t.
I entered my name on the list.

eintragen
Ich trug meinen Namen in die Liste ein.

fill in [fɪl ˈɪn], *bes. Am.* **fill out** [fɪl ˈaʊt] *v/t.*
She had difficulty filling in the form.

ausfüllen
Es bereitete ihr Schwierigkeiten, das Formular auszufüllen.

form [fɔːm] *s.*
We had to fill in (*oder bes. Am.* out) a lot of forms.

Formular *n*
Wir mußten eine Menge Formulare ausfüllen.

list [lɪst] *s.*
He put his name on the list.

Liste *f*
Er setzte seinen Namen auf die Liste.

official [əˈfɪʃl] *adj.*
The news is now official.

offiziell
Die Nachricht ist jetzt offiziell.

official [əˈfɪʃl] *adj.*
He holds an important official position.

amtlich, Amts...
Er hat eine wichtige Amtsstellung inne.

official [əˈfɪʃl] *s.*
Some government officials were present at the meeting.

Beamte(r) *m*
Ein paar Regierungsbeamte waren auf der Versammlung anwesend.

organization [ɔːgənaɪˈzeɪʃn] *s.*
He knows a lot about office organization.

Organisation *f*
Er weiß eine Menge über Büroorganisation.

queue [kjuː] *s.*
They formed a queue.

(Menschen)Schlange *f*
Sie bildeten eine Schlange.

register [ˈredʒɪstə] *v/t.*
He had the birth of a daughter registered.

eintragen
Er ließ die Geburt einer Tochter eintragen.

register [ˈredʒɪstə] *v/i.*
We had to register at the reception.

sich eintragen
Wir mußten uns beim Empfang eintragen (= *anmelden*).

register [ˈredʒɪstə] *s.*
They keep a register of births, marriages, and deaths.

Verzeichnis *n*, **Register** *n*
Man führt (dort) ein Verzeichnis über Geburten, Heiraten und Todesfälle (= *ein Standesamtsregister*).

responsible [rɪˈspɒnsəbl] *adj.*
Who is responsible for the children?

verantwortlich
Wer ist für die Kinder verantwortlich?

responsible [rɪˈspɒnsəbl] *adj.*
Mr Dixon has a very responsible post.

verantwortungsvoll
Herr D. hat einen sehr verantwortungsvollen Posten.

signature [ˈsɪgnətʃə] s.
Put your signature to this letter.

Unterschrift f
Setz deine Unterschrift unter diesen Brief!

stamp [stæmp] s.
The stamp in the library book bears the date of January 12, 1981.

Stempel m
Der Stempel im Bibliotheksbuch trägt das Datum vom 12. Januar 1981.

1.2.6 POST- UND FERNMELDEWESEN

1.2.6.1 POST

«1–2000»

address [əˈdres] s.
What's your address?

Adresse f, **Anschrift** f
Wie ist Ihre Adresse?

envelope [ˈenvələʊp] s.
I put the letter in an envelope.

Briefumschlag m, **Kuvert** n
Ich steckte den Brief in ein Kuvert.

letter [ˈletə] s.
Would you take the letter to the post office for me, please?

Brief m
Würdest du bitte den Brief für mich zur Post bringen?

mail [meɪl] s.
Has the mail already arrived?

(*Am.*) **Post** f
Ist die Post schon angekommen?

mailman [ˈmeɪlmən] s.
pl. **-men** [-mən]
The mailman brought me a letter.

(*Am.*) **Briefträger** m

Der Briefträger brachte mir einen Brief.

parcel [ˈpɑːsl] s.
His mother sent him a parcel.

Paket n
Seine Mutter schickte ihm ein Paket.

post [pəʊst] s.
Has any post arrived for me?

(*Br.*) **Post** f
Ist Post für mich gekommen?

post [pəʊst] v/t.
I had to post some letters.

einwerfen, zur Post bringen
Ich mußte Briefe einwerfen.

postcard [ˈpəʊstkɑːd] s.
We bought some postcards.

Postkarte f
Wir kauften Postkarten.

postman ['pəʊstmən] *s.*
pl. **-men** [-mən]
The postman gave me some
letters.

(*Br.*) **Briefträger** *m*

Der Briefträger gab mir ein
paar Briefe.

post office ['pəʊst ɒfɪs] *s.*
The post office is near the station.

Postamt *n*
Das Postamt ist beim Bahnhof.

stamp [stæmp] *s.*
Please keep these stamps for
me.

Briefmarke *f*
Heb diese Briefmarken bitte
für mich auf!

telegram ['telɪgræm] *s.*
She got a telegram from her
father.

Telegramm *n*
Sie bekam ein Telegramm von
ihrem Vater.

«2001–4000»

airmail ['eəmeɪl] *s.*
Shall I send the letter airmail?

Luftpost *f*
Soll ich den Brief mit Luftpost
schicken?

letterbox ['letəbɒks] *s.*
He dropped the postcards into
the letterbox.

Briefkasten *m*
Er warf die Postkarten in den
Briefkasten.

postage ['pəʊstɪdʒ] *s.*
What's the postage?

Porto *n*
Wie hoch ist das Porto?

postal ['pəʊstəl] *adj.*
After the strike there'll be a
regular postal service again.

Post...
Nach dem Streik gibt es wieder
einen regelmäßigen Post-
dienst.

sender ['sendə] *s.*
Return to sender.

Absender(in *f***)** *m*
Zurück an den Absender!

stamp [stæmp] *v/t.*
I forgot to stamp the letter.

frankieren
Ich vergaß, den Brief zu frankieren.

telegraph ['telɪgrɑːf] *v/t.*
They telegraphed (us) that they
couldn't come.

telegrafieren
Sie telegrafierten (uns), daß
sie nicht kommen könnten.

wire ['waɪə] *s.*
We sent them a wire.

(F) (*bes. Am.*) **Telegramm** *n*
Wir schickten ihnen ein Telegramm.

1.2.6.2 TELEFON

«1–2000»

call [kɔːl] *v/i.*
Has anybody called?

anrufen
Hat jemand angerufen?

call [kɔːl] *s.*
Here's a call for you.

Anruf *m*, **Gespräch** *n*
Hier ist ein Anruf für Sie.

phone [fəʊn] *s.*
Who is on the phone?

(F) **Telefon** *n*
Wer ist am Telefon?

phone [fəʊn] *v/t.*
He phoned his parents.

(F) **anrufen, telefonieren mit**
Er rief seine Eltern an.

«2001–4000»

dial [ˈdaɪəl] *v/t.*
Dial 343921.

wählen
Wählen Sie (*die Telefonnummer*) 343921.

local call [ˈləʊkl kɔːl] *s.*
From here you can only make local calls.

Ortsgespräch *n*
Von hier können Sie nur Ortsgespräche führen.

long-distance call [ˈlɒŋdɪstəns kɔːl] *s.*
I have to pay for three long-distance calls.

(*Am.*) **Ferngespräch** *n*
Ich muß drei Ferngespräche bezahlen.

telephone [ˈtelɪfəʊn] *s.*
Your father is on the telephone.

Telefon *n*
Dein Vater ist am Telefon.

telephone [ˈtelɪfəʊn] *v/i.*
She'd been telephoning all morning.

telefonieren
Sie hatte den ganzen Morgen (herum)telefoniert.

telephone [ˈtelɪfəʊn] *v/t.*
Did you telephone Bill?

anrufen, telefonieren mit
Hast du B. angerufen?

trunk call [ˈtrʌŋk kɔːl] *s.*
A trunk call to Glasgow, please.

(*Br.*) **Ferngespräch** *n*
Bitte ein Ferngespräch nach Glasgow.

1.2.7 RECHTSWESEN

1.2.7.1 RECHTSPRECHUNG

«1–2000»

law [lɔ:] *s.*
He went to prison because he broke the law.

Gesetz *n*
Er kam ins Gefängnis, weil er gegen das Gesetz verstoßen hatte.

law [lɔ:] *s.*
International law must be respected.

Recht *n*
Das Völkerrecht muß respektiert werden.

police [pə'li:s] *s.*
The police have (!) caught the thief.

Polizei *f*
Die Polizei hat den Dieb gefaßt.

policeman [pə'li:smən] *s.*
pl. **-men** [-mən]
A policeman showed me the way.

Polizist *m*

Ein Polizist zeigte mir den Weg.

«2001–4000»

arrest [ə'rest] *v/t.*
The thieves were arrested.

verhaften
Die Diebe wurden verhaftet.

arrest [ə'rest] *s.*
"You are under arrest", said the policeman.

Verhaftung *f*
„Sie sind verhaftet", sagte der Polizist.

case [keɪs] *s.*
Their case came before the court.

(Rechts)Fall *m*
Ihr Fall kam vor Gericht.

charge [tʃɑ:dʒ] *v/t.*
The woman was charged with murder.

anklagen, beschuldigen
Die Frau wurde des Mordes angeklagt.

claim [kleɪm] *s.*
The king never gave up his claim to the crown.

Anspruch *m*
Der König gab niemals den Anspruch auf die Krone auf.

claim [kleɪm] *s.*
Their claims for money are too high.

Forderung *f*
Ihre Geldforderungen sind zu hoch.

claim [kleɪm] *v/t.*
She claimed the right to keep her children.

beanspruchen, fordern
Sie beanspruchte das Recht, ihre Kinder zu behalten.

---

confess [kənˈfes] *v/t.*
He had to confess his crime.

(ein)gestehen
Er mußte sein Verbrechen eingestehen.

---

court [kɔːt] *s.*
She had to appear before the court.

Gericht(shof m) n
Sie mußte vor Gericht erscheinen.

---

discharge [dɪsˈtʃɑːdʒ] *v/t.*
The prisoner will soon be discharged.

entlassen
Der Gefangene wird bald entlassen.

---

discharge [dɪsˈtʃɑːdʒ] *s.*
He killed a man right after his discharge from prison.

Entlassung f
Er brachte einen Mann um gleich nach seiner Entlassung aus dem Gefängnis.

---

force [fɔːs] *s.*
A new law was put into force.

(Gesetzes)Kraft f
Ein neues Gesetz wurde in Kraft gesetzt.

---

judge [dʒʌdʒ] *v/i.*
Judge for yourselves whether she is guilty.

urteilen
Urteilen Sie selbst, ob sie schuldig ist.

---

judge [dʒʌdʒ] *s.*
Mr Webb was a judge on the High Court.

Richter m
Herr W. war Richter am Hohen Gericht.

---

judg(e)ment [ˈdʒʌdʒmənt] *s.*
Judg(e)ment was passed on the prisoner.

Urteil n
Das Urteil wurde über den Gefangenen gesprochen.

---

just [dʒʌst] *adj.*
Do you think this is just?

gerecht
Meinen Sie, daß das gerecht ist?

---

justice [ˈdʒʌstɪs] *s.*
They brought the criminal to justice.

Justiz f, Gerechtigkeit f
Sie übergaben den Verbrecher der Justiz.

---

lawyer [ˈlɔːjə] *s.*
The best lawyers in town were his friends.

Jurist m
Die besten Juristen der Stadt waren seine Freunde.

---

police station [pəˈliːs steɪʃn] *s.*
The criminal was taken to the police station.

Polizeiwache f, -revier n
Der Verbrecher wurde auf die Polizeiwache gebracht.

---

prison [ˈprɪzn] *s.*
He was sent to prison.

Gefängnis n
Er kam ins Gefängnis.

prisoner ['prɪznə] s.
Two prisoners had escaped.

Gefangene(r) m, **Häftling** m
Zwei Gefangene waren entkommen.

punish ['pʌnɪʃ] v/t.
They were punished severely.

bestrafen
Sie wurden streng bestraft.

punishment ['pʌnɪʃmənt] s.
Let the punishment fit the crime.

Strafe f
Die Strafe soll dem Verbrechen angemessen sein.

sentence ['sentəns] s.
The sentence was 7 years in prison.

(Gerichts)Urteil n
Das Urteil lautete auf 7 Jahre Gefängnis.

swear [sweə] v/t.
⚠ **swore** [swɔː], **sworn** [swɔːn]
He swore an oath.

schwören

Er schwor einen Eid.

trace [treɪs] s.
They hadn't left any traces.

Spur f
Sie hatten keine Spuren zurückgelassen.

trial ['traɪəl] s.
He is a witness in a murder trial.

Prozeß m
Er ist Zeuge in einem Mordprozeß.

will [wɪl] s.
Her father had not left a will.

Testament n
Ihr Vater hatte kein Testament hinterlassen.

witness ['wɪtnɪs] s.
He was a witness of the accident.

Zeuge m, **Zeugin** f
Er war Zeuge des Unfalls.

1.2.7.2 STRAFBARES VERHALTEN

«1–2000»

criminal ['krɪmɪnl] s.
The police caught the criminal.

Verbrecher(in f) m
Die Polizei fing den Verbrecher.

criminal ['krɪmɪnl] adj.
Killing a man is a criminal act.

verbrecherisch, kriminell
Einen Menschen zu töten ist ein Verbrechen (= eine verbrecherische Tat).

kill [kɪl] v/t.
Two policemen were killed.

töten, umbringen
Zwei Polizisten wurden getötet.

murder [ˈmɜːdə] s.
There were four murders last month.

Mord m
Letzten Monat passierten vier Morde.

shoot [ʃuːt] v/t.
⚠ **shot** [ʃɒt], **shot** [ʃɒt]
The criminal shot the man in the leg.

schießen

Der Verbrecher schoß den Mann ins Bein.

shot [ʃɒt] s.
Shots were heard in the night.

Schuß m
Schüsse waren in der Nacht zu hören.

steal [stiːl] v/t.
⚠ **stole** [stəʊl], **stolen** [ˈstəʊlən]
Who has stolen her purse?

stehlen

Wer hat ihren Geldbeutel gestohlen?

thief [θiːf] s.
pl. **thieves** [θiːvz]
Thieves had come during the night.

Dieb(in f) m

Diebe waren in der Nacht gekommen.

wrong [rɒŋ] adj.
It was wrong for him to take the money.

unrecht
Es war unrecht von ihm, das Geld zu nehmen.

wrong [rɒŋ] s.
They did us a great wrong.

Unrecht n
Sie taten uns großes Unrecht an.

«2001–4000»

burglar [ˈbɜːglə] s.
We had burglars last night.

(nächtlicher) **Einbrecher** m
Bei uns ist gestern nacht eingebrochen worden.

crime [kraɪm] s.
The man must be punished for this crime.

Verbrechen n
Der Mann muß für dieses Verbrechen bestraft werden.

force [fɔːs] s.
They took the bag from her by force.

Gewalt f
Sie nahmen ihr gewaltsam die Tasche weg.

force [fɔːs] v/t.
He forced me to follow him.

zwingen
Er zwang mich, ihm zu folgen.

guilty [ˈgɪltɪ] adj.
They were both guilty.

schuldig
Sie waren beide schuldig.

murder [ˈmɜːdə] v/t.
He is said to have murdered
his wife.

ermorden
Er soll seine Frau ermordet
haben.

offen|ce, Am. **-se** [əˈfens] s.
These are minor offences.

Vergehen n
Das sind kleinere Vergehen.

offend against [əˈfend əˈgenst]
v/i.
You offended against the law.

verstoßen gegen

Sie verstießen gegen das Gesetz.

rob [rɒb] v/t.
The bank was robbed last
week.

(be-, aus)rauben
Die Bank wurde letzte Woche
ausgeraubt.

robber [ˈrɒbə] s.
The bank robbers killed a man
and a woman.

Räuber m
Die Bankräuber töteten einen
Mann und eine Frau.

robbery [ˈrɒbərɪ] s.
There was a bank robbery in
Regent Street.

Raub(überfall) m
In der Regent Street fand ein
Bankraub statt.

suspect [ˈsʌspekt] adj.
The witness was rather suspect.

verdächtig
Der Zeuge war ziemlich verdächtig.

violence [ˈvaɪələns] s.
Violence has increased in all
towns.

Gewalt(tätigkeit) f
Die Gewalttätigkeit hat in allen
Städten zugenommen.

violent [ˈvaɪələnt] adj.
This criminal is a violent man.

gewalttätig
Dieser Verbrecher ist ein ge-
walttätiger Mensch.

1.2.8 ARZT UND KRANKENHAUS
(Siehe auch KÖRPER, 1.1.1.1 und GESUNDHEIT
UND KRANKHEIT, 1.1.1.6)

«1–2000»

dentist [ˈdentɪst] s.
I must see my dentist.

Zahnarzt m
Ich muß zum Zahnarzt gehen.

doctor [ˈdɒktə] s. **(Dr.)**
Do you know Dr. Kenneth?
Good morning, doctor.

Doktor m **(Dr.)**
Kennen Sie Dr. K.?
Guten Morgen, Herr Doktor.

doctor [ˈdɒktə] s.
Shall we call a doctor?

Arzt m
Sollen wir einen Arzt rufen?

hospital [ˈhɒspɪtl] s.
Is she still in hospital?

Krankenhaus n, **Klinik** f
Ist sie noch im Krankenhaus?

medicine [ˈmedsɪn] s.
Take this medicine for your cough.

Medizin f
Nimm diese Medizin gegen deinen Husten.

nurse [nɜːs] s.
The nurses took care of the patients.

(Kranken)Schwester f
Die (Kranken)Schwestern versorgten die Patienten.

patient [ˈpeɪʃnt] s.
He is a patient in the General Hospital.

Kranke(r) m, **Patient(in** f) m
Er ist Patient im Allgemeinen Krankenhaus.

sister [ˈsɪstə] s.
Sister Bertha has been here for 20 years.

Schwester f
Schwester B. ist schon seit 20 Jahren hier.

«2001–4000»

ambulance [ˈæmbjʊləns] s.
An ambulance took her to hospital.

Krankenwagen m
Ein Krankenwagen brachte sie in die Klinik.

call for [ˈkɔːl fɔː] v/i.
They called for a doctor.

holen, kommen lassen
Sie holten einen Arzt.

cure [kjʊə] s.
He went to Switzerland for a cure.

Kur f
Er fuhr zur Kur in die Schweiz.

cure [kjʊə] v/t.
The doctor cured her of her backache.

heilen, kurieren
Der Arzt heilte sie von ihren Rückenschmerzen.

drug [drʌg] s.
There's a new drug for headaches.

(Arznei)Mittel n
Es gibt ein neues Mittel gegen Kopfschmerzen.

drugs [drʌgz] s. pl.
He took drugs to forget his troubles.

Drogen f/pl., **Rauschgift** n
Er nahm Drogen, um seine Sorgen zu vergessen.

medical [ˈmedɪkl] adj.
She received medical care.

medizinisch, ärztlich, Medizin...
Sie wurde medizinisch versorgt.

Eric's girlfriend is a medical student.

E.'s Freundin ist Medizinstudentin.

operation [ɒpəˈreɪʃn] s.
The operation lasted for two hours.

Operation f
Die Operation dauerte zwei Stunden.

physician [fɪˈzɪʃn] s.
Dr. Jones is a physician at St. Luke's Hospital.

Arzt m
Dr. J. ist Arzt am St. Lukas-Krankenhaus.

poison [ˈpɔɪzn] s.
She took poison and nearly died of it.

Gift n
Sie nahm Gift und wäre fast daran gestorben.

remedy [ˈremɪdɪ] s.
Do you know a good remedy for colds?

(Heil)Mittel n
Kennst du ein gutes Mittel gegen Erkältungen?

specialist [ˈspeʃəlɪst] s.
He went to a nerve specialist.

Facharzt m, -ärztin f
Er ging zu einem Nervenarzt.

surgeon [ˈsɜːdʒən] s.
Dr. Greene is an excellent surgeon.

Chirurg m
Dr. G. ist ein ausgezeichneter Chirurg.

tablet [ˈtæblɪt] s.
He had to swallow a lot of tablets.

Tablette f
Er mußte eine Menge Tabletten schlucken.

treatment [ˈtriːtmənt] s.
Peter got medical treatment.

Behandlung f
P. wurde ärztlich behandelt.

waiting room [ˈweɪtɪŋ ruːm] s.
Ten patients were sitting in Dr. Taylor's waiting room.

Wartezimmer n
Zehn Patienten saßen im Wartezimmer von Dr. T.

1.2.9 SCHULE UND UNIVERSITÄT
(Siehe auch LERNEN UND WISSEN, 1.1.3)

«1–2000»

class [klɑːs] s.
There are only two boys in our class.

(Schul)Klasse f
In unserer Klasse sind nur zwei Jungen.

classes [ˈklɑːsɪz] s. pl.
There are no classes today.

Unterricht m
Heute ist kein Unterricht.

course [kɔːs] s.
We take English courses.

Kurs(us) m
Wir besuchen Englischkurse.

form [fɔːm] s.
David is in the third form.

(bes. Br.) Klasse f
D. ist in der dritten Klasse.

holidays ['hɒlədɪz] *s. pl.*
The summer holidays begin on Friday, July 15th.

(*Br.*) **Ferien** *pl.*
Die Sommerferien beginnen am Freitag, dem 15. Juli.

language ['læŋgwɪdʒ] *s.*
You should learn foreign languages.

Sprache *f*
Sie sollten Fremdsprachen lernen.

lesson ['lesn] *s.*
Will this lesson never end?

(Unterrichts)Stunde *f*
Geht diese Stunde nie zu Ende?

lesson ['lesn] *s.*
Open your books at page 36, lesson 10.

Lektion *f*
Schlagt eure Bücher auf, Seite 36, Lektion 10.

prize [praɪz] *s.*
Randolph won the prize.

Preis *m* (*im Wettbewerb*)
R. gewann den Preis.

pupil ['pjuːpl] *s.*
The school has 400 pupils.

Schüler(in *f*) *m*
Die Schule hat 400 Schüler.

reader ['riːdə] *s.*
Take out your English reader.

Lesebuch *n*
Nehmt euer englisches Lesebuch!

school [skuːl] *s.*
The children were at school.

Schule *f*
Die Kinder waren in der Schule.

student ['stjuːdnt] *s.*
There are many women students at the university.

Student(in *f*) *m*
An der Universität sind viele Studentinnen.

study ['stʌdɪ] *v/t.*
He is studying medicine.

studieren
Er studiert Medizin.

subject ['sʌbdʒɪkt] *s.*
What subjects can you take at school?

Fach *n*
Welche Fächer könnt ihr in der Schule wählen?

teach [tiːtʃ] *v/t.*
⚠ **taught** [tɔːt], **taught** [tɔːt]
Mr Brown taught us German.
She'd rather teach girls than boys.

lehren, unterrichten

Herr B. lehrte uns Deutsch.
Sie würde lieber Mädchen als Jungen unterrichten.

teacher ['tiːtʃə] *s.*
Mr Ford is our teacher.

Lehrer(in *f*) *m*
Herr F. ist unser Lehrer.

timetable ['taɪmteɪbl] *s.*
English is the first lesson on our timetable.

Stundenplan *m*
Englisch ist die erste Stunde auf unserem Stundenplan.

translate [træns¹leɪt] *v/t.*
Can you translate this letter from German into English for me?

übersetzen
Kannst du mir diesen Brief vom Deutschen ins Englische übersetzen?

translation [træns¹leɪʃn] *s.*
Who can give me a good translation?

Übersetzung *f*
Wer kann mir eine gute Übersetzung liefern?

university [juːnɪ¹vɜːsətɪ] *s.*
Oxford and Cambridge are well-known English universities.

Universität *f*
Oxford und Cambridge sind bekannte englische Universitäten.

«2001–4000»

attend [ə¹tend] *v/t.*
He never attended a university.

besuchen
Er besuchte nie eine Universität.

blackboard [¹blækbɔːd] *s.*
Write the word on the blackboard.

(Wand)Tafel *f*
Schreib das Wort an die Tafel!

college [¹kɒlɪdʒ] *s.*
She goes to a business college.

Hochschule *f*
Sie geht in eine Wirtschaftshochschule.

college [¹kɒlɪdʒ] *s.*
Sue is going to college soon.

(*Am.*) **College** *n*
S. geht bald auf das College.

correction [kə¹rekʃn] *s.*
His corrections were made in red.

Korrektur *f*, **Verbesserung** *f*
Seine Korrekturen waren in roter Farbe angebracht.

dictation [dɪk¹teɪʃn] *s.*
The children wrote a dictation.

Diktat *n*
Die Kinder schrieben ein Diktat.

education [edjuː¹keɪʃn] *s.*
She had a very good education.

Erziehung *f*, **Ausbildung** *f*
Sie genoß eine sehr gute Erziehung.

examination [ɪgzæmɪ¹neɪʃn] *s.*, (F) **exam** [ɪg¹zæm] *s.*
School examinations are in May.
Garry passed his exam.

Examen *n*, **Prüfung** *f*
Die Schulprüfungen sind im Mai.
G. bestand sein Examen.

geography [dʒɪˈɒgrəfɪ] s.
Geography is her favourite subject.

Erdkunde f, **Geographie** f
Erdkunde ist ihr Lieblingsfach.

headmaster [ˈhedmɑːstə] s.
The headmaster made a speech.

Direktor m (einer Schule)
Der Direktor hielt eine Rede.

history [ˈhɪstərɪ] s.
He is a student of history.

Geschichte f
Er ist Student der Geschichte.

homework [ˈhəʊmwɜːk] s.
Do your homework now.

Hausaufgaben f/pl.
Mach jetzt deine Hausaufgaben!

master [ˈmɑːstə] s.
Who is your French master?

Lehrer m
Wer ist euer Französischlehrer?

pass [pɑːs] v/t.
All of them passed the examination.

bestehen
Sie alle bestanden die Prüfung.

report [rɪˈpɔːt] s.
Billy got a very good report this year.

Zeugnis n
B. bekam dieses Jahr ein sehr gutes Zeugnis.

research [rɪˈsɜːtʃ] s.
She left her money to medical research.

Forschung f
Sie hinterließ ihr Geld der medizinischen Forschung.

ruler [ˈruːlə] s.
We can draw straight lines with a ruler.

Lineal n
Wir können mit einem Lineal gerade Linien ziehen.

task [tɑːsk] s.
This is a very difficult task.

Aufgabe f
Das ist eine sehr schwierige Aufgabe.

term [tɜːm] s.
The autumn term has begun.

Semester n, **Trimester** n
Das Herbstsemester hat begonnen.

textbook [ˈtekstbʊk] s.
I looked the date up in my history textbook.

Lehrbuch n
Ich sah das Datum in meinem Geschichts(lehr)buch nach.

topic [ˈtɒpɪk] s.
There were some interesting topics of conversation.

Thema n
Es gab einige interessante Gesprächsthemen.

train [treɪn] v/t.
She is a trained nurse.

ausbilden
Sie ist ausgebildete Krankenschwester.

training ['treɪnɪŋ] *s.*
The training for this job takes four years.

Ausbildung *f*
Die Ausbildung für diesen Beruf dauert vier Jahre.

vacation [və'keɪʃn] *s.*
They spent their vacation on the French Riviera.

(*Am.*) **Ferien** *pl.*
Sie verbrachten ihre Ferien an der französischen Riviera.

1.3 Interessen

1.3.1 KUNST

1.3.1.1 BILDENDE KUNST

«1–2000»

art [ɑːt] *s.*
This picture is a fine work of art.

Kunst *f*
Dieses Bild ist ein schönes Kunstwerk.

draw [drɔː] *v/i.*
⚠ **drew** [druː], **drawn** [drɔːn]
The boy can draw very well.

zeichnen

Der Junge kann sehr gut zeichnen.

paint [peɪnt] *v/t.*
Who painted this picture?

malen
Wer hat dieses Bild gemalt?

picture ['pɪktʃə] *s.*
I don't like her pictures.

Bild *n*
Ihre Bilder gefallen mir nicht.

«2001–4000»

artist ['ɑːtɪst] *s.*
He isn't a great artist.

Künstler(in *f)* *m*
Er ist kein großer Künstler.

brush [brʌʃ] *s.*
The artist used a very thick brush.

Pinsel *m*
Der Künstler verwendete einen sehr dicken Pinsel.

drawing ['drɔːɪŋ] *s.*
The boy made funny drawings of his teachers.

Zeichnung *f*
Der Junge machte lustige Zeichnungen von seinen Lehrern.

exhibition [eksɪ'bɪʃn] *s.*
Have you seen that exhibition of modern art?

Ausstellung *f*
Haben Sie diese Ausstellung moderner Kunst schon gesehen?

gallery ['gælərɪ] s.
I remember many pictures in the National Gallery.

Galerie f
Ich erinnere mich an viele Bilder der Nationalgalerie.

museum [mjuːˈzɪəm] s.
We saw some fine old pictures in the museum.

Museum n
Wir sahen (einige) schöne alte Bilder in dem Museum.

painter ['peɪntə] s.
William Turner is my favourite English painter.

Maler(in f) m
W. T. ist mein englischer Lieblingsmaler.

poster ['pəʊstə] s.
Do you want that poster for your room?

Poster n
Willst du dieses Poster für dein Zimmer?

represent [reprɪˈzent] v/t.
What does this picture represent?

darstellen
Was stellt dieses Bild dar?

style [staɪl] s.
I like his style of painting.

Stil m
Ich mag seinen Malstil.

1.3.1.2 THEATER, FILM UND FERNSEHEN

«1–2000»

cinema ['sɪnəmə] s.
Do you want to go to the cinema?

Kino n
Möchtest du ins Kino gehen?

famous ['feɪməs] adj.
He is a famous star.

berühmt
Er ist ein berühmter Star.

play [pleɪ] s.
I'd like to see the new play.

(Theater)Stück n
Ich würde gern das neue (Theater)Stück sehen.

play [pleɪ] v/t.
Who's playing Lady Macbeth?

spielen
Wer spielt die Lady Macbeth?

programme, Am. **program** ['prəʊgrəm] s.
Let me have a look at the (theatre) programme.

Programm n
Laß mich mal einen Blick in das Programm werfen!

show [ʃəʊ] s.
The show had already begun.

Schau f
Die Schau hatte schon begonnen.

stage [steɪdʒ] *s.*
The star appeared on the stage.

Bühne *f*
Der Star erschien auf der Bühne.

star [stɑː] *s.*
She became a popular TV star.

Star *m*
Sie wurde ein beliebter Fernsehstar.

theat|re, *Am.* **-er** [ˈθɪətə] *s.*
They went to the theatre.

Theater *n*
Sie gingen ins Theater.

ticket [ˈtɪkɪt] *s.*
Did you get tickets for the play?

(Eintritts)Karte *f*
Habt ihr Karten für das Stück bekommen?

«2001–4000»

act [ækt] *s.*
We are reading Hamlet, Act 1.

Akt *m*
Wir lesen Hamlet, Akt 1.

actor [ˈæktə] *s.*
He isn't a professional actor.

Schauspieler *m*
Er ist kein Berufsschauspieler.

actress [ˈæktrɪs] *s.*
The actress seemed to be nervous when she appeared on stage.

Schauspielerin *f*
Die Schauspielerin schien nervös zu sein, als sie auf die Bühne kam.

attract [əˈtrækt] *v/t.*
He always attracts a large public.

anziehen, anlocken
Er zieht immer ein großes Publikum an.

audience [ˈɔːdjəns] *s.*
She has a large audience.

Publikum *n*
Sie hat ein großes Publikum.

fame [feɪm] *s.*
The actor won great fame.

Ruhm *m*, **Berühmtheit** *f*
Der Schauspieler erntete großen Ruhm.

movies [ˈmuːvɪz] *s. pl.*
Let's go to the movies!

(*Am.*) **Kino** *n*
Gehen wir ins Kino!

opening [ˈəʊpnɪŋ] *s.*
The Queen was present at the opening of the theatre.

Eröffnung *f*
Die Königin war bei der Eröffnung des Theaters anwesend.

perform [pəˈfɔːm] *v/t.*
They performed a play by Shakespeare.

auf-, vorführen
Sie führten ein Stück von Shakespeare auf.

performance [pə'fɔːməns] *s.*
There is an afternoon performance on Sundays.

Vorstellung *f*
Sonntags findet eine Nachmit-
tagsvorstellung statt.

popular ['pɒpjʊlə] *adj.*
XX is a popular actress.

beliebt
XX ist eine beliebte Schauspielerin.

scene [siːn] *s.*
The first act of the play is
divided into four scenes.

Szene *f*
Der erste Akt des Stückes ist in
vier Szenen unterteilt.

scene [siːn] *s.*
The scene is set in Rome.

Schauplatz *m*
Der Schauplatz ist Rom.

screen [skriːn] *s.*
The actress looked lovely on
the screen.

(Film)Leinwand *f*, **Film** *m*
Die Schauspielerin sah auf der
Leinwand hübsch aus.

1.3.1.3 MUSIK

«1–2000»

band [bænd] *s.*
The band was playing hot music.

(Musik)Kapelle *f*
Die Kapelle spielte heiße Musik.

concert ['kɒnsɜːt] *s.*
Will you be going to the XX
concert?

Konzert *n*
Wirst du in das Konzert von XX
gehen?

loud [laʊd] *adj.*
They were playing very loud.

laut
Sie spielten sehr laut.

sing [sɪŋ] *vt/i.*
⚠ **sang** [sæŋ], **sung** [sʌŋ]
She was singing (a song).

singen

Sie sang (ein Lied).

song [sɒŋ] *s.*
I like that old song.

Lied *n*
Ich mag dieses alte Lied.

sound [saʊnd] *s.*
We listened to the sound of
music coming from the hall.

Klang *m*
Wir lauschten dem Klang der
Musik, der aus dem Saal kam.

play [pleɪ] *vt/i.*
Henry plays the piano.
The band is playing.

(Instrument) **spielen**
H. spielt Klavier.
Die Kapelle spielt.

«2001–4000»

beat [biːt] *s.*
I heard the beat of a drum.

Schlag(en *n)* *m,* **Rhythmus** *m*
Ich hörte eine Trommel schlagen.

bow [bəʊ] *s.*
The violin is played with a bow.

(Violin- *etc)***Bogen** *m*
Die Violine wird mit einem Bogen gespielt.

composition [kɒmpə'zɪʃn] *s.*
The new composition by XX sounds crazy. (F)

Komposition *f*
Die neue Komposition von XX klingt verrückt.

hit [hɪt] *s.*
The song became a hit at once.

Hit *m,* **Schlager** *m*
Das Lied wurde sofort ein Hit.

horn [hɔːn] *s.*
He could blow the hunting horn.

Horn *n*
Er konnte (das) Jagdhorn blasen.

instrument ['ɪnstrʊmənt] *s.*
Are you interested in old (musical) instruments?

Instrument *n*
Interessieren Sie sich für alte (Musik)Instrumente?

low [ləʊ] *adj.*
She spoke in a low voice.

leise
Sie sprach mit leiser Stimme.

music ['mjuːzɪk] *s.*
She studies music.

Musik *f*
Sie studiert Musik.

musical ['mjuːzɪkl] *adj.*
Do you play a musical instrument?

musikalisch, Musik...
Spielen Sie ein Musikinstrument?

piano [pɪ'ænəʊ] *s.*
Peggy takes piano lessons.

Klavier *n*
P. nimmt Klavierstunden.

popular ['pɒpjʊlə] *adj.*
This song was very popular in the seventies.

populär, allgemein bekannt
Dieses Lied war in den siebziger Jahren sehr populär.

singer ['sɪŋə] *s.*
He is a famous singer.

Sänger(in *f)* *m*
Er ist ein berühmter Sänger.

sound [saʊnd] *v/i.*
Her voice sounds good.

(er)klingen
Ihre Stimme klingt gut.

string [strɪŋ] *s.*
One string broke.

Saite *f*
Eine Saite riß (*oder* platzte).

tune [tjuːn] *s.*
Do you recognize the tune?

Melodie *f*
Erkennst du die Melodie?

violin [vaɪə'lɪn] *s.*
She practised on the violin.

Violine *f,* **Geige** *f*
Sie übte auf der Violine.

1.3.2 KOMMUNIKATIONSMITTEL

«1–2000»

newspaper ['nju:speɪpə] s.,
paper ['peɪpə] s.
We read a daily (news)paper.

Zeitung f

Wir lesen eine Tageszeitung.

print [prɪnt] v/t.
His stories were printed.

drucken
Seine Geschichten wurden gedruckt.

television [telɪ'vɪʒn], (kurz:) **TV**
[ti:'vi:] s.
He works in television.
We saw the football match on
TV.

Fernsehen n

Er arbeitet beim Fernsehen.
Wir sahen das Fußballspiel im
Fernsehen.

«2001–4000»

broadcast ['brɔːdkɑːst] v/t.
⚠ **broadcast*** ['brɔːdkɑːst],
broadcast* ['brɔːdkɑːst]
The American President's
speech will be broadcast at 7
o'clock.

senden, übertragen

Die Rede des amerikanischen
Präsidenten wird um 7 Uhr ge-
sendet.

broadcast ['brɔːdkɑːst] s.
Who is responsible for the
broadcast of the football
match?

Sendung f, **Übertragung** f
Wer ist verantwortlich für die
Übertragung des Fußball-
spiels?

headline ['hedlaɪn] s.
Did you read the headline in
the paper?

Schlagzeile f
Hast du die Schlagzeile in der
Zeitung gelesen?

interview ['ɪntəvjuː] s.
The star refused to give inter-
views.

Interview n
Der Star weigerte sich, Inter-
views zu geben.

issue ['ɪʃuː] s.
Read this month's issue of
"Sussex Life".

Ausgabe f
Lies die Ausgabe dieses Monats von „S. L.".

issue ['iʃuː] v/t.
The book was issued after the
author's death.

herausbringen
Das Buch erschien (= wurde
herausgebracht) nach dem
Tod des Autors.

| **magazine** [mægəˈziːn] s. | **Zeitschrift** f |
| A new magazine was issued. | Eine neue Zeitschrift erschien. |

| **notice** [ˈnəʊtɪs] s. | **Bekanntmachung** f, **Anzeige** f |
| We read the notice of their wedding in the newspaper. | Wir lasen ihre Heiratsanzeige (= die Bekanntmachung ihrer Heirat) in der Zeitung. |

| **press** [pres] s. | **Presse** f |
| The Government must respect the freedom of the press. | Die Regierung muß die Pressefreiheit respektieren. |

| **print** [prɪnt] s. | **Druck** m |
| The novel is in print [is out of print]. | Der Roman befindet sich im Druck [ist vergriffen]. |

| **radio** [ˈreɪdɪəʊ] s. | **Radio** n |
| We listened to the radio. | Wir hörten Radio. |

1.3.3   ERHOLUNG UND FREIZEIT

1.3.3.1 ERHOLUNG

«1–2000»

| **break** [breɪk] s. | **Pause** f |
| There's a break at eleven o'clock. | Um 11 Uhr ist (eine) Pause. |

| **holiday** [ˈhɒlədɪ] s. | (Br.) **Urlaub** m |
| Mr Spencer is on holiday. | Herr S. ist im Urlaub. |

rest [rest] s.	**Ruhe** f, **Rast** f
He needs a rest.	Er braucht Ruhe.
We had a little rest.	Wir rasteten ein wenig.

| **walk** [wɔːk] s. | **Spaziergang** m |
| You can have (oder take, go for) a walk. | Ihr könnt einen Spaziergang machen. |

«2001–4000»

| **leave** [liːv] s. | **Urlaub** m |
| Some soldiers are on leave. | Einige Soldaten sind im Urlaub. |

leisure [ˈleʒə] *s.*
You can look through this at your leisure.

Muße *f*
Sie können das mit Muße (*oder* in Ruhe) durchsehen.

vacation [vəˈkeɪʃn] *s.*
They spent their summer vacation in the mountains.

(*Am.*) **Urlaub** *m*
Sie verbrachten ihren Sommerurlaub im Gebirge.

1.3.3.2 FREIZEITBESCHÄFTIGUNGEN UND HOBBIES
(Siehe auch KUNST, 1.3.1 und SPORT, 1.3.4)

«1–2000»

camera [ˈkæmərə] *s.*
Show me your new camera.

Fotoapparat *m*
Zeig mir deinen neuen Fotoapparat!

dance [dɑːns] *v/i.*
He danced with her.

tanzen
Er tanzte mit ihr.

dance [dɑːns] *s.*
May I have the next dance, please?

Tanz *m*
Darf ich um den nächsten Tanz bitten?

fan [fæn] *s.*
Freddy is a football fan.

Fan *m*
F. ist ein Fußballfan.

film [fɪlm] *s.*
I must put a (*oder* some) film in my camera.
Have you seen the new film?

Film *m*
Ich muß einen Film in meinen Fotoapparat einlegen.
Haben Sie den neuen Film gesehen?

game [geɪm] *s.*
They played games.

Spiel *n*
Sie machten Spiele.

photo [ˈfəʊtəʊ] *s.*
She showed me a photo of her baby.

Foto *n*
Sie zeigte mir ein Foto von ihrem Baby.

photograph [ˈfəʊtəgrɑːf] *s.*
Did you see her photograph in the newspaper?

Foto(grafie f) *n*, **Bild** *n*
Hast du ihr Foto in der Zeitung gesehen?

picture [ˈpɪktʃə] *s.*
She took a lot of pictures.

Aufnahme *f*, **Foto** *n*
Sie machte viele Aufnahmen.

play [pleɪ] *vt/i.*
The children were playing in the garden.

spielen
Die Kinder spielten im Garten.

play [pleɪ] *s.*
I watched the children at play.

Spiel *n*
Ich sah den Kindern beim Spiel zu.

record ['rekɔːd] *s.*
They listened to records of popular hits.

Schallplatte *f*
Sie hörten Platten mit beliebten Hits.

television (set) [telɪ'vɪʒn (set)] *s.*
I want to buy a new television (set).

Fernseher *m*, **Fernsehapparat** *m*
Ich möchte einen neuen Fernseher kaufen.

«2001–4000»

bathe [beɪð] *vt/i.*
She bathed (her feet) in the river.

baden
Sie badete (ihre Füße) im Fluß.

bet [bet] *s.*
Ronald won [lost] the bet.

Wette *f*
R. gewann [verlor] die Wette.

bet [bet] *v/t.*
⚠ **bet*** [bet], **bet*** [bet]
I('ll) bet (you) a pound that ...

(ver)wetten
Ich wette (mit dir) um ein Pfund, daß ...

climb [klaɪm] *vt/i.*
The boys were climbing (up) the tree.

klettern (auf)
Die Jungen kletterten auf den Baum.

develop [dɪ'veləp] *v/t.*
Percy develops his photographs himself.

entwickeln
P. entwickelt seine Fotos selber.

doll [dɒl] *s.*
The little girl likes to play (*oder* playing) with her dolls.

Puppe *f*
Das kleine Mädchen spielt gern mit seinen Puppen.

hike [haɪk] *v/i.*
George went hiking in the mountains.

wandern
G. wanderte in den Bergen.

hobby ['hɒbɪ] *s.*
The old man has some strange hobbies.

Hobby *n*, **Steckenpferd** *n*
Der Alte hat seltsame Hobbys.

hunt [hʌnt] *v/i.*
They went (out) hunting.

jagen
Sie gingen auf die Jagd.

hunt [hʌnt] s.
They had a good hunt.

Jagd f
Ihre Jagd war erfolgreich.

hunter [ˈhʌntə] s.
He was a big-game hunter in Africa.

Jäger m
Er war Großwildjäger in Afrika.

photograph [ˈfəʊtəgrɑːf] v/t.
She spent her time photographing flowers.

fotografieren
Sie verbrachte ihre Zeit damit, Blumen zu fotografieren.

photography [fəˈtɒgrəfɪ] s.
My hobby is photography.

Fotografie f (*Tätigkeit*)
Mein Hobby ist die Fotografie.

print [prɪnt] s.
May I have a print of this photograph?

Abzug m (*eines Fotos*)
Kann ich einen Abzug von diesem Foto haben?

puzzle [ˈpʌzl] s.
My sister likes to solve crossword puzzles.

Rätsel n
Meine Schwester löst gern Kreuzworträtsel.

record player [ˈrekɔːd ˈpleɪə] s.
Dance music was coming from a record player.

Plattenspieler m
Tanzmusik kam von einem Plattenspieler.

set [set] s.
Our radio set doesn't work.

Gerät n, **Apparat** m
Unser Radiogerät funktioniert nicht.

shoot [ʃuːt] v/t.
⚠ **shot** [ʃɒt], **shot** [ʃɒt]
This scene was shot in Oxford.

aufnehmen, ,,schießen''

Diese Szene wurde in Oxford aufgenommen.

slide [slaɪd] s.
I've taken a lot of slides.

Dia(positiv) n
Ich habe viele Dias gemacht.

tape [teɪp] s.
John bought some tapes.

(Ton)Band n
J. kaufte (einige) Tonbänder.

tape recorder [ˈteɪp rɪˈkɔːdə] s.
Eric took his tape recorder to the party.

Tonbandgerät n
E. nahm sein Tonbandgerät mit zu der Party.

(television) screen [(telɪˈvɪʒn) skriːn] s.
The woman wiped the dust off the television screen.

Bildschirm m

Die Frau wischte den Staub vom Bildschirm ab.

1.3.3.3 *VERGNÜGEN UND GENUSS*

«1–2000»

cigar [sɪˈgɑː] *s.*
May I offer you a cigar?

Zigarre *f*
Darf ich Ihnen eine Zigarre anbieten?

cigarette [sɪgəˈret] *s.*
She smokes 20 cigarettes a day.

Zigarette *f*
Sie raucht 20 Zigaretten am Tag.

enjoy [ɪnˈdʒɔɪ] *v/t.*
They enjoyed their meal.

genießen
Sie genossen ihr Essen.

pipe [paɪp] *s.*
Jan smoked his pipe.

(Tabaks)Pfeife *f*
J. rauchte seine Pfeife.

smoke [sməʊk] *vt/t.*
Ralph only smokes cigars.
I don't smoke.

rauchen
R. raucht nur Zigarren.
Ich rauche nicht.

smoker [ˈsməʊkə] *s.*
Philip is a heavy smoker.

Raucher(in *f*) *m*
P. ist ein starker Raucher.

tobacco [təˈbækəʊ] *s.*
Where can I get a (*oder* some) good pipe tobacco?

Tabak *m*
Wo bekomme ich einen guten Pfeifentabak?

«2001–4000»

amuse [əˈmjuːz] *v/t.*
Her funny hat amused us.

amüsieren
Ihr komischer Hut amüsierte uns.

amusement [əˈmjuːzmənt] *s.*
Our city has theatres, cinemas, football matches and a lot of other amusements.

Vergnügen *n*
Unsere Stadt hat (*oder* bietet) Theater, Kinos, Fußballspiele und viele andere Vergnügen.

enjoy oneself [ɪnˈdʒɔɪ wʌnˈself] *v/t.*
They enjoyed themselves at his party.

sich (gut) amüsieren

Sie amüsierten sich gut auf seiner Party.

entertain [entəˈteɪn] *v/t.*
He entertained us with his jokes.

unterhalten
Er unterhielt uns mit seinen Späßen.

entrance fee [ˈentrəns fiː] *s.*
The entrance fee was £ 10.

Eintritt(sgeld *n*) *m*
Der Eintritt betrug 10 Pfund.

joke [dʒəʊk] *s.*
I only did it as a joke.
She can [can't] take a joke.
He told us some jokes.

Scherz *m*, **Spaß** *m*, **Witz** *m*
Ich tat es nur zum Scherz.
Sie versteht [keinen] Spaß.
Er erzählte uns ein paar Witze.

please [pliːz] *v/t.*
She was pleased with the news.

erfreuen
Sie freute sich (= *war erfreut*) über die Nachricht.

1.3.4 SPORT

«1–2000»

ball [bɔːl] *s.*
She picked up the tennis ball.

Ball *m*
Sie hob den Tennisball auf.

football ['fʊtbɔːl] *s.*
Football is a popular game.

Fußball *m*
Fußball ist ein beliebtes Spiel.

match [mætʃ] *s.*
I watched the football match.

(Wett)Spiel *n*
Ich sah das Fußballspiel an.

play [pleɪ] *vt/i.*
The boys are playing football.
... plays for ...

spielen
Die Jungen spielen Fußball.
... spielt für ...

race [reɪs] *v/i.*
Will your horse be able to race again?

rennen, (*im Rennen*) **laufen**
Wird dein Pferd (jemals) wieder rennen können?

race [reɪs] *s.*
Black Star won the race.

Rennen *n*
Black Star gewann das Rennen.

record ['rekɔːd] *s.*
Harry broke the record.

Rekord *m*
H. brach den Rekord.

ride [raɪd] *vt/i.*
⚠ **rode** [rəʊd], **ridden** ['rɪdn]
I can't ride (a horse).

reiten

Ich kann nicht reiten.

row [rəʊ] *v/i.*
He likes rowing (*oder* to row).

rudern
Er rudert gern(e).

run [rʌn] *vt/i.*
⚠ **ran** [ræn], **run** [rʌn]
She ran fast [100 metres].

laufen

Sie lief schnell [100 Meter].

shoot [ʃuːt] *v/i.*
⚠ **shot** [ʃɒt], **shot** [ʃɒt]
He shot at the bird.

schießen

Er schoß auf den Vogel.

shot [ʃɒt] s.
His shot had missed.

Schuß m
Sein Schuß war danebengegangen.

ski [ski:] s.
He buys a new pair of skis every year.

Ski m
Er kauft sich jedes Jahr ein Paar neue Ski.

sport [spɔ:t] s.
Which sport do you like best?

Sport(art f) m
Welche Sportart magst du am liebsten?

sports [spɔ:ts] s. pl.
He's good at sports.

Sport m
Er ist gut im Sport.

start [stɑ:t] v/i.
Who's starting for Germany?

starten
Wer startet für Deutschland?

start [stɑ:t] s.
The horse had a good start.

Start m
Das Pferd hatte einen guten Start.

swim [swɪm] v/i.
⚠ **swam** [swæm], **swum** [swʌm]
The boys were swimming in the lake.

schwimmen

Die Jungen schwammen im See.

team [ti:m] s.
Our team won the football match.

Mannschaft f
Unsere Mannschaft gewann das Fußballspiel.

train [treɪn] v/i.
He's training for a race.

trainieren
Er trainiert für ein Rennen.

«2001–4000»

aim [eɪm] s.
He missed his aim.

Ziel n
Er verfehlte sein Ziel.

arrow [ˈærəʊ] s.
Arrows are shot from a bow.

Pfeil m
Pfeile werden von einem Bogen abgeschossen.

bow [bəʊ] s.
They shot with bows and arrows.

Bogen m
Sie schossen mit Pfeil und Bogen.

captain [ˈkæptɪn] s.
Tommy Wood was captain of their football team.

(Mannschafts)Kapitän m
T. W. war Kapitän ihrer Fußballmannschaft.

dive [daɪv] *v/i.*
⚠ **dived** [daɪvd], *bes. Am.*
dove [dəʊv]; **dived** [daɪvd],
bes. Am. **dove** [dəʊv]
I like diving (*oder* to dive).

tauchen

Ich tauche gern(e).

---

field [fiːld] *s.*
The two teams are already on
the field.

(Sport)Feld *n*
Die beiden Mannschaften sind
schon auf dem Feld.

---

goal [gəʊl] *s.*
The team won by two goals to
one (*oder* 2—1).

Tor *n*
Die Mannschaft gewann 2 : 1.

---

hit [hɪt] *s.*
That hit saved the game for
them.
That was a good hit!

Treffer *m*, **Schlag** *m*
Dieser Treffer rettete das Spiel
für sie.
Gut getroffen!

---

oar [ɔː] *s.*
Oars are used to row a boat.

Ruder *n*
Ruder werden zum Rudern
eines Bootes verwendet.

---

pool [puːl] *s.*
They were swimming in the
pool.

(Schwimm)Becken *n*
Sie schwammen im Becken.

---

referee [refəˈriː] *s.*
Who is the referee in the
match?

Schiedsrichter *m*
Wer ist bei dem Spiel Schiedsrichter?

---

saddle [ˈsædl] *s.*
He's in the saddle.

Sattel *m*
Er sitzt im Sattel.

---

sail [seɪl] *v/i.*
I hope we can go sailing next
weekend.

segeln
Ich hoffe, wir können nächstes
Wochenende zum Segeln ge-
hen.

---

ski [skiː] *v/i.*
She likes to ski (*oder* go skiing).

Ski laufen
Sie läuft gern Ski.

---

sportsman [ˈspɔːtsmən] *s.*
pl. **-men** [-mən]
He's a keen sportsman.

Sportler *m*

Er ist ein begeisterter Sportler.

---

sportswoman [ˈspɔːtswʊmən]
s.
pl. **-women** [-wɪmɪn]
Our sportswomen were suc-
cessful.

Sportlerin *f*

Unsere Sportlerinnen waren
erfolgreich.

stadium [ˈsteɪdjəm] *s.*
The football club needs a new stadium.

Stadion *n*
Der Fußballklub braucht ein neues Stadion.

swing [swɪŋ] *s.*
The children were on the garden swing.

Schaukel *f*
Die Kinder waren auf der Gartenschaukel.

throw [θrəʊ] *v/t.*
⚠ **threw** [θruː], **thrown** [θrəʊn]
He could throw the ball very far.

werfen

Er konnte den Ball sehr weit werfen.

throw [θrəʊ] *s.*
That was a fine throw.

Wurf *m*
Das war ein guter Wurf.

training [ˈtreɪnɪŋ] *s.*
He won the race after weeks of hard training.

Training *n*
Er gewann das Rennen nach Wochen harten Trainings.

whip [wɪp] *s.*
He seldom gives his horse the whip.

Peitsche *f*
Er gibt seinem Pferd selten die Peitsche.

whistle [ˈwɪsl] *s.*
The referee's whistle interrupted the match.

(Signal)Pfeife *f, auch:* **Pfiff** *m*
Der Pfiff des Schiedsrichters unterbrach das Spiel.

wing [wɪŋ] *s.*
Georg is playing on the right wing.

Flügel *m*
G. spielt auf dem rechten Flügel.

1.4 Öffentliches Leben

1.4.1 STAATSWESEN

1.4.1.1 *STAAT UND POLITIK*

«1–2000»

country [ˈkʌntrɪ] *s.*
He has seen many foreign countries.

Land *n*
Er hat viele fremde Länder gesehen.

foreign [ˈfɒrən] *adj.*
Janet could speak several foreign languages.
Welcome to our foreign guests!

fremd, ausländisch
J. konnte mehrere Fremdsprachen (sprechen).
Willkommen unseren ausländischen Gästen!

foreigner [ˈfɒrənə] *s.*
Is he a foreigner?

Ausländer(in *f*) *m*
Ist er Ausländer?

frontier [ˈfrʌntɪə] *s.*
We crossed the frontier.

Grenze *f*
Wir gingen über die Grenze.

govern [ˈgʌvən] *v/t.*
Who governs our country?

regieren
Wer regiert unser Land?

government [ˈgʌvənmənt] *s.*
Our government has been in
office for two years.

Regierung *f*
Unsere Regierung ist seit zwei
Jahren im Amt.

home [həʊm] *s.*
She is living in Germany, but
England is her home (country).

Heimat *f*
Sie lebt in Deutschland, aber
England ist ihre Heimat.

king [kɪŋ] *s.*
Long live the King!

König *m*
Lang lebe der König!

minister [ˈmɪnɪstə] *s.*
There are three new ministers
in the government.

Minister *m*
Es sind drei neue Minister in
der Regierung.

party [ˈpɑːtɪ] *s.*
Which party does he belong
to?

Partei *f*
Welcher Partei gehört er an?

political [pəˈlɪtɪkl] *adj.*
The political parties don't
agree.

politisch
Die politischen Parteien sind
sich nicht einig.

politics [ˈpɒlɪtɪks] *s. pl.*
She takes an active part in
politics.

Politik *f*
Sie nimmt aktiv an der Politik
teil.

president [ˈprezɪdənt] *s.*
Who is the new President of
this country?

Präsident *m*
Wer ist der neue Präsident dieses Landes?

prince [prɪns] *s.*
Will Prince Charles become
King?

Prinz *m*
Wird Prinz Ch. König werden?

prince [prɪns] *s.*
Rainier is Prince of Monaco.

Fürst *m*
Rainier ist Fürst von Monaco.

queen [kwiːn] *s.*
Elizabeth I was Queen of England.

Königin *f*
Elisabeth I. war Königin von
England.

«2001–4000»

agent [ˈeidʒənt] *s.*
He's a secret agent.

(Geheim)Agent(in *f*) *m*
Er ist ein Geheimagent.

border [ˈbɔːdə] *s.*
He has crossed the border.

Grenze *f*, **Grenzgebiet** *n*
Er hat die Grenze überquert.

council [ˈkaʊnsl] *s.*
The council of ministers meets regularly.

Rat *m* (*Gremium*)
Der Ministerrat trifft sich regelmäßig.

court [kɔːt] *s.*
The court has gone to Windsor.

(königlicher) Hof *m*
Der Hof ist in Windsor.

crown [kraʊn] *s.*
Small children imagine that a king always wears his crown.

Krone *f*
Kleine Kinder stellen sich vor, daß ein König immer seine Krone trägt.

elect [ɪˈlekt] *v/t.*
Reagan was elected President of the USA.

wählen
R. wurde zum Präsidenten der USA gewählt.

election [ɪˈlekʃn] *s.*
Do you know the election results?

Wahl *f*
Kennen Sie die Wahlergebnisse?

flag [flæg] *s.*
The national flag of the USA is called the Stars and Stripes.

Flagge *f*, **Fahne** *f*
Die Nationalflagge der USA wird Sternenbanner genannt.

follower [ˈfɒləʊə] *s.*
The politician has a large number of followers.

Anhänger(in *f*) *m*
Der Politiker hat eine große Anhängerzahl.

foreign [ˈfɒrən] *adj.*

Foreign trade has increased.

äußere(r, -s), Außen..., auswärtig

Der Außenhandel hat zugenommen.

freedom [ˈfriːdəm] *s.*
Freedom of speech and freedom of religion are important human rights.

Freiheit *f*
Redefreiheit und Religionsfreiheit sind wichtige Menschenrechte.

home *adj.*

The Home Secretary is at the head of the Home Office.

(*bes. Br.*) **innere(r, -s), Innen..., inländisch**
Der Innenminister steht an der Spitze des Innenministeriums.

independent [ˌɪndɪˈpendənt]
adj.
The region has become an independent nation.

unabhängig

Das Gebiet ist ein unabhängiger Staat geworden.

international [ˌɪntəˈnæʃənl] *adj.*
Mr Jones is a member of an international association of lawyers.

international

Herr J. ist Mitglied einer internationalen Juristenvereinigung.

kingdom [ˈkɪŋdəm] *s.*
The United Kingdom consists of Great Britain and Northern Ireland.

Königreich *n*

Das Vereinigte Königreich besteht aus Großbritannien und Nordirland.

liberty [ˈlɪbətɪ] *s.*
They fought for their liberty.

Freiheit *f*

Sie kämpften um ihre Freiheit.

nation [ˈneɪʃn] *s.*
There are rich and poor nations in the world.

Nation *f*, **Staat** *m*

Es gibt auf der Welt reiche und arme Nationen.

national [ˈnæʃənl] *adj.*
We visited the national park.

national, National...

Wir besuchten den Nationalpark.

national [ˈnæʃənl] *adj.*
Can I get this operation on the National Health Service?

staatlich

Bekomme ich diese Operation vom Staatlichen Gesundheitsdienst bezahlt?

native [ˈneɪtɪv] *adj.*

The native customs were unknown to them.
Peter is a native(-born) Englishman.

(ein)heimisch, gebürtig, Heimat...

Die (ein)heimischen Gebräuche waren ihnen unbekannt.
P. ist ein gebürtiger Engländer.

native [ˈneɪtɪv] *s.*

Is she a native of London?

Einheimische(r) *m*, **Einheimische** *f*

Ist sie gebürtige Londonerin?

parliament [ˈpɑːləmənt] *s.*
She was elected to Parliament.

Parlament *n*

Sie wurde ins Parlament gewählt.

people [ˈpiːpl] *s.*
The peoples of the world should live in peace.

Volk *n*

Die Völker der Welt sollten in Frieden leben.

politician [ˌpɒlɪˈtɪʃn] *s.*
He is one of the most popular politicians in his country.

Politiker(in *f***)** *m*

Er ist einer der populärsten Politiker in seinem Land.

princess [prɪnˈses] s.
She is a princess of royal blood.

Prinzessin f
Sie ist eine Prinzessin von königlichem Geblüt.

princess [prɪnˈses] s.
She became a princess.

Fürstin f
Sie wurde (eine) Fürstin.

reign [reɪn] v/i.
Queen Anne reigned from 1702 to 1714.

regieren (*Monarch*)
Königin Anne regierte von 1702 bis 1714.

reign [reɪn] s.
Queen Victoria's reign was very long.

Regierungszeit f, **Herrschaft** f
Die Regierungszeit der Königin Victoria war sehr lang.

representative [reprɪˈzentətɪv] s.
The new representative gave his first speech.

Abgeordnete(r) m, **Abgeordnete** f
Der neue Abgeordnete hielt seine erste Rede.

republic [rɪˈpʌblɪk] s.
Most of the world's countries are republics.

Republik f
Die meisten Länder der Erde sind Republiken.

revolution [revəˈluːʃn] s.
There was a revolution two years ago.

Revolution f
Vor zwei Jahren gab es eine Revolution.

royal [ˈrɔɪəl] adj.
We saw the royal family.

königlich
Wir sahen die königliche Familie.

rule [ruːl] vt/i.
He ruled (over) the country for 26 years.

regieren, herrschen (über)
Er herrschte 26 Jahre über das Land.

rule [ruːl] s.
The island is no longer under British rule.

Herrschaft f
Die Insel ist nicht mehr unter britischer Herrschaft.

ruler [ˈruːlə] s.
They loved their ruler.

Herrscher(in f**)** m
Sie liebten ihren Herrscher.

Secretary [ˈsekrətrɪ] s.
Who is the new Secretary of Labor? (*Am.*)

Minister m
Wer ist der neue Arbeitsminister?

Secretary of State [ˈsekrətrɪ əv ˈsteɪt] s.
The Secretary of State for Foreign Affairs [= Foreign Secretary] made an official visit to France.

(*Br.*) **Minister** m
Der Außenminister machte einen Staatsbesuch in Frankreich.

Secretary of State [ˈsekrətrɪ əv ˈsteɪt] *s.*

The American Secretary of State made an official visit to China.

(*Am.*) **Außenminister** *m*

Der amerikanische Außenminister machte einen Staatsbesuch in China.

---

speaker [ˈspiːkə] *s.*

I could not see the speaker.

Redner(in *f*) *m*

Ich konnte den Redner nicht sehen.

---

speech [spiːtʃ] *s.*

The minister gave a speech on economic problems.

Rede *f*

Der Minister hielt eine Rede über Wirtschaftsprobleme.

---

spy [spaɪ] *s.*

He was arrested as a spy.

Spion(in *f*) *m*

Er wurde als Spion verhaftet.

---

state [steɪt] *s.*

Alabama is one of the states of the USA.

Staat *m*

A. ist einer der Staaten der USA.

---

succeed [səkˈsiːd] *v/i.*

On the King's death his son succeeded (to the throne).

nachfolgen, kommen nach

Nach dem Tod des Königs folgte sein Sohn (auf dem Thron) nach.

---

trouble [ˈtrʌbl] *s.*

There was trouble in South Africa.

Unruhen *f/pl.*

Es herrschten Unruhen in Südafrika.

---

vote [vəʊt] *v/i.*

She's too young to vote.

wählen (*zur Wahl gehen*)

Sie ist zu jung zum Wählen.

---

vote [vəʊt] *v/i.*

I voted against him at the meeting.

stimmen

Ich stimmte auf der Versammlung gegen ihn.

---

vote [vəʊt] *v/t.*

Vote Labour!

wählen (*stimmen für*)

Wählt Labour!

---

vote [vəʊt] *v/i.*

Let's vote on it!

abstimmen

Stimmen wir darüber ab!

---

vote [vəʊt] *s.*

Give your vote to X X.

(Wähler)Stimme *f*

Geben Sie Ihre Stimme X X!

---

vote [vəʊt] *s.*

They demanded the vote for women.

Stimmrecht *n*

Sie forderten das Frauenstimmrecht.

---

vote [vəʊt] *s.*

They put the matter to the vote.

Abstimmung *f*

Sie stimmten über die Angelegenheit ab.

wing [wɪŋ] *s.*
She's on the right wing of the party.

Flügel *m (einer Partei)*
Sie gehört zum rechten Flügel der Partei.

1.4.1.2 KRIEG UND FRIEDEN

«1–2000»

battle [ˈbætl] *s.*
Lord Nelson won the Battle of Trafalgar.

Schlacht *f*
Lord Nelson gewann die Schlacht bei T.

enemy [ˈenəmɪ] *s.*
The enemy came from all sides.

Feind *m*
Der Feind kam von allen Seiten.

peace [piːs] *s.*
The two countries made peace.

Frieden *m*
Die beiden Länder schlossen Frieden.

soldier [ˈsəʊldʒə] *s.*
Robby is a soldier in the British Army.

Soldat *m*
R. ist Soldat in der britischen Armee.

war [wɔː] *s.*
The two countries are at war.

Krieg *m*
Die beiden Länder befinden sich im Krieg.

«2001–4000»

alarm [əˈlɑːm] *s.*
They gave the alarm.

Alarm *m*
Man gab Alarm.

arm [ɑːm] *v/t.*
The troops were armed with new weapons.

bewaffnen, ausrüsten
Die Truppen waren mit neuen Waffen ausgerüstet.

arms [ɑːmz] *s.*
Lay down your arms!

Waffen *f/pl.*
Leg(t) die Waffen nieder!

army [ˈɑːmɪ] *s.*
John is a soldier in the US Army.

Heer *n,* **Armee** *f*
J. ist Soldat bei der US-Armee.

attack [əˈtæk] *vt/i.*
The enemy attacked (us) early in the morning.

angreifen *(auch allgemein)*
Der Feind griff (uns) am frühen Morgen an.

attack [ə'tæk] s.
The attack began at 6.45 a.m.

Angriff m (auch allgemein)
Der Angriff begann morgens um 6 Uhr 45.

bomb [bɒm] s.
A bomb exploded in the Town Hall.

Bombe f
Im Rathaus explodierte eine Bombe.

camp [kæmp] s.
The soldiers built a camp.

Lager n
Die Soldaten bauten ein Lager.

conquer ['kɒŋkə] v/t.
The Normans conquered England in 1066.

erobern
Die Normannen eroberten England im Jahr 1066.

defeat [dɪ'fiːt] s.
Their army suffered a defeat.

Niederlage f
Ihre Armee erlitt eine Niederlage.

defeat [dɪ'fiːt] v/t.
The troops were defeated.

besiegen
Die Truppen wurden besiegt.

defen|ce, Am. **-se** [dɪ'fens] s.
The defence of the country broke down.

Verteidigung f
Die Verteidigung des Landes brach zusammen.

defend [dɪ'fend] v/t.
They defended themselves bravely against their enemies.

verteidigen (auch allgemein)
Sie verteidigten sich tapfer gegen ihre Feinde.

field [fiːld] s.
We saw the battlefields of the last war.

(Schlacht)Feld n
Wir sahen die Schlachtfelder des letzten Krieges.

fight [faɪt] v/i.
⚠ **fought** [fɔːt], **fought** [fɔːt]
The two countries fought against each other.

kämpfen

Die beiden Länder kämpften gegeneinander.

fight [faɪt] s.
The hard fight was over.

Kampf m, **Gefecht** n
Das schwere Gefecht war zu Ende.

flee [fliː] v/i.
⚠ **fled** [fled], **fled** [fled]
The soldiers fled in disorder.

fliehen

Die Soldaten flohen in wilder Unordnung.

flight [flaɪt] s.
The enemies were put to flight.

Flucht f
Die Feinde wurden in die Flucht geschlagen.

general [ˈdʒenərəl] *s.*
General Dwight D. Eisenhower was President of the USA.

General *m*
General D. D. Eisenhower war Präsident der USA.

glory [ˈglɔːrɪ] *s.*
He won great glory.

Ruhm *m*
Er erwarb sich großen Ruhm.

gun [gʌn] *s.*
The castle was destroyed by heavy guns.

Geschütz *n*, **Kanone** *f*
Das Schloß wurde von schweren Geschützen zerstört.

gun [gʌn] *s.*
He pointed his gun at the enemy.

Gewehr *n*
Er richtete sein Gewehr auf den Feind.

gun [gʌn] *s.*
Should the police carry guns?

Schußwaffe *f, auch* **Pistole** *f*
Sollte die Polizei Schußwaffen tragen?

hero [ˈhɪərəʊ] *s.*
pl. **heroes** [ˈhɪərəʊz]
He became the hero of the nation.

Held *m*

Er wurde der Held der Nation.

knight [naɪt] *s.*
King Arthur and the Knights of the Round Table were brave and honourable men.

Ritter *m*
König Artus und die Ritter der Tafelrunde waren tapfere und ehrenhafte Männer.

march [mɑːtʃ] *s.*
After a long march, the soldiers could take a rest.
The band played a march.

Marsch *m*
Nach einem langen Marsch konnten die Soldaten rasten.
Die Kapelle spielte einen Marsch.

march [mɑːtʃ] *v/i.*
They marched off at 7 a.m.

marschieren
Sie marschierten um 7 Uhr morgens ab.

military [ˈmɪlɪtərɪ] *adj.*
The military government forbids the carrying of weapons.

militärisch, Militär...
Die Militärregierung verbietet das Tragen von Waffen.

navy [ˈneɪvɪ] *s.*
Join the navy.

Marine *f*
Geh zur Marine!

occupation [ɒkjʊˈpeɪʃn] *s.*
The people offered little resistance to the enemy's occupation of their country.

Besetzung *f*
Das Volk leistete geringen Widerstand gegen die Besetzung seines Landes durch den Feind.

occupy [ˈɒkjʊpaɪ] *v/t.*
The town was occupied.

besetzen
Die Stadt wurde besetzt.

officer [ˈɒfɪsə] *s.*
Mr Percy is an officer in the Navy.

Offizier *m*
Herr P. ist Marineoffizier.

resistance [rɪˈzɪstəns] *s.*
The population offered (*oder* made) no resistance.

Widerstand *m*
Die Bevölkerung leistete keinen Widerstand.

staff [stɑːf] *s.*
The general and his staff worked out a clever plan.

Stab *m*
Der General und sein Stab arbeiteten einen klugen Plan aus.

storm [stɔːm] *v/t.*
The soldiers stormed the city.

stürmen
Die Soldaten stürmten die Stadt.

sword [sɔːd] *s.*
The knights drew their swords.

Schwert *n*
Die Ritter zogen die Schwerter.

troop [truːp] *s.*
The troops marched through the town.

Truppe *f*
Die Truppen marschierten durch die Stadt.

victory [ˈvɪktərɪ] *s.*
The army won a victory over the enemy.

Sieg *m*
Die Armee errang einen Sieg über den Gegner.

weapon [ˈwepən] *s.*
The weapons of modern war are terrible.

Waffe *f*
Die Waffen des modernen Krieges sind furchtbar.

1.4.2   KIRCHE UND RELIGION

«1–2000»

Christmas [ˈkrɪsməs] *s.*
The children got their Christmas presents.

Weihnachten *n*
Die Kinder bekamen ihre Weihnachtsgeschenke.

church [tʃɜːtʃ] *s.*
He rarely goes to church.

Kirche *f*, **Gottesdienst** *m*
Er geht selten in die Kirche.

Easter [ˈiːstə] *s.*
Easter falls very late this year.

Ostern *n*
Ostern ist in diesem Jahr sehr spät.

God [gɒd] *s.*
Thank God (that) they have come at last.

Gott *m*
Gott sei Dank sind sie endlich gekommen!

«2001–4000»

angel [ˈeɪndʒəl] *s.*
Angels are mostly represented with wings.

Engel *m*
Engel werden meistens mit Flügeln dargestellt.

---

believe [bɪˈliːv] *v/t.*
I can't believe it.

glauben
Ich kann es nicht glauben.

---

bell [bel] *s.*
All the church bells were ringing.

(Kirchen)Glocke *f*
Alle (Kirchen)Glocken läuteten.

Bible [ˈbaɪbl] *s.*
The Bible says ...

Bibel *f*
In der Bibel heißt es ...

---

blessing [ˈblesɪŋ] *s.*
The priest gave (them) the blessing.

Segen *m*
Der Priester gab (ihnen) den Segen.

Christian [ˈkrɪstjən] *s.*
Are you a good Christian?

Christ(in *f*) *m*
Sind Sie ein guter Christ?

Christian [ˈkrɪstjən] *adj.*
He is not a member of the Christian church.

christlich
Er gehört nicht der christlichen Kirche an.

---

conscience [ˈkɒnʃəns] *s.*
Robert had a clear conscience.

Gewissen *n*
R. hatte ein reines Gewissen.

---

devil [ˈdevl] *s.*
What the devil('s) happened here?

Teufel *m*
Was zum Teufel ist hier passiert?

---

faith [feɪθ] *s.*
He lost his faith as a young man.

Glauben *m*
Er verlor seinen Glauben als junger Mann.

---

ghost [gəʊst] *s.*
Ghosts usually appear at midnight.

Geist *m*, **Gespenst** *n*
Geister erscheinen gewöhnlich um Mitternacht.

---

goddess [ˈgɒdɪs] *s.*
Venus is the goddess of love.

Göttin *f*
Venus ist die Göttin der Liebe.

---

grace [greɪs] *s.*
By the grace of God they returned from the war.

Gnade *f*
Mit Gottes Hilfe (= *Durch die Gnade Gottes*) kamen sie aus dem Krieg zurück.

---

heaven [ˈhevn] *s.*
The ancients believed that their gods lived in heaven.

Himmel *m*
Die Alten glaubten, daß ihre Götter im Himmel lebten.

hell [hel] *s.*
Go to hell!

Hölle *f*
Zur Hölle mit dir!

holy [ˈhəʊlɪ] *adj.*
We read in the Holy Bible ...

heilig
Wir lesen in der Heiligen
Schrift (*oder* in der Bibel) ...

kneel [niːl] *v/i.*
⚠ **knelt** [nelt], **knelt** [nelt]
The priest knelt (down).

knien

Der Priester kniete nieder.

the Lord [lɔːd] *s.*
They said the Lord's prayer.

der **Herr, Gott** *m*
Sie sprachen das Vaterunser.

pray [preɪ] *v/i.*
He prayed [to God, for help].

beten
Er betete [zu Gott, um Hilfe].

prayer [preə] *s.*
She said a prayer.

Gebet *n*
Sie sprach ein Gebet.

priest [priːst] *s.*
Her son is going to be a priest.

Priester *m*
Ihr Sohn wird Priester.

religion [rɪˈlɪdʒən] *s.*
What does religion mean to
you?

Religion *f*
Was bedeutet Ihnen die Religion?

religious [rɪˈlɪdʒəs] *adj.*
He's responsible for religious
affairs.

religiös, Religions...
Er ist für religiöse Angelegenheiten zuständig.

religious [rɪˈlɪdʒəs] *adj.*
His mother was a deeply religious woman.

fromm, religiös
Seine Mutter war eine sehr
fromme Frau.

service [ˈsɜːvɪs] *s.*
(Religious) Service at 9 a.m.

Gottesdienst *m*
Gottesdienst um 9 Uhr morgens.

sin [sɪn] *s.*
Who is free from sin?

Sünde *f*
Wer ist frei von Sünde?

1.5 Umwelt

1.5.1 DORF UND STADT

«1–2000»

bridge [brɪdʒ] *s.*
They stood on the bridge
watching the boats.

Brücke *f*
Sie standen auf der Brücke und
betrachteten die Boote.

building [ˈbɪldɪŋ] *s.*
There are many new buildings in our street.

Gebäude *n*
In unserer Straße sind viele neue Gebäude.

castle [ˈkɑːsl] *s.*
We looked at the castle.

Schloß *n*
Wir sahen uns das Schloß an.

cent|re, *Am.* **-er** [ˈsentə] *s.*
X X Square is the centre of (the) town.

Zentrum *n*
Der X-X-Platz ist das Zentrum der Stadt.

church [tʃɜːtʃ] *s.*
The village has a beautiful church.

Kirche *f* (*Gebäude*)
Das Dorf hat eine schöne Kirche.

city [ˈsɪtɪ] *s.*
I like living in the city.

Stadt *f*
Ich lebe gern in der (Groß)Stadt.

country [ˈkʌntrɪ] *s.*
She did not like living in the country.

Land *n* (*im Gegensatz zur Stadt*)
Sie wohnte nicht gern auf dem Land.

farm [fɑːm] *s.*
Michael works on a farm.

(Bauern)Hof *m*
M. arbeitet auf einem Bauernhof.

hall [hɔːl] *s.*
They built a concert hall.

Halle *f*
Sie bauten eine Konzerthalle.

place [pleɪs] *s.*
This is a nice little place.

Ort *m*
Das ist ein netter, kleiner Ort.

road [rəʊd] *s.*
Is this the road to X?

(Land)Straße *f*
Ist das die Straße nach X?

school [skuːl] *s.*
The Queen visited the new school.

Schule *f*, **Schulhaus** *n*
Die Königin besuchte die neue Schule.

square [skweə] *s.*
We crossed Leicester Square.

Platz *m* (*öffentlicher*)
Wir überquerten den Leicester-Platz.

street [striːt] *s.*
Do you live in this street?

Straße *f* (*in der Stadt*)
Wohnst du in dieser Straße?

tower [ˈtaʊə] *s.*
We stood in front of a high tower.

Turm *m*
Wir standen vor einem hohen Turm.

town [taʊn] *s.*
My mother went to town.

Stadt *f*
Meine Mutter ging in die Stadt.

village [ˈvɪlɪdʒ] *s.*
This isn't a beautiful village.

Dorf *n*
Das ist kein schönes Dorf.

«2001–4000»

avenue [ˈævənjuː] s.
He went down the avenue.

Allee f
Er ging die Allee entlang.

capital [ˈkæpɪtl] s.
London is the capital of England.

Hauptstadt f
London ist die Hauptstadt von England.

cathedral [kəˈθiːdrəl] s.
Italy has many cathedrals.

Kathedrale f, **Dom** m
Italien hat viele Kathedralen.

city hall [ˌsɪtɪ ˈhɔːl] s.
They held a meeting in the city hall.

(Am.) **Rathaus** n
Sie hielten im Rathaus eine Versammlung ab.

cottage [ˈkɒtɪdʒ] s.
They are living in a simple cottage.

Häuschen n
Sie wohnen in einem einfachen Häuschen.

district [ˈdɪstrɪkt] s.
Our friends live in different districts of the town.

Bezirk m
Unsere Freunde wohnen in verschiedenen Bezirken der Stadt.

fountain [ˈfaʊntɪn] s.
That's a beautiful fountain.

(Spring)Brunnen m
Das ist ein schöner Brunnen.

grave [greɪv] s.
Many flowers were lying on his grave.

Grab n
Viele Blumen lagen auf seinem Grab.

hut [hʌt] s.
They spent the night in a miserable hut.

Hütte f
Sie verbrachten die Nacht in einer elenden Hütte.

local [ˈləʊkl] adj.
What is the local time in New York now?

örtlich, lokal, Orts...
Was ist jetzt die Ortszeit in New York?

mill [mɪl] s.
The farmers used to take their corn to the mill.

Mühle f
Die Bauern pflegten ihr Korn zur Mühle zu bringen.

monument [ˈmɒnjʊmənt] s.
They built a monument in honour of X X.

Denkmal n
Sie bauten ein Denkmal zu Ehren von X X.

nursery [ˈnɜːsərɪ] s.
The little boy was taken to a nursery.

Kindertagesstätte f
Der kleine Junge wurde in eine Kindertagesstätte gebracht.

pillar [ˈpɪlə] s.
The roof was supported by stone pillars.

Säule f
Das Dach ruhte auf Steinsäulen (= wurde von ... getragen).

population [pɒpjʊˈleɪʃn] s.
The population increased rapidly.

Bevölkerung f
Die Bevölkerung nahm rasch zu.

ruins [rʊɪnz] s. pl.
Just a few ruins are left of the castle.

Ruine(n pl.) f
Nur ein paar Ruinen sind von dem Schloß erhalten geblieben.

station [ˈsteɪʃn] s.
His wound was taken care of at the first-aid station.
The city has a TV-station.

Station f
Seine Wunde wurde auf der Sanitätsstation versorgt.
Die Stadt hat eine Fernsehstation.

surround [səˈraʊnd] v/t.
The house is surrounded by a park.

umgeben
Das Haus ist von einem Park umgeben.

surroundings [səˈraʊndɪŋz] s. pl.
We are looking for a flat in quiet surroundings.

Umgebung f

Wir suchen eine Wohnung in ruhiger Umgebung.

town hall [taʊn ˈhɔːl] s.
They visited the town hall.

(Br.) **Rathaus** n
Sie besichtigten das Rathaus.

zoo [zuː] s.
Let's go to the zoo.

Zoo m
Gehen wir in den Zoo!

1.5.2 LANDSCHAFT

«1–2000»

bank [bæŋk] s.
We walked along the banks of the Thames.

Ufer n
Wir gingen am Themseufer spazieren.

field [fiːld] s.
He is working in the fields.

Feld n
Er arbeitet auf dem Feld.

forest [ˈfɒrɪst] s.
They lived in the forest.

(großer) **Wald** m, **Forst** m
Sie lebten im Wald.

ground [graʊnd] s.
He fell to the ground.

(Erd)Boden m
Er fiel zu Boden.

hill [hɪl] s.
We had to go up the hill.

Hügel m
Wir mußten den Hügel hinaufgehen.

lake [leɪk] s.
There are many fish in the lake.

See m
Es gibt viele Fische in dem See.

mountain [ˈmaʊntɪn] s.
Are you going to the mountains this summer?

Berg m
Fahren Sie diesen Sommer ins Gebirge?

park [pɑːk] s.
The town has many parks.

Park m
Die Stadt hat viele Parks.

path [pɑːθ] s.
You must keep to the path.

Weg m, **Pfad** m
Du mußt auf dem Weg bleiben.

river [ˈrɪvə] s.
They were swimming in the river.

Fluß m, größer: **Strom** m
Sie schwammen im Fluß.

shore [ʃɔː] s.
We saw a ship some miles off shore.
She walked along the shore.

Küste f, **Ufer** n
Wir sahen ein Schiff ein paar Meilen vor der Küste.
Sie ging am Ufer entlang.

spring [sprɪŋ] s.
He drank the fresh spring water.

Quelle f
Er trank das frische Quellwasser.

top [tɒp] s.
Stephen arrived at the top of the mountain.

Gipfel m
S. kam auf dem Gipfel des Berges an.

valley [ˈvælɪ] s.
She came to a beautiful mountain valley.

Tal n
Sie kam in ein schönes Bergtal.

view [vjuː] s.
We had a fine view from our window.

Aussicht f
Von unserem Fenster aus hatten wir eine schöne Aussicht.

wood(s) [wʊd(z)] s. (pl. u. sg.)
They went for a walk in the wood(s).

Wald m
Sie gingen im Wald spazieren.

«2001–4000»

bay [beɪ] s.
There are often storms in the Bay of Biscay.

Bucht f, **Golf** m
Im Golf von Biscaya gibt es oft Stürme.

beach [biːtʃ] s.
We spent the morning on the beach.

Strand m
Wir verbrachten den Vormittag am Strand.

brook [brʊk] *s.*
The children crossed the brook with bare feet.

Bach *m*
Die Kinder durchquerten barfuß den Bach.

canal [kəˈnæl] *s.*
The ship passed through the Panama Canal.

(Schiffs)Kanal *m*
Das Schiff durchfuhr den Panamakanal.

cape [keɪp] *s.*
They sailed round the Cape of Good Hope.

Kap *n*
Sie umsegelten das Kap der Guten Hoffnung.

cave [keɪv] *s.*
Did you see the cave?

Höhle *f*
Haben Sie die Höhle gesehen?

cliff [klɪf] *s.*
He was happy to see the white cliffs of Dover again.

Klippe *f*, **Kliff** *n*
Er war glücklich, die Kreidefelsen (= *die weißen Klippen*) von Dover wiederzusehen.

coast [kəʊst] *s.*
Brighton is situated on the south coast of England.

Küste *f*
Brighton liegt an der Südküste von England.

current [ˈkʌrənt] *s.*
There is a strong current in the river.

Strömung *f*
Der Fluß hat eine starke Strömung.

desert [ˈdezət] *s.*
Africa has many deserts.

Wüste *f*
Afrika hat viele Wüstengebiete.

ditch [dɪtʃ] *s.*
They landed in the ditch.

Graben *m*
Sie landeten im Graben.

hole [həʊl] *s.*
The men dug a hole.

Loch *n*
Die Männer gruben ein Loch.

island [ˈaɪlənd] *s.*
We spent Easter on a Greek island.

Insel *f*
Wir verbrachten Ostern auf einer griechischen Insel.

meadow [ˈmedəʊ] *s.*
I picked some flowers in the meadow.

Wiese *f*
Ich pflückte Blumen auf der Wiese.

mountainous [ˈmaʊntɪnəs] *adj.*
The country is rather mountainous.

bergig, gebirgig, Gebirgs...
Das Land ist ziemlich bergig.

plain [pleɪn] *s.*
She looked down on the plain.

Ebene *f*, **Flachland** *n*
Sie schaute hinunter auf die Ebene.

pool [puːl] *s.*
There were a lot of fish in the pool.

Teich *m*
Im Teich gab es viele Fische.

region [ˈriːdʒən] *s.*
Austria has many mountainous regions.

Gegend *f*
Österreich hat viele Gebirgsgegenden.

rock [rɒk] *s.*
On the rock were the ruins of an old castle.

Fels(en) *m*
Auf dem Felsen waren die Ruinen einer alten Burg.

sand [sænd] *s.*
The children built castles in the sand (*oder* sandcastles).

Sand *m*
Die Kinder bauten Sandburgen.

slope [sləʊp] *s.*
He pushed the cart up the slope.

(Ab)Hang *m*
Er schob den Wagen den Hang hinauf.

soil [sɔɪl] *s.*
The soil is still wet from the rain.

(Erd)Boden *m*, **Erdreich** *n*
Der Erdboden ist noch naß vom Regen.

source [sɔːs] *s.*
We saw the source of the river.

Quelle *f*, **Ursprung** *m*
Wir sahen die Quelle des Flusses.

steep [stiːp] *adj.*
The road became very steep.

steil
Die Straße wurde sehr steil.

stone [stəʊn] *s.*
The house is built of stone.

Stein *m*
Das Haus ist aus Stein gebaut.

stream [striːm] *s.*
He always tries to swim against [with] the stream.

Strom *m* (= *Strömung*)
Er versucht immer, gegen den [mit dem] Strom zu schwimmen.

1.5.3   NATUR

1.5.3.1   *ALLGEMEINES*

«1–2000»

air [eə] *s.*
The air made me sleepy.

Luft *f*
Die Luft machte mich müde.

cool [kuːl] *adj.*
They enjoyed the cool air.

kühl
Sie genossen die kühle Luft.

fire [ˈfaɪə] *s.*
Paper easily catches fire.

Feuer *n*
Papier fängt leicht Feuer.

heat [hiːt] *s.*
What a heat!

Hitze *f*
Was für eine Hitze!

heat [hiːt] *s.*
The heat from the fire dried their clothes.

Wärme *f*
Die Wärme des Feuers trocknete ihre Kleider.

ice [aɪs] *s.*
My feet are as cold as ice.

Eis *n*
Meine Füße sind eiskalt.

light [laɪt] *s.*
The sun gives us light.

Licht *n*
Die Sonne gibt uns Licht.

natural [ˈnætʃrəl] *adj.*
It's natural to be hungry after a long walk.

natürlich, Natur...
Es ist natürlich, daß man nach einem langen Spaziergang Hunger hat.

nature [ˈneɪtʃə] *s.*
Nature is most beautiful in spring.

Natur *f*
Die Natur ist im Frühling am schönsten.

smoke [sməʊk] *s.*
Smoke rose from the factory chimneys.

Rauch *m*
Rauch stieg aus den Fabrikschornsteinen auf.

temperature [ˈtemprətʃə] *s.*
I don't feel well in such temperatures.

Temperatur *f*
Ich fühle mich bei solchen Temperaturen nicht wohl.

water [ˈwɔːtə] *s.*
Do not drink this water.

Wasser *n*
Trink nicht von diesem Wasser!

wave [weɪv] *s.*
The waves were very high yesterday.

Welle *f*
Die Wellen waren gestern sehr hoch.

«2001–4000»

acid [ˈæsɪd] *adj.*
Acid rain destroys the trees.

sauer
Der saure Regen zerstört die Bäume.

cold [kəʊld] *s.*
You cannot go out into the cold without a coat.

Kälte *f*
Du kannst nicht ohne Mantel in die Kälte hinausgehen.

element [ˈelɪmənt] *s.*
Earth, air, fire, and water were formerly called "the four elements".

Element *n*
Erde, Luft, Feuer und Wasser wurden früher „die vier Elemente" genannt.

flame [fleɪm] *s.*
The candle burnt with a quiet flame.

Flamme *f*
Die Kerze brannte mit ruhiger Flamme.

flood [flʌd] *s.*
A flood destroyed the village.

Flut *f*, **Hochwasser** *n*
Eine Flut zerstörte das Dorf.

gas [gæs] *s.*
pl. **gases** [ˈgæsɪz], *Am. auch*
gasses [ˈgæsɪz]
The air consists of several gases.

Gas *n*

Die Luft besteht aus verschiedenen Gasen.

growth [grəʊθ] *s.*
Those oak trees have now reached full growth.

Wachstum *n*
Diese Eichen haben nun ihr volles Wachstum erreicht.

liquid [ˈlɪkwɪd] *adj.*
The patient is only given liquid food.

flüssig
Der Kranke bekommt nur flüssige Nahrung.

liquid [ˈlɪkwɪd] *s.*
Water is a liquid.

Flüssigkeit *f*
Wasser ist eine Flüssigkeit.

melt [melt] *v/i.*
Butter melts easily.

schmelzen
Butter schmilzt leicht.

mud [mʌd] *s.*
The car got stuck in the mud.

Schlamm *m*
Das Auto blieb im Schlamm stecken.

shade [ʃeɪd] *s.*
They were sitting in the shade of an apple tree.

Schatten *m*
Sie saßen im Schatten eines Apfelbaumes.

shadow [ˈʃædəʊ] *s.*
His shadow followed him everywhere.

Schatten *m*
Sein Schatten folgte ihm überall(hin) *(auch fig.)*.

solid [ˈsɒlɪd] *adj.*
The patient can eat solid food again.

fest (= *nicht flüssig*)
Der Patient kann wieder feste Nahrung zu sich nehmen.

steam [stiːm] *s.*
Steam formed on the kitchen window.

Dampf *m*
Am Küchenfenster bildete sich Dampf.

1.5.3.2 TIERWELT

«1–2000»

animal ['ænɪml] *s.*
I like animals.

Tier *n*
Ich habe Tiere gern.

bird [bɜːd] *s.*
We heard the birds singing.

Vogel *m*
Wir hörten die Vögel singen.

cat [kæt] *s.*
Do you like cats?

Katze *f*
Magst du Katzen?

cattle ['kætl] *s. pl.*
The cowboys drove the cattle
to Kansas.

(Rind)Vieh *n*, **Rinder** *n/pl.*
Die Cowboys trieben das Vieh
nach Kansas.

cow [kaʊ] *s.*
A cow gives us milk.

Kuh *f*
Die Kuh gibt uns Milch.

dog [dɒg] *s.*
Our dog has run away.

Hund *m*
Unser Hund ist davongelaufen.

horse [hɔːs] *s.*
Can you ride a horse?

Pferd *n*
Kannst du (*auf einem Pferd*)
reiten?

ox [ɒks] *s.*
pl. **oxen** ['ɒksn]
The farmer has 2 oxen.

Ochse *m*

Der Bauer hat 2 Ochsen.

pig [pɪg] *s.*
He keeps five pigs.

Schwein *n*
Er hält fünf Schweine.

sheep [ʃiːp] *s.*
pl. **sheep** [ʃiːp]
Sheep are kept for their wool
and their meat.

Schaf *n*

Schafe werden wegen ihrer
Wolle und ihrem Fleisch gehalten.

tail [teɪl] *s.*
The dog has a very long tail.

Schwanz *m*
Der Hund hat einen sehr langen Schwanz.

wild [waɪld] *adj.*
Are you afraid of wild animals?

wild
Hast du Angst vor wilden Tieren?

«2001–4000»

bark [bɑːk] *v/i.*
Dogs that bark do not bite.

bellen
Hunde, die (laut) bellen, beißen nicht.

beast [biːst] *s.*
Donkeys are still used as beasts of burden in Southern Europe.

Tier *n*
Esel werden in Südeuropa noch als Lasttiere verwendet.

bee [biː] *s.*
I was stung by a bee.

Biene *f*
Eine Biene hat mich gestochen.

bite [baɪt] *v/t.*
⚠ **bit** [bɪt], **bitten** [ˈbɪtn]
A dog bit him in the leg.

beißen

Ein Hund biß ihn ins Bein.

breed [briːd] *v/t.*
⚠ **bred** [bred], **bred** [bred]
The farmer breeds cattle.

züchten

Der Bauer züchtet Vieh.

bull [bʊl] *s.*
The bull attacked the farmer's son.

Stier *m*
Der Stier ging auf den Sohn des Bauern los.

butterfly [ˈbʌtəflaɪ] *s.*
The butterfly has lovely wings.

Schmetterling *m*
Der Schmetterling hat wunderschöne Flügel.

calf [kɑːf] *s.*
pl. **calves** [kɑːvz]
The cow had two calves.

Kalb *n*

Die Kuh bekam zwei Kälber.

cock [kɒk] *s.*
Look at the cock and his hens.

Hahn *m*
Schau den Hahn an und seine Hennen!

creature [ˈkriːtʃə] *s.*

All animals and human beings are God's creatures.

Geschöpf *n*, **Kreatur** *f*, **(Lebe)Wesen** *n*
Alle Tiere und (alle) menschlichen Wesen sind Geschöpfe Gottes.

donkey [ˈdɒŋkɪ] *s.*
The donkey drew a small cart.

Esel *m*
Der Esel zog einen kleinen Wagen.

duck [dʌk] *s.*
Ducks were swimming on the lake.

Ente *f*
Enten schwammen auf dem See.

elephant [ˈelɪfənt] *s.*
An elephant was born in the zoo.

Elefant *m*
Im Zoo kam ein Elefant zur Welt.

feather [ˈfeðə] *s.*
She likes to wear a feather in her hat.

Feder *f*
Sie trägt gern eine Feder am Hut.

feed [fiːd] *v/t.*
⚠ **fed** [fed], **fed** [fed]
The farmer's wife fed the animals.

füttern

Die Bäuerin fütterte die Tiere.

fly [flaɪ] *s.*
There's a fly in my soup.

Fliege *f*
In meiner Suppe ist eine Fliege.

fox [fɒks] *s.*
I hate fox-hunting.

Fuchs *m*
Ich hasse Fuchsjagden.

fur [fɜː] *s.*
She got a fur coat for Christmas.

Pelz *m*
Sie bekam zu Weihnachten einen Pelzmantel.

game [geɪm] *s.*
There's not much game in these forests.

Wild *n*
Es gibt nicht viel Wild in diesen Wäldern.

goat [gəʊt] *s.*
The farmer has three goats.

Ziege *f*
Der Bauer hat drei Ziegen.

goose [guːs] *s.*
pl. **geese** [giːs]
We had roast goose for Christmas.

Gans *f*

Wir aßen zu Weihnachten Gänsebraten.

hen [hen] *s.*
The hen laid an egg.

Henne *f*
Die Henne hat ein Ei gelegt.

horn [hɔːn] *s.*
Cattle and goats have horns.

(Tier)Horn *n*
Rinder und Ziegen haben Hörner.

insect ['ɪnsekt] *s.*
We were all bitten by insects.

Insekt *n*
Wir wurden alle von Insekten gestochen.

kid [kɪd] *s.*
The goat has three kids.

Zicklein *n*
Die Ziege hat drei Zicklein.

lamb [læm] *s.*
Isn't that little lamb sweet?

Lamm *n*
Ist das Lämmchen nicht reizend?

lion ['laɪən] *s.*
The lions were roaring.

Löwe *m*
Die Löwen brüllten.

monkey ['mʌŋkɪ] *s.*
A monkey bit the keeper in the finger.

Affe *m*
Ein Affe biß den Wärter in den Finger.

mouse [maʊs] *s.*
pl. **mice** [maɪs]
I saw a mouse in our cellar.

Maus *f*

Ich sah eine Maus in unserem Keller.

nest [nest] *s.*
The bird is building its nest in a tree.

Nest *m*

Der Vogel baut sein Nest in einem Baum.

pet [pet] *s.*
Do you keep pets at home?

Haustier *n*

Halten Sie daheim Haustiere?

pigeon ['pɪdʒɪn] *s.*
His pigeons are his hobby.

Taube *f*

Seine Tauben sind sein Hobby.

poultry ['pəʊltrɪ] *s.*
She keeps poultry.

Geflügel *n*

Sie hält Geflügel.

rabbit ['ræbɪt] *s.*
The boy gave his rabbits some carrots.

Kaninchen *n*

Der Junge gab seinen Kaninchen (ein paar) Mohrrüben.

rat [ræt] *s.*
Rats are bigger than mice.

Ratte *f*

Ratten sind größer als Mäuse.

snake [sneɪk] *s.*
He was bitten by a snake.

Schlange *f*

Er wurde von einer Schlange gebissen.

swallow ['swɒləʊ] *s.*
Swallows built a nest under the roof.

Schwalbe *f*

Schwalben bauten unter dem Dach ein Nest.

tame [teɪm] *adj.*
The young lion is quite tame.

zahm

Der junge Löwe ist ganz zahm.

tiger ['taɪgə] *s.*
A tiger nearly escaped from the zoo.

Tiger *m*

Ein Tiger wäre fast aus dem Zoo ausgebrochen.

track [træk] *s.*
The hunters followed the lion's tracks.

(Fuß)Spur *f*, **Fährte** *f*

Die Jäger verfolgten die Spuren des Löwen.

turkey ['tɜːkɪ] *s.*
The family had turkey for dinner.

Truthahn *m*

Die Familie aß zum Abendessen Truthahn.

wing [wɪŋ] *s.*
The bird had an injured wing.

Flügel *m*

Der Vogel hatte einen verletzten Flügel.

wolf [wʊlf] *s.*
pl. **wolves** [wʊlvz]
The wolf is a member of the
dog family.

Wolf *m*

Der Wolf gehört zur Familie der
Hunde.

worm [wɜːm] *s.*
Our dog must have worms.

Wurm *m*

Unser Hund muß Würmer ha-
ben.

1.5.3.3 PFLANZENWELT

«1–2000»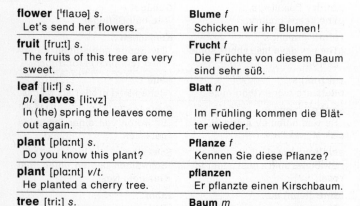

flower [ˈflaʊə] *s.*
Let's send her flowers.

Blume *f*
Schicken wir ihr Blumen!

fruit [fruːt] *s.*
The fruits of this tree are very
sweet.

Frucht *f*
Die Früchte von diesem Baum
sind sehr süß.

leaf [liːf] *s.*
pl. **leaves** [liːvz]
In (the) spring the leaves come
out again.

Blatt *n*

Im Frühling kommen die Blät-
ter wieder.

plant [plɑːnt] *s.*
Do you know this plant?

Pflanze *f*
Kennen Sie diese Pflanze?

plant [plɑːnt] *v/t.*
He planted a cherry tree.

pflanzen
Er pflanzte einen Kirschbaum.

tree [triː] *s.*
There are many old trees in the
park.

Baum *m*
In dem Park sind viele alte
Bäume.

«2001–4000»

bloom [bluːm] *s.*
The roses are in bloom.

Blüte *f*
Die Rosen stehen in Blüte.

blossom [ˈblɒsəm] *s.*
The apple-trees are in full blossom.

(Baum)Blüte *f*
Die Apfelbäume stehen in voller Blüte.

branch [brɑːntʃ] *s.*
The bird was sitting on a
branch.

Zweig *m*, **Ast** *m*
Der Vogel saß auf einem
Zweig.

corn [kɔːn] *s.*
We went through the corn fields.

(*Br.*) **Korn** *n*, **Getreide** *n*
Wir gingen durch die Kornfelder.

corn [kɔːn] *s.*
A great deal of corn [= *Br.* **maize**] is grown in the USA.

(*Am.*) **Mais** *m*
In den USA wird viel Mais angebaut.

crop [krɒp] *s.*
We had a poor potato crop this year.

Ernte *f*
Wir hatten dieses Jahr eine schlechte Kartoffelernte.

fade [feɪd] *v/i.*
The lovely flowers are (*oder* have) faded.

verwelken
Die hübschen Blumen sind verwelkt.

grass [grɑːs] *s.*
The cows are eating grass.

Gras *n*
Die Kühe fressen Gras.

grow [grəʊ] *v/t.*
△ **grew** [gruː], **grown** [grəʊn]
My uncle grows roses.

züchten

Mein Onkel züchtet Rosen.

maize [meɪz] *s.*
They had a good maize harvest this year.

(*Br.*) **Mais** *m*
In diesem Jahr gab es eine gute Maisernte.

oak (tree) [ˈəʊk (triː)] *s.*
Let's sit down under that oak (tree).

Eiche *f*
Setzen wir uns unter diese Eiche!

root [ruːt] *s.*
The tree has deep roots.

Wurzel *f*
Der Baum hat tiefe Wurzeln.

rose [rəʊz] *s.*
Frank gave his girlfriend roses.

Rose *f*
F. schenkte seiner Freundin Rosen.

seed [siːd] *s.*
I must buy some flower seeds.

Samen *m*
Ich muß Blumensamen kaufen.

sow [səʊ] *v/t.*
△ **sowed** [səʊd], **sown** [səʊn]
She sowed carrots in her garden.

säen

Sie säte Karotten in ihrem Garten.

trunk [trʌŋk] *s.*
I ate my sandwiches sitting on a tree-trunk.

Baumstumpf *m*
Ich aß meine Brote auf einem Baumstumpf (sitzend).

wheat [wiːt] *s.*
A great deal of wheat is grown in Canada.

Weizen *m*
In Kanada wird viel Weizen angebaut.

1.5.3.4 HIMMEL UND ERDE

«1–2000»

earth [ɜːθ] *s.*
The astronauts returned to the earth.

Erde *f*
Die Astronauten sind auf die Erde zurückgekehrt.

---

east [iːst] *s.*
The sun rises in the east.

Osten *n*
Die Sonne geht im Osten auf.

---

map [mæp] *s.*
Look at the map of Great Britain.

(Land)Karte *f*
Seht euch die Karte von Großbritannien an!

---

moon [muːn] *s.*
Do you see the moon?

Mond *m*
Siehst du den Mond?

---

north [nɔːθ] *s.*
The wind blew from the north.

Norden *m*
Der Wind wehte von Norden.

---

ocean [ˈəʊʃn] *s.*
The ship sailed the ocean.

Ozean *m*
Das Schiff fuhr über den Ozean.

---

sea [siː] *s.*
Her husband is at sea.

See *f*, **Meer** *n*
Ihr Mann ist auf See.

---

shine [ʃaɪn] *v/i.*
⚠ **shone** [ʃɒn], **shone** [ʃɒn]
The sun is shining today.

scheinen, leuchten

Heute scheint die Sonne.

---

sky [skaɪ] *s.*
There were many stars in the sky.

Himmel *m*
Es waren viele Sterne am Himmel.

---

south [saʊθ] *s.*
They travelled around the south of England.

Süden *m*
Sie bereisten den Süden Englands.

---

star [stɑː] *s.*
The stars were shining.

Stern *m*
Die Sterne leuchteten.

---

sun [sʌn] *s.*
This room never gets any sun.

Sonne *f*
In dieses Zimmer kommt nie die Sonne.

---

west [west] *s.*
The sun sets in the west.

Westen *m*
Die Sonne geht im Westen unter.

---

western [ˈwestən] *adj.*
He travelled in many western countries.

westlich, West...
Er bereiste viele westliche Länder.

«2001–4000»

---

continent [ˈkɒntɪnənt] s.
Africa was formerly called the "Dark Continent".

Kontinent m, **Festland** n
Afrika wurde früher der „Schwarze Kontinent" genannt.

---

eastern [ˈiːstən] adj.
Many eastern religions are now popular in the West.

östlich, Ost...
Viele östliche Religionen sind nun im Westen beliebt.

---

high tide [haɪ ˈtaɪd] s.
High tide is at 11.30 a.m. today.

Flut f
Flut ist heute um 11.30.

---

land [lænd] s.
Did you travel by land or by sea?

(festes) **Land** n
Sind Sie zu Lande oder auf dem Seeweg gereist?

---

low tide [ləʊ ˈtaɪd] s.
It was low tide.

Ebbe f
Es herrschte Ebbe.

---

northern [ˈnɔːðn] adj.
They live in the northern part of Canada.

nördlich, Nord...
Sie leben im nördlichen Teil von Kanada.

---

planet [ˈplænɪt] s.
The planets move round the sun.

Planet m
Die Planeten bewegen sich um die Sonne.

---

pole [pəʊl] s.
Who discovered the North Pole?

Pol m
Wer hat den Nordpol entdeckt?

---

ray [reɪ] s.
I enjoyed the first rays of the sun.

Strahl m
Ich genoß die ersten Sonnenstrahlen.

---

rise [raɪz] v/i.
⚠ **rose** [rəʊz], **risen** [ˈrɪzn]
The sun rises in the east.

aufgehen

Die Sonne geht im Osten auf.

---

set [set] v/i.
⚠ **set** [set], **set** [set]
The sun sets in the west.

untergehen

Die Sonne geht im Westen unter.

---

southern [ˈsʌðən] adj.
I like to spend my holidays in southern countries.

südlich, Süd...
Ich verbringe meinen Urlaub gern(e) in südlichen Ländern.

---

space [speɪs] s.
Men have travelled through space.

(Welt)Raum m
Die Menschen haben den Weltraum durchfahren.

sunrise [ˈsʌnraɪz] s.
We saw a wonderful sunrise.

Sonnenaufgang m
Wir sahen einen wundervollen
Sonnenaufgang.

sunset [ˈsʌnset] s.
The park is (oder remains)
open until sunset.

Sonnenuntergang m
Der Park ist bis Sonnenuntergang geöffnet.

tide [taɪd] s.
Strong tides made swimming
dangerous.

(Gezeiten)Strömung f, **Tide** f
Starke Gezeiten(strömungen)
machten das Schwimmen ge-
fährlich.

universe [ˈjuːnɪvɜːs] s.
Man tries to explore the universe.

Weltall n
Der Mensch versucht, das
Weltall zu erforschen.

world [wɜːld] s.
He went on a world tour.

Welt f
Er ging auf Weltreise.

1.5.4 WETTER UND KLIMA

«1–2000»

blow [bləʊ] v/i.
⚠ **blew** [bluː], **blown** [bləʊn]
The wind was blowing hard.

wehen, blasen

Der Wind wehte heftig.

cloud [klaʊd] s.
There wasn't a cloud in the sky.

Wolke f
Keine Wolke war am Himmel.

fog [fɒg] s.
We had a lot of fog last month.

Nebel m
Wir hatten letzten Monat viel
Nebel.

freeze [friːz] v/i.
⚠ **froze** [frəʊz], **frozen**
[ˈfrəʊzn]
It's freezing.
The man froze to death.

(ge)frieren

Es friert.
Der Mann erfror.

rain [reɪn] s.
It looks like rain.

Regen m
Es sieht nach Regen aus.

rain [reɪn] vt/i.
It's raining (cats and dogs).

regnen
Es regnet (in Strömen).

shower [ˈʃaʊə] s.
We were caught in a shower.

(Regen)Schauer m
Wir gerieten in einen Regen-
schauer.

snow [snəʊ] *s.* We had a lot of snow last winter.	**Schnee** *m* Letzten Winter hatten wir viel Schnee.
snow [snəʊ] *v/i.* It's snowing outside.	**schneien** Draußen schneit es.
storm [stɔːm] *s.* They got into a storm.	**Sturm** *m* Sie kamen in einen Sturm.
weather ['weðə] *s.* The weather's bad today.	**Wetter** *n* Heute ist schlechtes Wetter.
wind [wɪnd] *s.* There was a strong wind blowing.	**Wind** *m* Es wehte ein starker Wind.

«2001–4000»

arise [ə'raɪz] *v/i.* ⚠ **arose** [ə'rəʊz], **arisen** [ə'rɪzn] A strong wind arose.	**aufkommen** (*Wind etc.*) Ein starker Wind kam auf.
burst [bɜːst] *v/i.* ⚠ **burst** [bɜːst], **burst** [bɜːst] When the storm burst they ran home.	**losbrechen** Als der Sturm losbrach, rannten sie nach Hause.
climate ['klaɪmɪt] *s.* Europeans can't live in such a climate.	**Klima** *n* Europäer können in einem solchen Klima nicht leben.
dull [dʌl] *adj.* The weather is dull today.	**trüb(e)** Heute ist trübes Wetter.
flash [flæʃ] *s.* There was a flash of lightning.	**Blitz(strahl)** *m* Es blitzte (= *gab einen Blitzstrahl*).
frost [frɒst] *s.* We had a hard frost last night.	**Frost** *m* Wir hatten letzte Nacht strengen Frost.
lightning ['laɪtnɪŋ] *s.* A man was struck [killed] by lightning.	**Blitz** *m* Ein Mann wurde vom Blitz getroffen [erschlagen].
mist [mɪst] *s.* The sun came out and the mist disappeared.	**(feiner) Nebel** *m* Die Sonne kam heraus, und der Nebel verschwand.

rainy ['reɪnɪ] *adj.*
What can we do on a rainy day like this?

regnerisch, Regen...
Was können wir an so einem Regentag tun?

sunny ['sʌnɪ] *adj.*
It was a warm and sunny day.

sonnig
Es war ein warmer, sonniger Tag.

sunshine ['sʌnʃaɪn] *s.*
We had 50 hours of sunshine last week.

Sonnenschein *m*
Wir hatten letzte Woche 50 Stunden Sonnenschein.

thunder ['θʌndə] *s.*
The lightning was followed by a loud crash of thunder.

Donner *m*
Dem Blitz folgte ein lauter Donner(schlag).

thunderstorm ['θʌndəstɔːm] *s.*
The children were caught in a thunderstorm.

Gewitter *n*
Die Kinder gerieten in ein Gewitter.

1.6 Technik und Materialien

1.6.1 TECHNIK

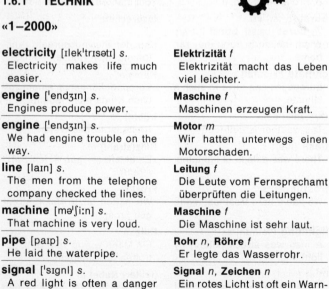

«1–2000»

electricity [ɪlek'trɪsətɪ] *s.*
Electricity makes life much easier.

Elektrizität *f*
Elektrizität macht das Leben viel leichter.

engine ['endʒɪn] *s.*
Engines produce power.

Maschine *f*
Maschinen erzeugen Kraft.

engine ['endʒɪn] *s.*
We had engine trouble on the way.

Motor *m*
Wir hatten unterwegs einen Motorschaden.

line [laɪn] *s.*
The men from the telephone company checked the lines.

Leitung *f*
Die Leute vom Fernsprechamt überprüften die Leitungen.

machine [mə'ʃiːn] *s.*
That machine is very loud.

Maschine *f*
Die Maschine ist sehr laut.

pipe [paɪp] *s.*
He laid the waterpipe.

Rohr *n*, **Röhre** *f*
Er legte das Wasserrohr.

signal ['sɪgnl] *s.*
A red light is often a danger signal.

Signal *n*, **Zeichen** *n*
Ein rotes Licht ist oft ein Warnsignal.

spring [sprɪŋ] s.
The spring of my watch is broken.

Feder f
Die Feder meiner Uhr ist gebrochen.

«2001–4000»

bar [bɑ:] s.
He opened the chest with an iron bar.

Stange f
Er öffnete die Kiste mit einer Eisenstange.

board [bɔ:d] s.
A board is a long flat piece of wood.

Brett n
Ein Brett ist ein langes, flaches Stück Holz.

cable [ˈkeɪbl] s.
Cable television is being introduced in some areas.

Kabel n
In einigen Gegenden wird Kabelfernsehen eingeführt.

computer [kəmˈpjuːtə] s.
We have a new computer in our office.

Computer m
Wir haben einen neuen Computer in unserem Büro.

construct [kənˈstrʌkt] v/t.
New buildings were constructed.

bauen, konstruieren
Neue Gebäude wurden errichtet.

contact [ˈkɒntækt] s.
Don't come into contact with the electric cable.

Kontakt m, **Berührung** f
Komm nicht mit dem elektrischen Kabel in Berührung!

current [ˈkʌrənt] s.
The electric current passed through the wire.

(*elektrischer*) **Strom** m
Der elektrische Strom floß durch den Draht.

electric [ɪˈlektrɪk] adj.
Don't touch that wire. You'll get an electric shock.

elektrisch
Rühr diesen Draht nicht an! Du bekommst einen elektrischen Schlag.

energy [ˈenədʒɪ] s.
The machine saves a great deal of energy.

Energie f
Die Maschine spart viel Energie.

engineering [endʒɪˈnɪərɪŋ] s.
The new bridge is a triumph of engineering.

Technik f
Die neue Brücke ist ein Triumph der Technik.

jet [dʒet] s.
The gardener directed a jet of water at the roses.

Strahl m
Der Gärtner richtete einen Wasserstrahl auf die Rosen.

model ['mɒdl] s.
He always buys the latest model in cars.

Modell n
Er kauft immer das neueste Automodell.

motor ['məʊtə] s.
The boat has a powerful motor.

Motor m
Das Boot hat einen kräftigen Motor.

operate ['ɒpəreɪt] v/t.
Can you operate such a machine?

(*Maschine*) **bedienen**
Können Sie eine solche Maschine bedienen?

post [pəʊst] s.
The gatepost is loose.

Pfosten m
Der Torpfosten ist locker.

pressure ['preʃə] s.
You mustn't apply so much pressure.

Druck m
Du darfst nicht so viel Druck anwenden.

pump [pʌmp] s.
Our heart is a natural pump.

Pumpe f
Unser Herz ist eine natürliche Pumpe.

rust [rʌst] s.
Rust had eaten away the paint.

Rost m
Rost hatte die Farbe aufgefressen.

scale [skeɪl] s.
The thermometer scale shows ...

(**Meß**)**Skala** f
Die Thermometerskala zeigt ...

structure ['strʌktʃə] s.
The structure of this machine is complicated.

(**Auf**)**Bau** m, **Struktur** f
Der Bau dieser Maschine ist kompliziert.

structure ['strʌktʃə] s.
The temple is a fine marble structure.

Bau(werk n) m
Der Tempel ist ein schöner Marmorbau.

switch [swɪtʃ] s.
Turn the switch on, please.

Schalter m
Dreh bitte den Schalter an.

tube [tjuːb] s.
Glass tubes are used for blood tests.

Rohr n, **Röhre** f
Glasröhrchen werden für Blutproben verwendet.

wire ['waɪə] s.
A wire fence surrounded the meadow.

Draht m
Ein Drahtzaun umgab die Wiese.

work [wɜːk] v/i.
The engine isn't working properly.

funktionieren
Der Motor funktioniert nicht richtig.

1.6.2 MATERIALIEN

«1–2000»

coal [kəʊl] *s.* We heat with coal.	**Kohle** *f* Wir heizen mit Kohle(n).
dry [draɪ] *adj.* Put on some dry clothes.	**trocken** Zieh trockene Kleider an!
from [frɒm] *prep.* Paper is made from wood.	**aus** Papier wird aus Holz gemacht.
gold [gəʊld] *s.* The ring is made of gold. Hilda wore a gold watch.	**Gold** *n* Der Ring ist aus Gold. H. trug eine goldene Uhr.
hard [hɑ:d] *adj.* These cakes are as hard as rocks.	**hart** Diese Kuchen sind steinhart.
metal [ˈmetl] *s.* Gold and silver are metals.	**Metall** *n* Gold und Silber sind Metalle.
of [ɒv; əv] *prep.* The house is built of stone.	**aus** Das Haus ist aus Stein gebaut.
oil [ɔɪl] *s.* Put some more oil in the salad.	**Öl** *n* Gib noch etwas Öl in den Salat.
paper [ˈpeɪpə] *s.* I took a fresh sheet of paper.	**Papier** *n* Ich nahm ein frisches Blatt Papier.
powder [ˈpaʊdə] *s.* The cook made the cake with baking powder.	**Pulver** *n* Die Köchin backte den Kuchen mit Backpulver.
real [rɪəl] *adj.* Is this ring real gold?	**echt** Ist dieser Ring echt Gold?
silver [ˈsɪlvə] *s.* They ate with silver spoons.	**Silber** *n* Sie aßen mit Silberlöffeln.
smooth [smu:ð] *adj.* Her silk dress felt very smooth.	**glatt** Ihr Seidenkleid fühlte sich sehr glatt an.
soft [sɒft] *adj.* I like a soft pillow.	**weich** Ich mag ein weiches Kopfkissen.
wet [wet] *adj.* Her pillow was wet with tears.	**naß** Ihr Kopfkissen war tränennaß.

wood [wʊd] *s.*
Put some wood on the fire.

Holz *n*
Leg etwas Holz aufs Feuer!

wooden [ˈwʊdn] *adj.*
We ate from wooden plates.

hölzern, Holz...
Wir aßen von Holztellern.

wool [wʊl] *s.*
This wool comes from Scotland.

Wolle *f*
Diese Wolle kommt aus Schottland.

woollen [ˈwʊlən] *adj.*
He wore a woollen coat.

wollen, Woll...
Er trug einen Wollmantel.

«2001–4000»

brick [brɪk] *s.*
The house is built of red brick.

Ziegelstein *m*
Das Haus ist aus Backstein (= *rotem Ziegelstein*) gebaut.

cloth [klɒθ] *s.*
The cloth of that suit is very good.

Stoff *m*, **Tuch** *n*
Der Stoff dieses Anzugs ist sehr gut.

copper [ˈkɒpə] *s.*
The kettle is made of copper.

Kupfer *n*
Der Kessel ist aus Kupfer.

cork [kɔːk] *s.*
Cork is the outer bark of the cork oak.

Kork *m*
Kork ist die äußere Rinde der Korkeiche.

cotton [ˈkɒtn] *s.*
Cotton is grown in warm areas.

Baumwolle *f*
Baumwolle wird in warmen Gebieten angebaut.

dissolve [dɪˈzɒlv] *v/t.*
Dissolve this powder in a glass of water.

auflösen
Lösen Sie dieses Pulver in einem Glas Wasser auf.

dissolve [dɪˈzɒlv] *v/i.*
The tablets quickly dissolved.

sich auflösen, zergehen
Die Tabletten lösten sich schnell auf.

golden [ˈgəʊldən] *adj.*
The woman wore a golden bracelet.

golden, Gold...
Die Frau trug ein goldenes Armband.

iron [ˈaɪən] *s.*
The park benches were made of iron.

Eisen *n*
Die Bänke im Park waren aus Eisen.

lead [led] *s.*
Lead is a heavy metal that melts easily.

Blei *n*
Blei ist ein schweres Metall, das leicht schmilzt.

leather [ˈleðə] *s.*
His trousers were made of leather.

Leder *n*
Seine Hose war aus Leder.

material [məˈtɪərɪəl] *s.*
Building materials cost a lot of money today.
We buy raw materials from all over the world.

Material *n*, **Stoff** *m*
Baumaterialien kosten heute eine Menge Geld.
Wir kaufen aus der ganzen Welt Rohstoffe ein.

mix [mɪks] *v/t.*
I mixed the flour with sugar and milk.

(ver)mischen
Ich mischte das Mehl mit Zucker und Milch.

mixture [ˈmɪkstʃə] *s.*
He smokes a very expensive tobacco mixture.

Mischung *f*, **Gemisch** *n*
Er raucht eine sehr teure Tabakmischung.

plastic [ˈplæstɪk] *s.*
I don't like plastic cups.

Plastik *n*, **Kunststoff** *m*
Ich mag keine Plastikbecher.

rubber [ˈrʌbə] *s.*
They wore rubber boots.

Gummi *n, m*
Sie trugen Gummistiefel.

silk [sɪlk] *s.*
I sewed the dress with silk thread.

Seide *f*
Ich nähte das Kleid mit Nähseide (= *Seidenfaden*).

solid [ˈsɒlɪd] *adj.*
They built a solid wall of stones.

fest, stabil
Sie bauten eine feste Steinmauer.

solid [ˈsɒlɪd] *adj.*
The bracelet was of solid gold.

massiv
Das Armband war aus massivem Gold.

steel [stiːl] *s.*
Plastic material is used for these tools instead of steel.

Stahl *m*
Kunststoff wird statt Stahl für diese Werkzeuge verwendet.

straw [strɔː] *s.*
This is a lovely straw bag.

Stroh *n*
Das ist eine niedliche Strohtasche.

stuff [stʌf] *s.*
What stuff is this cup made of?

Stoff *m*
Woraus (= *Aus welchem Stoff*) ist dieser Becher gemacht?

stuff [stʌf] *s.*
Don't drink that stuff.

(F) „**Zeug(s)**" *n*
Trink nicht von dem „Zeug(s)"!

substance [ˈsʌbstəns] *s.*
Salt is a substance that dissolves in water.

Substanz *f*, **Masse** *f*
Salz ist eine Substanz, die sich in Wasser auflöst.

1.7 Essen und Trinken

1.7.1 ALLGEMEINES

«1–2000»

breakfast ['brekfəst] *s.*
Do you want tea or coffee for breakfast?

Frühstück *n*
Willst du zum Frühstück Tee oder Kaffee?

dinner ['dɪnə] *s.*
Dinner is ready.

Essen *n*
Das Essen ist fertig.

dinner ['dɪnə] *s.*
They invited us to dinner.

Abendessen *n*
Sie luden uns zum Abendessen ein.

dish [dɪʃ] *s.*
Hot dishes are served until 10 p.m.

Gericht *n*, **Speise** *f*
Warme Gerichte werden bis 10 Uhr abends serviert.

drink [drɪŋk] *vt/i.*
⚠ **drank** [dræŋk], **drunk** [drʌŋk]
He drinks too much (wine).

trinken

Er trinkt zuviel (Wein).

eat [iːt] *v/t.*
⚠ **ate** [et], **eaten** ['iːtn]
Don't eat so much!

essen

Iß nicht soviel!

food [fuːd] *s.*
We should eat more natural food.

Nahrung *f*, **Kost** *f*
Wir sollten natürlichere Nahrung zu uns nehmen.

food [fuːd] *s.*
They serve good food here.

Essen *n*
Das Essen hier ist gut.

hunger ['hʌŋgə] *s.*
They nearly died of hunger.

Hunger *m*
Sie starben fast vor Hunger.

hungry ['hʌŋgrɪ] *adj.*
We were very hungry.

hungrig
Wir hatten großen Hunger.

meal [miːl] *s.*
That was a delicious meal!
My dog gets one meal a day.

Mahl(zeit *f*) *n*, **Essen** *n*
Das war ein köstliches Essen!
Mein Hund bekommt täglich eine Mahlzeit.

thirst [θɜːst] *s.*
Thirst is worse than hunger.

Durst *m*
Durst ist schlimmer als Hunger.

thirsty ['θɜːstɪ] *adj.*
The children were thirsty.

durstig
Die Kinder hatten Durst.

«2001–4000»

appetite [ˈæpɪtaɪt] *s.* I have no appetite today.	**Appetit** *m* Ich habe heute keinen Appetit.
flavour [ˈfleɪvə] *s.* I like the flavour of this ice cream.	**Geschmack** *m*, **Aroma** *n* Ich mag den Geschmack von diesem Eis.
I could do with [aɪ kʊd ˈduː wɪð] I could do with a whisk(e)y now.	**ich könnte (ge)brauchen** Jetzt könnte ich einen Whisky (ge)brauchen.
lunch [lʌntʃ] *s.* They had (a quick) lunch in the city.	**Mittagessen** *n* Sie aßen (rasch etwas) in der Stadt zu Mittag.
snack [snæk] *s.* We had a snack and went on.	**Imbiß** *m* Wir nahmen einen Imbiß zu uns und gingen weiter.
supper [ˈsʌpə] *s.* We had supper after the theatre.	**(spätes) Abendessen** Nach dem Theater aßen wir zu Abend.
swallow [ˈswɒləʊ] *v/t.* You must swallow the pill.	**schlucken** Du mußt die Pille schlucken.

1.7.2   LEBENSMITTEL

1.7.2.1 ALLGEMEINES

«1–2000»

bitter [ˈbɪtə] *adj.* Black coffee has a bitter taste.	**bitter** Schwarzer Kaffee hat einen bitteren Geschmack.
bread [bred] *s.* We must buy some bread.	**Brot** *n* Wir müssen Brot kaufen.
butter [ˈbʌtə] *s.* Butter is made from milk.	**Butter** *f* Butter wird aus Milch gemacht.
cake [keɪk] *s.* She made us a cake.	**Kuchen** *m* Sie backte einen Kuchen für uns.
can [kæn] *s.* She opened a can of peaches.	*(Am.)* **(Konserven)Dose** *f*, *(-)* **Büchse** *f* Sie öffnete eine Dose Pfirsiche.

cheese [tʃiːz] s.
He ate a cheese sandwich.

Käse m
Er aß ein Käsebrot.

chocolate [ˈtʃɒkəlɪt] s.
She likes to eat chocolate.

Schokolade f
Sie ißt gern(e) Schokolade.

cream [kriːm] s.
Do you take cream in your coffee?

Sahne f, **Rahm** m
Nehmen Sie Sahne zum Kaffee?

cream [kriːm] s.
We filled the cake with chocolate cream.

Creme(speise) f
Wir füllten den Kuchen mit Schokoladencreme.

egg [eg] s.
I ate two hard-boiled [soft-boiled] eggs.

Ei n
Ich aß zwei hartgekochte [weichgekochte] Eier.

ice cream [aɪs ˈkriːm] s.
Don't eat so much ice cream.

(Sahne)Eis n
Iß nicht so viel Eis!

jam [dʒæm] s.
Strawberry jam is rather sweet.

Konfitüre f, **Marmelade** f
Erdbeerkonfitüre ist ziemlich süß.

milk [mɪlk] s.
Has the baby had its milk?

Milch f
Hat das Baby seine Milch bekommen?

potato [pəˈteɪtəʊ] s.
pl. **-oes** [-təʊz]
I took some more potatoes.

Kartoffel f

Ich nahm mir noch ein paar Kartoffeln.

rice [raɪs] s.
They eat a lot of rice in Asia.

Reis m
Man ißt viel Reis in Asien.

roll [rəʊl] s.
We had some cheese rolls.

Brötchen n, **Semmel** f
Wir aßen Käsebrötchen.

salt [sɔːlt] s.
Put more salt in the soup.

Salz n
Tu mehr Salz in die Suppe!

soup [suːp] s.
They had vegetable soup.

Suppe f
Sie aßen Gemüsesuppe.

sour [ˈsaʊə] adj.
These apples are rather sour.

sauer
Diese Äpfel sind ziemlich sauer.

sweet [swiːt] adj.
The cherries are sweet.

süß
Die Kirschen sind süß.

sweets [swiːts] s. pl.
Sweets are not good for the teeth.

Süßigkeiten f/pl.
Süßigkeiten sind nicht gut für die Zähne.

tin [tɪn] *s.*

She opened a tin of vegetables.

(*Br.*) **(Konserven)Dose** *f*, **(-)Büchse** *f*

Sie öffnete eine Dose Gemüse.

«2001-4000»

chips [tʃɪps] *s. pl.*
"Fish and chips" are very popular in Britain.

(*Br.*) **Pommes frites** *pl.*
,,Fish and Chips" sind in Großbritannien sehr beliebt.

fat [fæt] *s.*
There is a lot of fat on this pork.

Fett *n*
An diesem Schweinefleisch ist viel Fett.

flour [ˈflaʊə] *s.*
Add half a pound of flour.

Mehl *n*
Geben Sie ein halbes Pfund Mehl dazu!

French fries [frentʃ ˈfraɪz] *s. pl.*
The children ate French fries and chicken.

(*Am.*) **Pommes frites** *pl.*
Die Kinder aßen Pommes frites und Hühnchen.

honey [ˈhʌnɪ] *s.*
Honey is said to be better for one's health than sugar.

Honig *m*
Honig soll besser für die Gesundheit sein als Zucker.

ice [aɪs] *s.*
Water ice is made from fruit juice.

(Speise)Eis *n*
Wassereis wird aus Fruchtsaft gemacht.

pastry [ˈpeɪstrɪ] *s.*
Which pastry would you like?

I bought some pastries for the children.

Gebäcksorte *f*
Welche Gebäcksorte möchten Sie (haben)?

Ich kaufte Gebäck (= *Backwaren*) für die Kinder.

pepper [ˈpepə] *s.*
This salad has too much pepper.

Pfeffer *m*
An diesem Salat ist zuviel Pfeffer.

pie [paɪ] *s.*
The English like meat pies.

Pastete *f*
Die Engländer essen gerne Fleischpasteten.

provisions [prəˈvɪʒnz] *s. pl.*
They buy their provisions in the department store.

Vorräte *m/pl.*
Sie kaufen ihre Vorräte im Warenhaus.

salad [ˈsæləd] *s.*
Do you like my (green) salad?

Salat *m*
Schmeckt Ihnen mein (grüner) Salat?

sugar [ˈʃʊgə] s.
How much sugar do you take?

Zucker m
Wieviel Zucker nehmen Sie?

1.7.2.2 FLEISCH UND FISCH

«1–2000»

beef [biːf] s.	**Rind(fleisch)** n
chicken [ˈtʃɪkɪn] s.	**Hähnchen** n
chicken [ˈtʃɪkɪn] s.	**Huhn** n
fish [fɪʃ] s.	**Fisch** m
pl. **fish** [fɪʃ], **fishes** [ˈfɪʃɪs]	
meat [miːt] s.	**Fleisch** n
pork [pɔːk] s.	**Schwein(efleisch)** n
sausage [ˈsɒsɪdʒ] s.	**Wurst** f
sausage [ˈsɒsɪdʒ] s.	**Würstchen** n

«2001–4000»

bacon [ˈbeɪkən] s.	**Speck** m
ham [hæm] s.	**Schinken** m
lamb [læm] s.	**Lamm(fleisch)** n
mutton [ˈmʌtn] s.	**Hammel(fleisch** n) m
steak [steɪk] s.	**Steak** n
veal [viːl] s.	**Kalb(fleisch)** n
venison [ˈvenzn] s.	**Wild(bret)** n

fat [fæt] adj.
She cannot eat fat meat.

fett
Sie kann kein fettes Fleisch essen.

lean [liːn] adj.
Lean meat contains little or no fat.

mager
Mageres Fleisch enthält wenig oder gar kein Fett.

raw [rɔː] adj.
Dogs like to eat raw meat.

roh
Hunde fressen gern(e) rohes Fleisch.

tender ['tendə] *adj.*
The steak was really tender.

zart (= *nicht zäh*)
Das Steak war wirklich zart.

tough [tʌf] *adj.*
This beef is tough.

zäh
Dieses Rindfleisch ist zäh.

1.7.2.3 OBST UND GEMÜSE

«1–2000»

fruit [fruːt] *s.*
Do you like fruit?

Obst *n*
Mögen Sie Obst?

vegetables ['vedʒtəblz] *s. pl.*
Eat more vegetables.

Gemüse *n*
Eßt mehr Gemüse!

apple ['æpl] *s.*	**Apfel** *m*
cherry ['tʃerɪ] *s.*	**Kirsche** *f*
nut [nʌt] *s.*	**Nuß** *f*
orange ['ɒrɪndʒ] *s.*	**Orange** *f*, **Apfelsine** *f*
pear [peə] *s.*	**Birne** *f*

«2001–4000»

fruit:

banana [bə'nɑːnə] *s.*	**Banane** *f*
berry ['berɪ] *s.*	**Beere** *f*
grape [greɪp] *s.*	**Traube** *f*
lemon ['lemən] *s.*	**Zitrone** *f*
strawberry ['strɔːbərɪ] *s.*	**Erdbeere** *f*

vegetables:

bean [biːn] *s.*	**Bohne** *f*
cabbage ['kæbɪdʒ] *s.*	**Kohl** *m*, **Kraut** *n*
carrot ['kærət] *s.*	**Möhre** *f*, **Mohrrübe** *f*

lettuce [ˈletɪs] s.	**Kopfsalat** m
pea [piː] s.	**Erbse** f
tomato [təˈmɑːtəʊ] s. pl. **-oes** [-təʊz]	**Tomate** f

ripe [raɪp] adj.
These apples are not ripe.

reif
Diese Äpfel sind nicht reif.

1.7.2.4 GETRÄNKE

«1–2000»

beer [bɪə] s.	**Bier** n
coffee [ˈkɒfɪ] s.	**Kaffee** m
tea [tiː] s.	**Tee** m
wine [waɪn] s.	**Wein** m

bottle [ˈbɒtl] s.
We drank a bottle of wine together.

Flasche f
Wir tranken zusammen eine Flasche Wein.

drink [drɪŋk] s.
They served some drinks.
Let's have a drink.

Getränk n, **Drink** m
Man servierte Getränke.
Trinken wir (et)was!

drop [drɒp] s.
There wasn't a drop of beer in the house.

Tropfen m
Kein Tropfen Bier war im Haus.

«2001–4000»

hard drinks [hɑːd ˈdrɪŋks] s. pl.	**harte Getränke** n/pl.
long drinks [ˈlɒŋ drɪŋks] s. pl.	**Longdrinks** m/pl. (wenig Alkohol enthaltende Mixgetränke)
mineral water [ˈmɪnərəl ˈwɔːtə] s.	**Mineralwasser** n

Scotch [skɒtʃ] *s.* | **Schottischer Whisky** *m*
soft drinks | **alkoholfreie Getränke**
  [sɒft ˈdrɪŋks] *s. pl.* | *n/pl.*
whisky [ˈwɪskɪ], | **Whisky** *m*
  (*irischer und amerikanischer:*)
whiskey [ˈwɪskɪ] *s.*

---

alcohol [ˈælkəhɒl] *s.* | **Alkohol** *m*
Alcohol is his ruin. | Der Alkohol ist sein Untergang.

---

barrel [ˈbærəl] *s.* | **Faß** *n*
Empty beer barrels were stored behind the house. | Leere Bierfässer wurden hinter dem Haus aufgestapelt.

---

drunk [drʌŋk] *adj. pred.* | **betrunken**
He was dead drunk. | Er war völlig betrunken.

---

drunken [ˈdrʌŋkən] *adj. attr.* | **betrunken**
There were some drunken sailors in the street. | Es waren einige betrunkene Matrosen auf der Straße.

---

juice [dʒuːs] *s.* | **Saft** *m*
She ordered an orange juice. | Sie bestellte einen Orangensaft.

---

refreshments [rɪˈfreʃmənts] *s. pl.* | **Erfrischungen** *f/pl.*
Refreshments were served at the meeting. | Auf der Versammlung wurden Erfrischungen gereicht.

1.7.3 ZUBEREITUNG DER SPEISEN

«1–2000»

bake [beɪk] *v/t.* | **backen**
Mother baked a cake for the children. | Mutter backte einen Kuchen für die Kinder.

---

boil [bɔɪl] *v/i.* | **kochen, sieden**
The water is boiling. | Das Wasser kocht.

---

cook [kʊk] *v/t.* | **kochen**
She cooked the meat for two hours. | Sie kochte das Fleisch zwei Stunden lang.

---

roast [rəʊst] *v/t.* | **braten**
They roasted some meat. | Sie brieten (ein Stück) Fleisch.

---

slice [slaɪs] *s.* | **Scheibe** *f*, **Schnitte** *f*
He cut himself a slice of bread. | Er schnitt sich eine Scheibe Brot ab.

«2001−4000»

fried [fraɪd] *adj.*
We had fried fish on Friday.

gebraten, gebacken
Wir hatten am Freitag gebratenen Fisch.

---

fry [fraɪ] *v/t.*
They fried the fish.

braten
Sie brieten den Fisch.

---

grill [grɪl] *s.*
She put some steaks on the grill.

Grill *m*
Sie legte (ein paar) Steaks auf den Grill.

---

grill [grɪl] *v/t.*
We grilled sausages in the garden.

grillen
Wir grillten Würstchen im Garten.

---

preparation [prepəˈreɪʃn] *s.*
The preparation of the meal took four hours.

Zubereitung *f*
Die Zubereitung des Essens dauerte vier Stunden.

---

prepare [prɪˈpeə] *v/t.*
Can you prepare a meal for 20 people?

zubereiten
Kannst du ein Essen für 20 Personen zubereiten?

---

roast [rəʊst] *adj.*
Children like roast chicken and chips.

gebraten, Brat...
Kinder mögen gern Brathähnchen und Pommes frites.

---

spread [spred] *v/t.*
⚠ **spread** [spred], **spread** [spred]
She spread the butter on the bread.

(auf)streichen

Sie strich die Butter auf das Brot.

---

stir [stɜː] *v/t.*
She was stirring her tea.

(um)rühren
Sie rührte in ihrem Tee.

1.7.4 GESCHIRR UND BESTECK

«1−2000»

cup [kʌp] *s.*
Put the teacups in the cupboard.

Tasse *f*
Stell die Teetassen in den Schrank!

---

dish [dɪʃ] *s.*
She served the meat in a glass dish.

Schüssel *f*
Sie servierte das Fleisch in einer Glasschüssel.

dishes ['dɪʃɪz] *s. pl.*
Are you going to help me to
wash the dishes?

Geschirr *n*
Hilfst du mir beim
Geschirrspülen?

fork [fɔːk] *s.*
There were six forks but only
four knives.

Gabel *f*
Es waren sechs Gabeln da,
aber nur vier Messer.

glass [glɑːs] *s.*
The gentleman ordered a glass
of wine.
She dropped her wine glass.

Glas *n*
Der Herr bestellte ein Glas
Wein.
Sie ließ ihr Weinglas fallen.

knife [naɪf] *s.*
pl. **knives** [naɪvz]
The child has already learnt to
eat with a knife and fork.

Messer *n*

Das Kind kann schon mit Messer und Gabel essen.

pan [pæn] *s.*
Do you know where the pan is?

Pfanne *f*
Weißt du, wo die Pfanne ist?

pan [pæn] *s.*
Where's the lid to that pan?

Topf *m*, **Tiegel** *m*
Wo ist der Deckel für diesen
Topf?

plate [pleɪt] *s.*
I put four plates on the table.

Teller *m*
Ich stellte vier Teller auf den
Tisch.

pot [pɒt] *s.*
The pot is boiling over.
The children ate a whole pot of
jam.

Topf *m, auch* **Glas** *n*
Der (Koch)Topf kocht über.
Die Kinder aßen ein ganzes
Glas Konfitüre.

pot [pɒt] *s.*
A pot of coffee, please.

Kännchen *n*, **Kanne** *f*
Bitte ein Kännchen Kaffee.

spoon [spuːn] *s.*
Take a spoon and eat your
soup.

Löffel *m*
Nimm (dir) einen Löffel und iß
deine Suppe!

«2001–4000»

blade [bleɪd] *s.*
The blade of this knife is not
sharp enough.

Klinge *f*
Die Klinge dieses Messers ist
nicht scharf genug.

blunt [blʌnt] *adj.*
The knife is blunt.

stumpf
Das Messer ist stumpf.

bowl [bəʊl] *s.*
There were apples and grapes in a wooden bowl.

Schale *f*
In einer Holzschale waren Äpfel und Trauben.

china ['tʃaɪnə] *s.*
We had laid the table with our best china.

Porzellan *n*
Wir hatten den Tisch mit unserem besten Porzellan gedeckt.

cork [kɔːk] *s.*
He pulled the cork out of the bottle.

Korken *m*, **Stöpsel** *m*
Er zog den Korken aus der Flasche.

edge [edʒ] *s.*
The knife has a sharp edge.

Schneide *f*
Das Messer hat eine scharfe Schneide.

handle ['hændl] *s.*
Take the pan by the handle.

Griff *m*, **Stiel** *m*
Faß den Topf beim Stiel an!

handle ['hændl] *s.*
The cup had no handle.

Henkel *m*
Die Tasse hatte keinen Henkel.

kettle ['ketl] *s.*
The water in the kettle is boiling.

(Wasser- etc.)Kessel *m*
Das Wasser im Kessel kocht.

lid [lɪd] *s.*
You must put a lid on the pan.

Deckel *m*
Du mußt einen Deckel auf den Topf tun.

saucer ['sɔːsə] *s.*
I forgot to put the saucers on the table.

Untertasse *f*
Ich vergaß, die Untertassen auf den Tisch zu stellen.

service ['sɜːvɪs] *s.*
They gave the bride a tea service.

Service *n*
Sie schenkten der Braut ein Teeservice.

set [set] *s.*
Let's buy a new dinner set.

Service *n*
Kaufen wir ein neues Speiseservice!

set [set] *s.*
She bought a set of knives and forks.

Garnitur *f*, **Satz** *m*
Sie kaufte eine Garnitur Messer und Gabeln.

tablecloth ['teɪblklɒθ] *s.*
Mother laid the new tablecloth on the table.

Tischtuch *n*
Mutter legte das neue Tischtuch auf (den Tisch).

1.7.5 RESTAURANT

«1–2000»

bar [bɑ:] s.
Let's have a whisky at the bar.

Bar f
Trinken wir einen Whisky an der Bar!

order [ˈɔːdə] s.
What's your order?

Bestellung f
Was wünschen Sie (= *Was ist Ihre Bestellung*)?

order [ˈɔːdə] v/t.
He ordered a glass of wine.

bestellen, kommen lassen
Er bestellte ein Glas Wein.

pub [pʌb] s.
We went to the pub.

Kneipe f, „**Pub**" n
Wir gingen in die Kneipe.

restaurant [ˈrestərɔ̃ːŋ] s.
They had dinner at a restaurant.

Restaurant n
Sie aßen in einem Restaurant zu Abend.

serve [sɜ:v] v/t.
Are you being served?

bedienen
Werden Sie schon bedient?

serve [sɜ:v] vt/i.
Serve the soup hot.
A young woman served (at table).

servieren
Servieren Sie die Suppe heiß!
Eine junge Frau servierte.

service [ˈsɜːvɪs] s.
What do they charge for service?

Bedienung f
Was verlangen sie für die Bedienung?

waiter [ˈweɪtə] s.
The waiter served us an excellent meal.

Ober m, **Kellner** m
Der Ober servierte uns ein ausgezeichnetes Essen.

«2001–4000»

café [ˈkæfeɪ] s.
They don't serve alcohol in a British café.

Café n
In einem britischen Café wird kein Alkohol ausgeschenkt.

inn [ɪn] s.
Does that inn still exist?

Gasthaus n
Gibt es dieses Gasthaus noch?

menu [ˈmenjuː] s.
May I have the menu, please?

Speisekarte f
Kann ich bitte die Speisekarte haben?

self-service restaurant [self-
ˈsɜːvɪs ˈrestərɔ̃ːŋ] s.
We had a quick lunch at a self-
-service restaurant.

Selbstbedienungsrestaurant n

Wir aßen schnell (etwas) zu
Mittag in einem Selbstbedienungsrestaurant.

snack bar [ˈsnæk bɑː] s.
You can get a drink at the snack
bar.

Imbißstube f, **Snackbar** f
Ihr könnt in der Snackbar etwas zu trinken bekommen.

waitress [ˈweɪtrɪs] s.
The waitress brought us the
soup.

Bedienung f, **Kellnerin** f
Die Kellnerin brachte uns die
Suppe.

1.8   Reise und Verkehr

1.8.1   REISE

«1–2000»

abroad [əˈbrɔːd] adv.
She has been abroad for five
years.

im Ausland
Sie ist seit fünf Jahren im Ausland.

abroad [əˈbrɔːd] adv.
Are you going abroad?

ins Ausland
Fahren Sie ins Ausland?

arrival [əˈraɪvl] s.
Arrival: 9.48.

Ankunft f
Ankunft: 9.48.

by car/bus/train (etc.) [baɪ
ˈkɑː|ˈbʌs|ˈtreɪn]
Do you go by bus or by train?

mit dem Auto/Bus/Zug (etc.)

Fährst du mit dem Bus oder mit
dem Zug?

departure [dɪˈpɑːtʃə] s.
Departure: 11.07.

Abreise f, **Abfahrt** f, **Abflug** m
Abfahrt/Abflug: 11.07.

go [gəʊ] v/i.
⚠ **went** [went], **gone** [gɒn]
We're going to Paris by train.

fahren

Wir fahren mit dem Zug nach
Paris.

guide [gaɪd] s.
Our guide showed us an old
tower.

(Fremden)Führer(in f) m
Unser Fremdenführer zeigte
uns einen alten Turm.

guide [gaɪd] s.
You should buy a guide to the
castle.

(Reise)Führer m (Buch)
Sie sollten einen Führer durch
das Schloß kaufen.

hotel [həʊˈtel] s.
We had a beautiful room at the hotel.

Hotel n
Wir hatten in dem Hotel ein hübsches Zimmer.

leave for [ˈliːv fə] v/i.
I'll leave for London next week.

(ab)reisen nach
Ich werde nächste Woche nach London reisen.

luggage [ˈlʌgɪdʒ] s.
Shall I take the luggage into your room?

(Br.) **Gepäck** n
Soll ich das Gepäck auf Ihr Zimmer bringen?

passenger [ˈpæsɪndʒə] s.
The plane had 128 passengers on board.

Passagier m, **Reisende(r)** m
Das Flugzeug hatte 128 Passagiere an Bord.

return ticket [rɪˈtɜːn ˈtɪkɪt] s.
A return ticket will be cheaper.

Rückfahrkarte f
Eine Rückfahrkarte ist billiger.

start [stɑːt] v/i.
They started for Edinburgh.

abreisen, abfahren
Sie reisten nach Edinburgh ab.

stay [steɪ] v/i.
We stayed with our friends [at the Central Hotel].

(vorübergehend) **wohnen**
Wir wohnten bei unseren Freunden [im Hotel Central].

ticket [ˈtɪkɪt] s.
He bought a ticket to Manchester.

Fahrkarte f, **-schein** m
Er kaufte eine Fahrkarte nach Manchester.

timetable [ˈtaɪmteɪbl] s.
We can see the departure and arrival times on the timetable.

Fahrplan m
Wir können die Abfahrts- und Ankunftszeiten auf dem Fahrplan sehen.

travel [ˈtrævl] v/i.
He travels a lot.

reisen
Er reist viel.

travel [ˈtrævl] s.
Did you go to North Africa during your travels?

Reise f
Waren Sie auf Ihren Reisen in Nordafrika?

«2001–4000»

baggage [ˈbægɪdʒ] s.
Put your baggage down on that bench.

(Am.) **Gepäck** n
Stell dein Gepäck auf dieser Bank dort ab!

board [bɔːd] s.
What's the price for board and lodging?

Verpflegung f
Wie hoch ist der Preis für Unterkunft und Verpflegung?

camping [ˈkæmpɪŋ] s.
They're going camping in Italy.

Camping n
Sie werden zum Campen nach Italien fahren.

campsite [ˈkæmpsaɪt] s.
There were a lot of people on the campsite.

Campingplatz m
Auf dem Campingplatz waren viele Leute.

case [keis] s.
Our cases are packed.

Koffer m
Unsere Koffer sind gepackt.

depart [dɪˈpɑːt] v/i.
The train departs from East-bourne at 5.35 p.m.

abreisen, abfahren, abfliegen
Der Zug fährt um 17.35 in East-bourne ab.

journey [ˈdʒɜːnɪ] s.
It's been a long journey.

Reise f
Es war eine weite Reise.

land [lænd] v/i.
The plane landed at New York.

landen
Das Flugzeug landete in New York.

lodging(s) [ˈlɒdʒɪŋ(z)] s. (pl.)
They were lucky to find a lodging for the night.

Unterkunft f, **Quartier** n
Sie hatten Glück, ein Nacht-quartier zu finden.

miss [mɪs] v/t.
Hurry up! We must not miss our train.

versäumen
Beeilt euch! Wir dürfen unse-ren Zug nicht versäumen.

pack [pæk] v/t.
Which suitcase have you packed the coat in?

(ein)packen
In welchen Koffer hast du den Mantel gepackt?

sights [saɪts] s. pl.
We saw the sights of the town.

Sehenswürdigkeiten f/pl.
Wir besichtigten die Sehens-würdigkeiten der Stadt.

sightseeing [ˈsaɪtsiːɪŋ] s.
They went sightseeing in the town.

Besichtigungen f/pl.
Sie besichtigten die Stadt.

stay [steɪ] s.
Did you visit St. Peter's dur-ing your stay in Rome?

Aufenthalt m
Hast du bei deinem Aufenthalt in Rom die Peterskirche be-sucht?

suitcase [ˈsuːtkeɪs] s.
He had only a small suitcase with him.

(Hand)Koffer m
Er hatte nur einen Handkoffer bei sich.

tent [tent] s.
The boys slept in a tent.

Zelt n
Die Jungen schliefen in einem Zelt.

tour [tʊə] s.
We made a tour of France and Spain.

(Rund)Reise f
Wir machten eine (Rund)Reise durch Frankreich und Spanien.

tourist [ˈtʊərɪst] s.
A group of tourists had arrived at our hotel.

Tourist(in f) m
Eine Gruppe Touristen war in unserem Hotel angekommen.

traveller [ˈtrævlə] s.
The travellers had lunch at an inn.

Reisende(r) m
Die Reisenden aßen in einem Gasthaus zu Mittag.

unpack [ʌnˈpæk] v/t.
I haven't unpacked my things yet.

auspacken
Ich habe (meine Sachen) noch nicht ausgepackt.

via [ˈvaɪə] prep.
We went to Greece via Yugoslavia.

(auf dem Weg) über (acc.), **via**
Wir fuhren über Jugoslawien nach Griechenland.

youth hostel [ˈjuːθ hɒstl] s.
The boys spent the night at a youth hostel.

Jugendherberge f
Die Jungen übernachteten in einer Jugendherberge.

1.8.2 VERKEHR

1.8.2.1 STRASSENVERKEHR

1.8.2.1.1 Allgemein

«1–2000»

bus stop [ˈbʌs stɒp] s.
Where is the nearest bus stop?

Bushaltestelle f
Wo ist die nächste Bushaltestelle?

cross [krɒs] v/t.
Be careful when you cross the street.

überqueren
Sei vorsichtig, wenn du die Straße überquerst!

crossing [ˈkrɒsɪŋ] s.
This is a dangerous crossing.

Kreuzung f
Das ist eine gefährliche Kreuzung.

drive [draɪv] vt/i.
⚠ **drove** [drəʊv], **driven** [ˈdrɪvn]
He drove (us) to the airport.

fahren

Er fuhr (uns) zum Flugplatz.

driver [ˈdraɪvə] s.
Who's the driver of this car?

Fahrer(in f) m
Wer ist der Fahrer dieses Wagens?

gas [gæs] s.
Gas is getting more and more expensive.

(Am.) **Benzin** n
(Das) Benzin wird immer teurer.

noise [nɔɪz] s.
Those cars make so much noise.

Lärm m
Diese Autos machen so viel Lärm.

park [pɑːk] v/t.
Where can I park my car?

parken
Wo kann ich mein Auto parken?

pass [pɑːs] v/i.
The bus was unable to pass.

vorbeifahren, -kommen
Der Bus konnte nicht vorbeifahren.

pass [pɑːs] v/t.
He waved as he passed me in the car.

vorbeifahren an
Er winkte, als er mit dem Wagen an mir vorbeifuhr.

passenger [ˈpæsɪndʒə] s.
Ten passengers and the bus driver were hurt.

Fahrgast m
Zehn Fahrgäste und der Busfahrer wurden verletzt.

petrol [ˈpetrəl] s.
My car needs some petrol.

(Br.) **Benzin** n
Mein Wagen braucht Benzin.

ride [raɪd] v/i.
⚠ **rode** [rəʊd], **ridden** [ˈrɪdn]
He rode down the street on his bicycle.

fahren

Er fuhr mit dem Fahrrad die Straße entlang.

run [rʌn] v/i.
⚠ **ran** [ræn], **run** [rʌn]
A bus runs every hour.

fahren, verkehren

Jede Stunde fährt ein Bus.

stop [stɒp] v/i.
He stopped at the inn to have a drink.

(an)halten
Er hielt an dem Gasthof, um etwas zu trinken.

stop [stɒp] s.
Where is the tram stop?

Haltestelle f
Wo ist die Straßenbahnhaltestelle?

traffic [ˈtræfɪk] s.
The traffic in town is becoming more and more dangerous.

Verkehr m
Der Verkehr in der Stadt wird immer gefährlicher.

turn [tɜːn] v/i.
Turn left [right] at the next corner.

abbiegen
Biegen Sie an der nächsten Ecke nach links [rechts] ab!

«2001–4000»

bend [bend] *s.*
There's a sharp bend in the road.

Kurve *f*, **Biegung** *f*
Die Straße macht eine scharfe Kurve.

---

block [blɒk] *v/t.*
The road was blocked.

blockieren
Die Straße war blockiert.

---

break down [breɪk ˈdaʊn] *v/i.*
Our car broke down on the road.

eine Panne haben
Unser Wagen hatte unterwegs eine Panne.

---

crash [kræʃ] *s.*
Four people were killed in a car crash.

Zusammenstoß *m*
Vier Menschen kamen bei einem Autozusammenstoß um.

---

crowd [kraʊd] *s.*
Large crowds of people were waiting for the Queen to arrive.

(Menschen)Menge *f*
Große Menschenmengen warteten auf die Ankunft der Königin.

---

crowded [ˈkraʊdɪd] *adj.*
I had to stand in the crowded bus.

überfüllt
Ich mußte in dem überfüllten Bus stehen.

---

curve [kɜːv] *s.*
The road has dangerous curves.

Kurve *f*
Die Straße hat gefährliche Kurven.

---

direct [dɪˈrekt] *v/t.*
The policeman directed the traffic.

regeln, lenken
Der Polizist regelte den Verkehr.

---

direct [dɪˈrekt] *v/t.*
Can you direct me to the town hall, please?

(*j-m*) den Weg zeigen
Können Sie mir bitte den Weg zum Rathaus zeigen?

---

fare [feə] *s.*
How much is the fare?

Fahrpreis *m*, **-geld** *n*
Wie hoch ist der Fahrpreis?

---

filling station [ˈfɪlɪŋ steɪʃn] *s.*
We stopped at the filling station.

Tankstelle *f*
Wir hielten an der Tankstelle.

---

fill up [fɪl ˈʌp] *v/t.*
Fill her up, please. (F)

volltanken
Bitte volltanken!

---

garage [ˈgærɑːdʒ] *s.*
He took the car to the garage to have it repaired.

(Reparatur)Werkstatt *f*
Er brachte den Wagen zur Reparatur in die Werkstatt.

---

gas station [ˈgæs steɪʃn] *s.*
They had to stop at a gas station.

(*Am.*) Tankstelle *f*
Sie mußten an einer Tankstelle halten.

knock down [nɒk ˈdaʊn] v/t.
He knocked down a pedestrian.

überfahren
Er überfuhr einen Fußgänger.

mend [mend] v/t.
The road needs mending.

(Straße) **ausbessern**
Die Straße muß ausgebessert werden.

noisy [ˈnɔɪzɪ] adj.
Those lorries are too noisy.

laut
Diese Lastwagen sind zu laut.

passage [ˈpæsɪdʒ] s.
You cannot stand in the passage.

Durchgang m
Sie können nicht im Durchgang stehen(bleiben).

pedestrian [pɪˈdestrɪən] s.
Drivers have to look out for pedestrians.

Fußgänger(in f) m
Autofahrer müssen auf Fußgänger achtgeben.

pedestrian crossing [pɪˈdestrɪən ˈkrɒsɪŋ] s.
Cross the road at a pedestrian crossing.

Fußgängerüberweg m
Überquere die Straße an einem Fußgängerüberweg.

petrol station [ˈpetrəl steɪʃn] s.
I must fill the car up at the petrol station.

(Br.) **Tankstelle** f
Ich muß den Wagen an der Tankstelle volltanken.

regular [ˈregjʊlə] s.
Five gallons of regular, please.

Normal(benzin) n
5 Gallonen (= etwa 22 Liter) Normalbenzin, bitte.

road accident [ˈrəʊd æksɪdənt]
Her husband was killed in a road accident.

Verkehrsunfall m
Ihr Mann kam bei einem Verkehrsunfall ums Leben.

rush hour [ˈrʌʃ aʊə] s.
We were caught in the rush hour.

Hauptverkehrszeit f
Wir gerieten in die Hauptverkehrszeit.

slow down [sləʊ ˈdaʊn] v/i.
Slow down at pedestrian crossings.

langsamer fahren
Fahren Sie an Fußgängerüberwegen langsamer!

steer [stɪə] v/t.
He steered his car round the corner.

lenken
Er lenkte seinen Wagen um die Ecke.

super [ˈsuːpə] s.
Five gallons of super, please.

Super(benzin) n
5 Gallonen Super, bitte.

traffic lights [ˈtræfɪk laɪts] s. pl.
He stopped at the traffic lights.

Verkehrsampel f
Er hielt an der Verkehrsampel.

turning [ˈtɜːnɪŋ] *s.*
Leave the road at the third turning.

Querstraße *f*
Verlassen Sie die Straße bei der dritten Querstraße.

zebra crossing [ˈziːbrəˈkrɒsɪŋ] *s.*
We crossed the road at the zebra crossing.

(*Br.*) **Zebrastreifen** *m*

Wir überquerten die Straße am Zebrastreifen.

1.8.2.1.2 Fahrzeuge

«1–2000»

bicycle [ˈbaɪsɪkl] *s.*
He got a new bicycle for his birthday.

Fahrrad *n*
Er bekam ein neues Fahrrad zum Geburtstag.

bus [bʌs] *s.*
Shall we take the bus?

(Linien)Bus *m*
Nehmen wir den Bus?

car [kɑː] *s.*
I must wash my car.

Auto *n*, **Wagen** *m*
Ich muß mein Auto waschen.

coach [kəʊtʃ] *s.*
We went on a coach tour of England.

(*Br.*) **(Reise)Bus** *m*, **Autobus** *m*
Wir machten eine Busfahrt durch England.

motorcycle [ˈməʊtəsaɪkl] *s.*
He is proud of his heavy motorcycle.

Motorrad *n*
Er ist stolz auf sein schweres Motorrad.

taxi [ˈtæksɪ] *s.*
A taxi took us to the airport.

Taxi *n*
Ein Taxi brachte uns zum Flugplatz.

tram [træm] *s.*
Let's go by tram!

Straßenbahn *f*
Fahren wir mit der Straßenbahn!

tube [tjuːb] *s.*
I'll take the tube (*auch* Tube).

(*in London:*) **U-Bahn** *f*
Ich fahre mit der U-Bahn.

underground [ˈʌndəgraʊnd] *s.*
We can go there by underground (*auch* Underground).

U-Bahn *f*
Wir können mit der U-Bahn hinfahren.

wheel [wiːl] *s.*
The wheels are turning.

Rad *n*
Die Räder drehen sich.

«2001–4000»

bike [baɪk] s.
Will you lend me your bike, please?

(F) **(Fahr)Rad** n
Leihst du mir bitte dein Rad?

carriage [ˈkærɪdʒ] s.
The carriage was drawn by four horses.

Wagen m, **Gefährt** n
Der Wagen wurde von vier Pferden gezogen.

cart [kɑːt] s.
He had a horse-drawn cart.

Karre(n m) f, **Wagen** m
Er hatte einen Pferdewagen.

lorry [ˈlɒrɪ] s.

No lorries.

(Br.) **Last(kraft)wagen** m, **LKW** m
Für LKW verboten.

tire [ˈtaɪə] s.
One of the tires had burst.

(Am.) **Reifen** m
Einer der Reifen war geplatzt.

tractor [ˈtræktə] s.
The farmer's son was driving the tractor.

Traktor m
Der Sohn des Bauern fuhr den Traktor.

truck [trʌk] s.

Bob is a truck driver in the US--Army.

(Am.) **Last(kraft)wagen** m, **LKW** m
B. ist LKW-Fahrer bei der US-Armee.

tyre [ˈtaɪə] s.
Can you change a tyre?

(Br.) **Reifen** m
Kannst du einen Reifen wechseln?

vehicle [ˈviːɪkl] s.
The bridge is closed to all vehicles.

Fahrzeug n
Die Brücke ist für alle Fahrzeuge gesperrt.

waggon, Am. **wagon** [ˈwægən] s.
The waggon was drawn by two horses.

(vierrädriger) Wagen m

Der Wagen wurde von zwei Pferden gezogen.

1.8.2.2 EISENBAHN

«1–2000»

change [tʃeɪndʒ] v/i.
We had to change at Bristol.

umsteigen
Wir mußten in Bristol umsteigen.

engine ['endʒɪn] s.
Our train has two engines.

Lokomotive f
Unser Zug hat zwei Lokomotiven.

leave [liːv] v/i.
△ **left** [left], **left** [left]
The train leaves at 7.37.

(ab)fahren
Der Zug fährt um 7.37 (ab).

railroad ['reɪlrəʊd] s.
He got a job on the railroad.

(*Am.*) **(Eisen)Bahn** f
Er bekam eine Stellung bei der Eisenbahn.

railway ['reɪlweɪ] s.
Is this railway line still in use?

(*Br.*) **(Eisen)Bahn** f
Ist diese Eisenbahnlinie noch in Betrieb?

station ['steɪʃn] s.
Can you show me the way to the (railway) station, please?

Bahnhof m
Können Sie mir bitte den Weg zum Bahnhof zeigen?

train [treɪn] s.
Is this the train for Leeds?

Zug m
Ist das der Zug nach Leeds?

«2001–4000»

connection [kəˈnekʃn] s.
He caught his connection to Glasgow.

Anschluß m
Er bekam noch Anschluß nach Glasgow.

booking office ['bʊkɪŋ ɒfɪs] s.
We bought two tickets at the booking office.

Fahrkartenschalter m
Wir kauften zwei Karten am Fahrkartenschalter.

carriage ['kærɪdʒ] s.
My seat is in the second carriage of the train.

(*Br.*) **(Eisenbahn)Wagen** m
Mein Platz ist im zweiten Wagen des Zuges.

express train [ɪkˈspres treɪn] s.
Is there an express train to York in the morning?

D-Zug m
Fährt morgens ein D-Zug nach York?

platform ['plætfɔːm] s.
Which platform will the train arrive on?

Bahnsteig m
Auf welchem Bahnsteig kommt der Zug an?

porter ['pɔːtə] s.
A porter took the luggage to the taxi.

(Gepäck)Träger m
Ein Träger brachte das Gepäck zum Taxi.

rail [reɪl] s.
A train jumped the rails.

Schiene f
Ein Zug entgleiste.

track [træk] *s.*
It's dangerous to cross the tracks.

Gleis *n*
Das Überschreiten der Gleise ist gefährlich.

waggon ['wægən] *s.*
The train has 30 waggons.

(*Br.*) **(Güter)Wagen** *m*
Der Zug besteht aus 30 Wagen.

waiting room ['weitiŋ rʊm] *s.*
The station has a comfortable waiting room.

Wartesaal *m*
Der Bahnhof hat einen komfortablen Wartesaal.

1.8.2.3 *FLUGZEUG*

«1–2000»

airline ['eəlaɪn] *s.*
Many airlines have regular flights to Africa.

Fluglinie *f*
Viele Fluglinien haben regelmäßige Flüge nach Afrika.

airport ['eəpɔːt] *s.*
Their plane landed at London Airport.

Flugplatz *m*
Ihr Flugzeug landete auf dem Londoner Flughafen.

flight [flaɪt] *s.*
Did you have a good flight?

Flug *m*
Hatten Sie einen guten Flug?

plane [pleɪn] *s.*
Our plane landed at 6.48 p.m.

(F) **Flugzeug** *n*
Unser Flugzeug landete um 18.48.

leave [liːv] *v/i.*
The plane left at 10.42 a.m.

starten, abfliegen
Das Flugzeug startete um 10.42.

«2001–4000»

aeroplane ['eərəpleɪn] *s.*
Our aeroplane was a jet.

(*Br.*) **Flugzeug** *n*
Unser Flugzeug war ein Düsenflugzeug.

aircraft ['eəkrɑːft] *s.*
pl. **aircraft** ['eəkrɑːft]
He is the aircraft captain.

Flugzeug *n*

Er ist der Flugkapitän.

air hostess ['eə həʊstɪs] *s.*
She is an air hostess.

Stewardeß *f*
Sie ist Stewardeß.

airplane ['eəpleɪn] *s.*
The airplane took off.

(*Am.*) **Flugzeug** *n*
Das Flugzeug hob ab.

by air [baɪ ˈeə] We go to Paris by air.	**auf dem Luftweg** Wir fliegen nach Paris (= fahren auf dem Luftweg ...).
crash [kræʃ] v/i. The jet plane crashed near the village.	**abstürzen** Das Düsenflugzeug stürzte in der Nähe des Dorfes ab.
jet (plane) [ˈdʒet (pleɪn)] s. They were travelling by jet.	**Düsenflugzeug** n Sie reisten mit dem Düsenflugzeug.
stewardess [ˈstjuədɪs] s. The stewardess offered drinks to the passengers.	**Stewardeß** f Die Stewardeß bot den Passagieren Getränke an.
take off [teɪk ˈɒf] v/i. Our plane will take off in half an hour.	**starten, abheben** Unser Flugzeug startet in einer halben Stunde.

1.8.2.4 SCHIFF

«1–2000»

boat [bəʊt] s. They didn't have a boat to cross the lake in.	**Boot** n Sie hatten kein Boot, um darin den See zu überqueren.
harbour [ˈhɑːbə] s. The town has a natural harbour.	**Hafen** m Die Stadt hat einen natürlichen Hafen.
ship [ʃɪp] s. Our ship carries goods.	**Schiff** n Unser Schiff befördert Waren.

«2001–4000»

aboard [əˈbɔːd] adv. The sailors went aboard.	**an Bord** Die Matrosen gingen an Bord.
be wrecked [bɪ ˈrekt] The ship was wrecked off the coast of Spain.	**Schiffbruch erleiden** Das Schiff erlitt vor der spanischen Küste Schiffbruch.
captain [ˈkæptɪn] s. The captain gave a dinner.	**Kapitän** m Der Kapitän gab ein Dinner.

drown [draʊn] *v/i.*
Twelve sailors drowned when the ship sank.

ertrinken
Zwölf Matrosen ertranken, als das Schiff sank.

passage ['pæsɪdʒ] *s.*
He worked his passage.

Überfahrt *f*
Er arbeitete seine Überfahrt ab.

sail [seɪl] *s.*
Our boat has two sails.

Segel *n*
Unser Boot hat zwei Segel.

sail [seɪl] *v/i.*
Our ship sailed at midnight.

auslaufen
Unser Schiff lief um Mitternacht aus.

sailor ['seɪlə] *s.*
The sailors went on land.

Matrose *m*
Die Matrosen gingen an Land.

steer [stɪə] *v/t.*
Harry could not steer the boat in the storm.

steuern
H. konnte das Boot in dem Sturm nicht steuern.

voyage ['vɔɪɪdʒ] *s.*
He returned from a long voyage.

Seereise *f*, **-fahrt** *f*
Er kehrte von einer langen Seereise zurück.

wreck [rek] *s.*
They found the wreck of an old ship.

Wrack *n*
Sie fanden das Wrack eines alten Schiffes.

1.9   Länder und Völker

1.9.1   LÄNDER

«1–2000»

Africa ['æfrɪkə]
America [ə'merɪkə]
England ['ɪŋglənd]
Europe ['jʊərəp]
Germany ['dʒɜːmənɪ]
Great Britain [greɪt 'brɪtn]
the **United States (of America)** [juː'naɪtɪd 'steɪts (əv ə'merɪkə)] *s. sg.* **(USA)**

Afrika *n*
Amerika *n*
England *n*
Europa *n*
Deutschland *n*
Großbritannien *n*
die **Vereinigten Staaten** *m/pl.* **(von Amerika) (USA)**

«2001–4000»

Asia [ˈeɪʃə]   **Asien** n
Australia [ɒˈstreɪljə]   **Australien** n
Austria [ˈɒstrɪə]   **Österreich** n
Belgium [ˈbeldʒəm]   **Belgien** n
China [ˈtʃaɪnə]   **China** n
Denmark [ˈdenmɑːk]   **Dänemark** n
the **Federal Republic of Germany** [ˈfedərəl rɪˈpʌblɪk əv ˈdʒɜːmənɪ] *s.* **(FRG)**   *die* **Bundesrepublik Deutschland (BRD)**

the **German Democratic Republic** [ˈdʒɜːmən deməˈkrætɪk rɪˈpʌblɪk] *s.* **(GDR)**   *die* **Deutsche Demokratische Republik (DDR)**

France [frɑːns]   **Frankreich** n
Greece [griːs]   **Griechenland** n
Hungary [ˈhʌŋgərɪ]   **Ungarn** n
India [ˈɪndjə]   **Indien** n
Ireland [ˈaɪələnd]   **Irland** n
Italy [ˈɪtəlɪ]   **Italien** n
Japan [dʒəˈpæn]   **Japan** n
the **Netherlands** [ˈneðələnds] *pl.*   *die* **Niederlande** *pl.*
Norway [ˈnɔːweɪ]   **Norwegen** n
Poland [ˈpəʊlənd]   **Polen** n
Portugal [ˈpɔːtjʊgl]   **Portugal** n
Russia [ˈrʌʃə]   **Rußland** n
Scotland [ˈskɒtlənd]   **Schottland** n
the **Soviet Union** [ˈsəʊvɪət ˈjuːnjən] *s.*   *die* **Sowjetunion**
Spain [speɪn]   **Spanien** n
Sweden [ˈswiːdn]   **Schweden** n
Switzerland [ˈswɪtsələnd]   *die* **Schweiz**
Turkey [ˈtɜːkɪ]   *die* **Türkei**
Wales [weɪlz]   **Wales** n
West Germany [ˈwest ˈdʒɜːmənɪ]   **Westdeutschland** n
Yugoslavia [juːgəʊˈslɑːvjə]   **Jugoslawien** n

1.9.2 BEWOHNER

«1–2000»

American [ə'merɪkən] s. **Amerikaner(in** f) m

Englishman ['ɪŋglɪʃmən] s. **Engländer** m
pl. **-men** [-mən]
the **English** ['ɪŋglɪʃ] s. pl. die **Engländer** m/pl.
Englishwoman ['ɪŋglɪʃwʊmən] **Engländerin** f
s.
pl. **-women** [-wɪmɪn]

European [jʊərə'piːən] s. **Europäer(in** f) m
German ['dʒɜːmən] s. **Deutsche(r)** m, **Deutsche** f

«2001–4000»

African ['æfrɪkən] s. **Afrikaner(in** f) m
American Indian [ə'merɪkən **Indianer(in** f) m
'ɪndjən] s.
Austrian ['ɒstrɪən] s. **Österreicher(in** f) m

Chinese [tʃaɪ'niːz] s. **Chinese** m, **Chinesin** f
the **Chinese** [tʃaɪ'niːz] pl. die **Chinesen** m/pl.

Dutchman ['dʌtʃmən] s. **Holländer** m
pl. **-men** [-mən]
the **Dutch** [dʌtʃ] pl. die **Holländer** m/pl.
Dutchwoman ['dʌtʃwʊmən] s. **Holländerin** f
pl. **-women** [-wɪmɪn]

Frenchman ['frentʃmən] s. **Franzose** m
pl. **-men** [-mən]
the **French** [frentʃ] pl. die **Franzosen** m/pl.
Frenchwoman ['frentʃwʊmən] **Französin** f
s.
pl. **-women** [-wɪmɪn]

Greek [griːk] s. **Grieche** m, **Griechin** f
Indian ['ɪndjən] s. **Inder(in** f) m

Irishman ['aɪərɪʃmən] s. **Ire** m
pl. **-men** [-mən]
the **Irish** ['aɪərɪʃ] pl. die **Iren** m/pl.
Irishwoman ['aɪərɪʃwʊmən] s. **Irin** f
pl. **-women** [-wɪmɪn]

Italian [ɪ'tæljən] s. **Italiener(in** f) m

Japanese [dʒæpə'niːz] *s.*
the **Japanese** [dʒæpə'niːz] *pl.*

Japaner(in *f)* *m*
die **Japaner** *m/pl.*

Red Indian [red 'ɪndjən] *s.*
Russian ['rʌʃn] *s.*

Indianer(in *f)* *m*
Russe *m*, **Russin** *f*

Scotsman ['skɒtsmən] *s.*
pl. **-men** [-mən]
the **Scots** [skɒts] *pl.*
Scotswoman ['skɒtswʊmən] *s.*
pl. **-women** [-wɪmɪn]
Swiss [swɪs] *s.*
the **Swiss** [swɪs] *pl.*

Schotte *m*

die **Schotten** *m/pl.*
Schottin *f*

Schweizer(in *f)* *m*
die **Schweizer** *m/pl.*

1.9.3   SPRACHEN UND NATIONALITÄTEN

«1–2000»

American [ə'merɪkən] *adj.*
British ['brɪtɪʃ] *adj.*
English ['ɪŋglɪʃ] *adj., s.*
European [jʊərə'piːən] *adj.*
German ['dʒɜːmən] *adj., s.*

amerikanisch
britisch
englisch/Englisch *n*
europäisch
deutsch/Deutsch *n*

«2001–4000»

African ['æfrɪkən] *adj.*
Austrian ['ɒstrɪən] *adj.*
Chinese [tʃaɪ'niːz] *adj., s.*
Dutch [dʌtʃ] *adj., s.*
French [frentʃ] *adj., s.*
Greek [griːk] *adj., s.*
Irish ['aɪərɪʃ] *adj., s.*
Italian [ɪ'tæljən] *adj., s.*
Japanese [dʒæpə'niːz] *adj., s.*
Russian ['rʌʃn] *adj., s.*
Scottish ['skɒtɪʃ] *adj., s.*
Spanish ['spænɪʃ] *adj., s.*

afrikanisch
österreichisch
chinesisch/Chinesisch *n*
holländisch/Niederländisch *n*
französisch/Französisch *n*
griechisch/Griechisch *n*
irisch/Irisch *n*
italienisch/Italienisch *n*
japanisch/Japanisch *n*
russisch/Russisch *n*
schottisch/Schottisch *n*
spanisch/Spanisch *n*

2 ALLGEMEINE BEGRIFFE

2.1 Zeit

2.1.1 JAHRESABLAUF

«1–2000»

---

autumn [ˈɔːtəm] *s.*
Our friends are coming in (the) autumn.

(*Br.*) **Herbst** *m*
Unsere Freunde kommen im Herbst.

---

daily [ˈdeɪlɪ] *adj.*
I read a daily newspaper.

täglich, Tages...
Ich lese eine Tageszeitung.

---

day [deɪ] *s.*
What are the seven days of the week?

Tag *m*
Wie heißen die sieben Wochentage?

---

fall [fɔːl] *s.*
Have you seen the latest fall fashions?

(*Am.*) **Herbst** *m*
Hast du die neuesten Herbstmoden gesehen?

---

holiday [ˈhɒlədɪ] *s.*
Christmas is an important holiday.

Feiertag *m*
Weihnachten ist ein wichtiger Feiertag.

---

month [mʌnθ] *s.*
Their baby is now three months old.

Monat *m*
Ihr Baby ist jetzt drei Monate (alt).

---

season [ˈsiːzn] *s.*
What are the names of the four seasons?

Jahreszeit *f*
Wie heißen die vier Jahreszeiten?

---

spring [sprɪŋ] *s.*
In (the) spring the days get longer.

Frühling *m*, **Frühjahr** *n*
Im Frühling werden die Tage länger.

---

summer [ˈsʌmə] *s.*
In (the) summer he took a long holiday.

Sommer *m*
Im Sommer machte er lange Urlaub.

---

week [wiːk] *s.*
A week has seven days.

Woche *f*
Eine Woche hat sieben Tage.

---

winter [ˈwɪntə] *s.*
This winter was very cold.

Winter *m*
Dieser Winter war sehr kalt.

---

year [jɜː] *s.*
The girl is six years old.

Jahr *n*
Das Mädchen ist sechs Jahre (alt).

«2001–4000»

monthly ['mʌnθlɪ] *adj.* The company held its monthly meeting.	**monatlich, Monats...** Die Gesellschaft hielt ihre Monatsversammlung ab.
weekday ['wiːkdeɪ] *s.* The bank is open on weekdays (= *Monday–Friday*).	**Wochentag** *m* Die Bank ist wochentags (außer am Samstag) geöffnet.
weekend [wiːk'end] *s.* They visited some friends last weekend.	**Wochenende** *n* Sie besuchten letztes Wochenende einige Freunde.
weekly ['wiːklɪ] *adj.* He bought some weekly magazines.	**wöchentlich, Wochen...** Er kaufte einige Wochenzeitschriften.

2.1.2 MONATSNAMEN
(Siehe auch ORDNUNGSZAHLEN, 2.4.3)

January ['dʒænjʊərɪ] *s.*	**Januar** *m*
February ['februərɪ] *s.*	**Februar** *m*
March [mɑːtʃ] *s.*	**März** *m*
April ['eɪprəl] *s.*	**April** *m*
May [meɪ] *s.*	**Mai** *m*
June [dʒuːn] *s.*	**Juni** *m*
July [dʒuː'laɪ] *s.*	**Juli** *m*
August ['ɔːgəst] *s.*	**August** *m*
September [sep'tembə] *s.*	**September** *m*
October [ɒk'təʊbə] *s.*	**Oktober** *m*
November [nəʊ'vembə] *s.*	**November** *m*
December [dɪ'sembə] *s.*	**Dezember** *m*

2.1.3 WOCHENTAGE

«1–2000»

Sunday ['sʌndɪ] *s.*	**Sonntag** *m*
Monday ['mʌndɪ] *s.*	**Montag** *m*
Tuesday ['tjuːzdɪ] *s.*	**Dienstag** *m*

Wednesday ['wenzdɪ] *s.* **Mittwoch** *m*
Thursday ['θɜːzdɪ] *s.* **Donnerstag** *m*
Friday ['fraɪdɪ] *s.* **Freitag** *m*
Saturday ['sætədɪ] *s.* **Samstag** *m*, **Sonnabend** *m*

2.1.4 TAGESZEIT

«1–2000»

afternoon [ɑːftə'nuːn] *s.* **Nachmittag** *m*
She spent the afternoon writing letters. Sie brachte den Nachmittag mit Briefeschreiben zu.
They arrived in the afternoon. Sie kamen nachmittags an.

evening ['iːvnɪŋ] *s.* **Abend** *m*
We went out in the evening. Wir gingen abends (*oder* am Abend) aus.

morning ['mɔːnɪŋ] *s.* **Morgen** *m*
I am always tired in the morning(s). Morgens (*oder* Am Morgen) bin ich immer müde.

night [naɪt] *s.* **Nacht** *f*
I seldom dream at night. Ich träume nachts selten.

«2001–4000»

midnight ['mɪdnaɪt] *s.* **Mitternacht** *f*
He came home long after midnight. Er kam spät nach Mitternacht nach Hause.

noon [nuːn] *s.* **Mittag** *m*
Our plane took off at noon. Unser Flugzeug startete mittags (*oder* am Mittag).

2.1.5 UHRZEIT
(*Siehe auch* GRUNDZAHLEN, 2.3.2)

«1–2000»

(a) quarter past [(ə) 'kwɔːtə pɑːst] **Viertel nach**
It's (a) quarter past nine. Es ist Viertel nach 9 (Uhr).

(a) quarter to [(ə) ˈkwɔːtə tə]
It's (a) quarter to ten.

Viertel vor
Es ist Viertel vor 10 (Uhr).

at [ət] *prep.*
He called me at 8.35 a.m.

um
Er rief mich um 8.35 an.

hour [ˈaʊə] *s.*
He slept for half an hour.

The waiting room is open at all hours.

Stunde *f*
Er schlief eine halbe Stunde (lang).

Der Wartesaal ist durchgehend geöffnet.

minute [ˈmɪnɪt] *s.*
I had to wait a few minutes.

Minute *f*
Ich mußte ein paar Minuten warten.

o'clock [əˈklɒk]
He came at 3 o'clock.

Uhr
Er kam um 3 Uhr.

past [pɑːst] *prep.*
It's ten minutes past seven.
It's half past eleven.

nach
Es ist 10 (Minuten) nach 7 (Uhr).
Es ist halb zwölf (Uhr).

quarter [ˈkwɔːtə] *s.*
The clock strikes the quarter(s) (*oder* every quarter).

Viertelstunde *f*
Die Uhr schlägt die Viertelstunde(n).

second [ˈsekənd] *s.*
He ran 100 metres in 11 seconds.

Sekunde *f*
Er lief 100 Meter in 11 Sekunden.

to [tə] *prep.*
It's ten minutes to three.

vor
Es ist 10 (Minuten) vor drei.

2.1.6 ANDERE ZEITBEGRIFFE

2.1.6.1 SUBSTANTIVE, ADJEKTIVE

past present future

«1–2000»

ago [əˈgəʊ] *adj.* (*nachgestellt*)
Stephen and Joan got married three years ago.

vor
S. und J. heirateten vor drei Jahren.

century [ˈsentʃʊrɪ] *s.*
We're living in the twentieth century.

Jahrhundert *n*
Wir leben im 20. Jahrhundert.

date [deɪt] *s.*
What's the date today?

Datum *n*
Welches Datum haben wir heute?

early [ˈɜːlɪ] adj.
Try to be early.

früh(zeitig)
Versuche, frühzeitig da zu sein.

former [ˈfɔːmə] adj.
I met a former teacher (of mine).

ehemalige(r,-s), frühere(r, -s)
Ich traf einen früheren Lehrer (von mir).

future [ˈfjuːtʃə] s.
We don't know what the future will bring.

Zukunft f
Wir wissen nicht, was die Zukunft bringen wird.

last [lɑːst] adj.
Is that your last word?

letzte(r, -s)
Ist das Ihr letztes Wort?

late [leɪt] adj.
Must you always be so late?

spät
Mußt du immer so spät kommen?

long [lɒŋ] adj.
It's been a long time since we met.

lang
Es ist schon lange (Zeit) her, daß wir uns getroffen haben.

moment [ˈməʊmənt] s.
This is not the moment to tell him.

Augenblick m, **Moment** m
Das ist nicht der (richtige) Augenblick, es ihm zu sagen.

near [nɪə] adj.
There is no danger in the near future.

nahe (bevorstehend)
In nächster Zeit (oder In naher Zukunft) besteht keine Gefahr.

past [pɑːst] adj.
We talked about past times.

vergangen
Wir sprachen von vergangenen Zeiten.

past [pɑːst] s.
The country has a great past.

Vergangenheit f
Das Land hat eine große Vergangenheit.

present [ˈpreznt] adj.
Mr Black is the present headmaster of our school.

gegenwärtig
Herr B. ist der gegenwärtige Direktor unserer Schule.

present [ˈpreznt] s.
Present and future will soon be past.

Gegenwart f
Gegenwart und Zukunft werden bald Vergangenheit sein.

time [taɪm] s.
She stayed with us for some [a short, a long] time.
What's the time?

Zeit f
Sie blieb einige [kurze, lange] Zeit bei uns.
Wie spät ist es?

«2001–4000»

current [ˈkʌrənt] *adj.* What's the current price of petrol?	**gegenwärtig** Wie hoch ist der gegenwärtige Benzinpreis?
final [ˈfaɪnl] *adj.* She passed her final examination.	**endgültig, (Ab)Schluß...** Sie bestand ihre Abschlußprüfung.
fortnight [ˈfɔːtnaɪt] *s.* They got married a fortnight ago.	(*Br.*) **vierzehn Tage** (= *Zeitraum von zwei Wochen*) Sie haben vor 14 Tagen geheiratet.
frequent [ˈfriːkwənt] *adj.* He learned a lot on his frequent visits to Rome.	**häufig** Er lernte eine Menge bei seinen häufigen Besuchen in Rom.
length [leŋθ] *s.* She couldn't tell us the length of the film.	**Länge** *f*, **Dauer** *f* Sie konnte uns die Länge des Films nicht sagen.
period [ˈpɪərɪəd] *s.* The Reformation is an important period in history. The restaurant opened again after a period of 3 months.	**Periode** *f*, **Zeitraum** *m* Die Reformation ist eine wichtige Periode der Geschichte. Das Restaurant machte nach (einem Zeitraum von) 3 Monaten wieder auf.
punctual [ˈpʌŋktjʊəl] *adj.* Will you never be punctual?	**pünktlich** Wirst du niemals pünktlich sein?
while [waɪl] *s.* He slept for a while.	**Weile** *f* Er schlief eine Zeitlang (= *eine Weile*).

2.1.6.2 *ADVERBIEN, PRÄPOSITIONEN, KONJUNKTIONEN*

«1–2000»

after [ˈɑːftə] *prep.* They came after dinner.	**nach** Sie kamen nach dem Abendessen.
after [ˈɑːftə] *adv.* He died some days after.	**danach** Er starb ein paar Tage danach.

after [ˈɑːftə] *cj.*
We laughed a lot after she had
left.

nachdem
Wir lachten sehr, nachdem sie
gegangen war.

afterwards [ˈɑːftəwədz] *adv.*
What shall I do afterwards?

nachher, danach
Was soll ich nachher tun?

already [ɔːlˈredɪ] *adv.*
Are they here already?

schon
Sind sie schon hier?

always [ˈɔːlweɪz] *adv.*
She always asks such stupid
questions.

immer
Sie stellt immer so dumme Fragen.

at last [ət ˈlɑːst] *adv.*
At last they had finished.

endlich
Endlich waren sie fertig.

at once [ət ˈwʌns] *adv.*
I'll answer the letter at once.

sofort
Ich werde den Brief sofort beantworten.

before [bɪˈfɔː] *prep.*
He'll arrive before dinner.

vor
Er wird vor dem Abendessen
ankommen.

before [bɪˈfɔː] *cj.*
You can't go before you have
finished work.

bevor, ehe
Du kannst nicht gehen, bevor
du mit der Arbeit fertig bist.

before [bɪˈfɔː] *adv.*
If only I had known before!

vorher
Wenn ich es doch vorher ge-
wußt hätte!

during [ˈdjʊərɪŋ] *prep.*
We were in the mountains
during our holidays.

während
Wir waren während unserer
Ferien im Gebirge.

early [ˈɜːlɪ] *adv.*
They got up very early.

früh(zeitig)
Sie standen sehr früh auf.

ever [ˈevə] *adv.*
Have you ever been to America?

je(mals)
Waren Sie schon einmal (*oder*
jemals) in Amerika?

first [fɜːst] *adv.*
I'll ask my husband first.

(zu)erst
Ich will erst meinen Mann fragen.

for [fə] *prep.*
She had been ill for weeks.

...lang
Sie war wochenlang krank.

forever [fəˈrevə] *adv.*
They had to say goodbye forever.

für immer
Sie mußten für immer Ab-
schied nehmen.

formerly [ˈfɔːməlɪ] *adv.*
Formerly he was a famous actor.

früher, einst
Früher war er (einmal) ein berühmter Schauspieler.

---

in time [ɪn ˈtaɪm] *adv.*
We arrived at the station in time to catch the train.

rechtzeitig
Wir kamen so rechtzeitig am Bahnhof an, daß wir den Zug (noch) erreichten.

---

last [lɑːst] *adv.*
When did you last see him?

zuletzt
Wann hast du ihn zuletzt gesehen?

---

late [leɪt] *adv.*
They came (*oder* arrived) late for our play.

(zu) spät
Sie kamen zu spät zu unserem Theaterstück.

---

long [lɒŋ] *adv.*
Did they stay long?

lang(e)
Blieben sie lange?

---

never [ˈnevə] *adv.*
She will never return.

nie(mals)
Sie wird nie (mehr) zurückkommen.

---

not yet [nɒt ˈjet] *adv.*
I have not yet finished my work.

noch nicht
Ich bin noch nicht mit meiner Arbeit fertig.

---

now [naʊ] *adv.*
You must act now.

nun, jetzt
Du mußt nun handeln.

---

on time [ɒn ˈtaɪm] *adv.*
Your letter arrived on time.

pünktlich
Ihr Brief kam pünktlich an.

---

since [sɪns] *prep.*
She has been here since last Friday.

seit
Sie ist (schon) seit letzten Freitag hier.

---

since [sɪns] *cj.*
It's been three weeks since he left us.

seit(dem)
Es ist drei Wochen her, seitdem er uns verlassen hat.

---

sometimes [ˈsʌmtaɪmz] *adv.*
They sometimes go to see their mother, who is quite old now.

manchmal
Sie besuchen manchmal ihre Mutter, die jetzt recht alt ist.

---

soon [suːn] *adv.*
I'll soon be back again.

bald
Ich bin bald wieder zurück.

---

still [stɪl] *adv.*
Is your wife still at home?

noch
Ist Ihre Frau noch zu Hause?

---

then [ðen] *adv.*
What happened then?

dann
Was geschah dann?

till [tɪl] *prep.*
They were at school till 1 o'clock.

bis
Sie waren bis 1 Uhr in der Schule.

today [təˈdeɪ] *adv.*
The weather is fine today.

heute
Das Wetter ist heute schön.

tomorrow [təˈmɒrəʊ] *adv.*
Will he be back tomorrow?

morgen
Wird er morgen (wieder) zurück sein?

until [ənˈtɪl] *prep.*
Can he wait until tomorrow?

bis
Kann er bis morgen warten?

when [wen] *adv.*
When did the accident happen?

wann
Wann passierte der Unfall?

when [wen] *cj.*
Let me know when you are in London.

wenn
Laß mich wissen, wenn du in London bist.

when [wen] *cj.*
When I returned, dinner was ready.

als
Als ich zurückkam, war das Essen fertig.

while [waɪl] *cj.*
Don't talk while you are eating.

während
Sprich nicht, während du ißt!

yesterday [ˈjestədɪ] *adv.*
I couldn't ring you up yesterday.

gestern
Ich konnte dich gestern nicht anrufen.

«2001–4000»

at first [ət ˈfɜːst] *adv.*
At first she thought she would go mad.

zuerst
Zuerst dachte sie, sie würde verrückt werden.

ever since [ˈevə ˈsɪns] *adv.*
He came to New York in 1978 and has lived here ever since.

seitdem
Er kam 1978 nach New York und wohnt seitdem hier.

ever since [ˈevə ˈsɪns] *cj.*
They've been friends ever since they served in the army together.

seit(dem)
Sie sind Freunde, seit(dem) sie miteinander beim Militär waren.

every other day [ˈevrɪ ˈʌðə ˈdeɪ] *adv.*
Take one of these pills every other day.

jeden zweiten Tag

Nehmen Sie jeden zweiten Tag eine von diesen Tabletten.

finally [ˈfaɪnəlɪ] *adv.*
After having failed twice he finally passed the test.

endlich
Nachdem er zweimal durchgefallen war, bestand er endlich die Prüfung.

immediately [ɪˈmiːdjətlɪ] *adv.*
They immediately stopped talking.

sofort
Sie hörten sofort zu sprechen auf.

lately [ˈleɪtlɪ] *adv.*
Have you been to the cinema lately?

in der letzten Zeit
Warst du in der letzten Zeit im Kino?

later on [leɪtər ˈɒn] *adv.*
We can settle that later on.

später
Wir können das später erledigen.

meanwhile [miːnˈwaɪl] *adv.*
Meanwhile he smoked a cigarette.

inzwischen
Inzwischen rauchte er eine Zigarette.

nowadays [ˈnaʊədeɪz] *adv.*
Is life easier nowadays than it was before?

heutzutage
Ist das Leben heutzutage leichter als es früher war?

recently [ˈriːsntlɪ] *adv.*
I got a letter from her recently.

kürzlich, vor kurzem
Ich habe vor kurzem einen Brief von ihr bekommen.

the day after tomorrow [ðə ˈdeɪ ˈɑːftə təˈmɒrəʊ] *adv.*
They will arrive the day after tomorrow.

übermorgen
Sie werden übermorgen ankommen.

the day before yesterday [ðə ˈdeɪ bɪˈfɔː ˈjestədɪ] *adv.*
He was in my office the day before yesterday.

vorgestern
Er war vorgestern in meinem Büro.

then [ðən] *adv.*
I was a little boy then.

damals
Ich war damals ein kleiner Junge.

the other day [ðɪ ˈʌðə ˈdeɪ] *adv.*
The other day I met Mr Perkins.

neulich
Neulich traf ich Herrn P.

this afternoon [ðɪs ɑːftəˈnuːn] *adv.*
She has a piano lesson this afternoon.

heute nachmittag
Sie hat heute nachmittag Klavierstunde.

this evening [ðɪs ˈiːvnɪŋ] *adv.*
Can we meet this evening?

heute abend
Können wir uns heute abend treffen?

this morning [ðɪs ˈmɔːnɪŋ] *adv.*
The weather is fine this morning.

heute morgen
Das Wetter ist heute morgen schön.

tonight [təˈnaɪt] *adv.*
I want to go to the cinema tonight.

heute abend
Ich möchte heute abend ins Kino gehen.

to this day [tə ˈðɪs ˈdeɪ]
To this day I still don't know what really happened.

bis heute
Bis heute weiß ich noch nicht, was wirklich passierte.

up to [ˈʌp tə] *prep.*
Up to now, everything has gone well.

bis
Bis jetzt ist alles gutgegangen.

yet [jet] *adv.*
Has he come yet?

(bei Fragen:) **schon**
Ist er schon gekommen?

2.1.7 ZEITLICHER ABLAUF

«1–2000»

again [əˈgen] *adv.*
Our dog has come back again.

wieder
Unser Hund ist wieder zurückgekommen.

become [bɪˈkʌm] *v/i.*
⚠ **became** [bɪˈkeɪm], **become** [bɪˈkʌm]
His son became a baker.

werden

Sein Sohn wurde Bäcker.

begin [bɪˈgɪn] *v/t.*
⚠ **began** [bɪˈgæn], **begun** [bɪˈgʌn]
She began to cry.

beginnen, anfangen

Sie begann zu weinen.

change [tʃeɪndʒ] *v/i.*
Times have changed.

sich ändern
Die Zeiten haben sich geändert.

change [tʃeɪndʒ] *s.*
There has been a great change.

Veränderung *f*, **Wechsel** *m*
Es hat eine große Veränderung gegeben.

continue [kənˈtɪnjuː] *v/i.*
Let's continue!

fortsetzen, fortfahren (mit)
Fahren wir fort!

end [end] *s.*
I have little money towards the end of the month.

Ende *n*
Gegen Ende des Monats habe ich wenig Geld.

end [end] *v/i.*
When did the match end?

enden, zu Ende gehen
Wann endete das Spiel?

end [end] *v/t.*
Their mother's death ended their quarrel.

beenden
Der Tod ihrer Mutter beendete ihren Streit.

finish ['fɪnɪʃ] *v/t.*
Have you finished writing?

beenden
Bist du fertig mit dem Schreiben?

follow ['fɒləʊ] *v/i.*
A letter will follow.

(nach)folgen
Brief folgt.

get [get] *v/i.*
⚠ **got** [gɒt], **got** [gɒt]
She got tired.

werden

Sie wurde müde.

get ready [get 'redɪ] *v/t.*
She got the parcel ready.

fertigmachen
Sie machte das Paket fertig.

get ready [get 'redɪ] *v/i.*
Get ready, it's time to go.

sich fertigmachen
Macht euch fertig, es ist Zeit zum Gehen.

go on [gəʊ 'ɒn] *v/i.*
She had to go on with her work.

weitermachen
Sie mußte mit ihrer Arbeit weitermachen.

go on [gəʊ 'ɒn] *v/i.*
Things can't go on like that.

weitergehen
Das kann nicht so weitergehen.

grow [grəʊ] *v/i.*
⚠ **grew** [gruː], **grown** [grəʊn]
He had grown older.

werden

Er war älter geworden.

keep [kiːp] *v/i.*
⚠ **kept** [kept], **kept** [kept]
Keep quiet now!

bleiben

Seid jetzt ruhig!

once [wʌns] *adv.*
She washes her hair once a week.
Try once more.

einmal
Sie wäscht ihr Haar einmal in der Woche.
Versuch es noch einmal!

over ['əʊvə] *prep.*
You can stay over the weekend.

über
Ihr könnt das Wochenende über bleiben.

over ['əʊvə] *adv.*
The party was over at 2 o'clock.

vorüber, zu Ende, vorbei
Die Party war um 2 Uhr vorüber.

progress ['prəʊgres] s.
The patient is making good
progress.

Fortschritt(e pl.) m
Der Patient macht gute Fort-
schritte.

ready ['redɪ] adj.
I am ready to go out.

fertig (= bereit)
Ich bin zum Ausgehen fertig.

remain [rɪ'meɪn] v/i.
Will it remain so cold next
week, too?

bleiben
Wird es nächste Woche auch
so kalt bleiben?

repeat [rɪ'pi:t] v/t.
The teacher repeated the word
several times.

wiederholen
Der Lehrer wiederholte das
Wort ein paarmal.

start [stɑ:t] v/t.
He started talking.

anfangen
Er fing an zu reden.

stay [steɪ] v/i.
Can you stay a little longer?

bleiben
Kannst du noch ein wenig (länger) bleiben?

stop [stɒp] v/t.
Stop talking.

aufhören
Hör auf zu reden!

stop [stɒp] s.
We made a stop on our way.

Halt m
Wir machten unterwegs Halt.

time(s) [taɪm(s)] s. (pl.)
I was there for the first time.
I've seen her many times.

Mal n
Ich war zum erstenmal dort.
Ich habe sie schon viele Male
gesehen.

twice [twaɪs] adv.
Tom goes swimming twice a
week.

zweimal
T. geht zweimal in der Woche
zum Schwimmen.

«2001–4000»

and so on [ənd 'səʊ ɒn]
He talked about duty to oneself,
duty to one's parents, and so
on.

und so weiter
Er sprach über die Pflicht gegen sich selbst, die Pflicht gegen seine Eltern und so weiter.

be about to [bɪ ə'baʊt tə]
Mr Cox was about to leave.

im Begriff sein zu, wollen
Herr C. wollte gerade gehen.

beginning [bɪ'gɪnɪŋ] s.
At (oder In) the beginning I
wouldn't believe it.

Anfang m, **Beginn** m
Am Anfang (oder Zu Beginn)
wollte ich es nicht glauben.

check [tʃek] *v/t.*
Nobody could check her success.

aufhalten
Niemand konnte ihren Erfolg aufhalten.

delay [dɪˈleɪ] *v/t.*
We delayed our journey until the child was better.

verschieben
Wir verschoben unsere Reise, bis es dem Kind besser ging.

delay [dɪˈleɪ] *s.*
The letter arrived after a delay of three weeks.

Verzögerung *f*
Der Brief kam mit dreiwöchiger Verzögerung an.

develop [dɪˈveləp] *v/i.*
The delicate baby developed into a healthy child.

sich entwickeln
Das zarte Baby entwickelte sich zu einem gesunden Kind.

development [dɪˈveləpmənt] *s.*
What are the latest developments?

Entwicklung *f*
Wie ist der neueste Stand (= *die neueste Entwicklung*) der Dinge?

interrupt [ɪntəˈrʌpt] *vt/i.*
Please don't interrupt (me).

unterbrechen
Bitte unterbrich (mich) nicht!

introduction [ɪntrəˈdʌkʃn] *s.*
The introduction of new methods always puzzles people.

Einführung *f*
Die Einführung neuer Methoden bringt die Leute immer in Verwirrung.

keep [kiːp] *v/t.*
⚠ **kept** [kept], **kept** [kept]
Keep smiling!

(*et.*) **weiter** (*tun*), **fortfahren mit**

Immer nur lächeln!

keep up [kiːp ˈʌp] *v/t.*
Old customs should be kept up.

aufrechterhalten
Alte Bräuche sollten aufrechterhalten werden.

last [lɑːst] *v/i.*
How long will this bad weather last?

(an-, fort)dauern
Wie lange wird dieses schlechte Wetter noch dauern?

maintain [meɪnˈteɪn] *v/t.*
The President tried to maintain law and order.

(aufrecht)erhalten
Der Präsident versuchte Ruhe (= *Recht*) und Ordnung aufrechtzuerhalten.

out of date [aʊt əv ˈdeɪt] *adj.*
This list is out of date.

überholt
Diese Liste ist überholt.

permanent [ˈpɜːmənənt] *adj.*
His permanent home is in Oxford.

dauernd, ständig
Sein ständiger Wohnsitz ist Oxford.

stage [steɪdʒ] *s.*
Research was still at an early stage.

Stadium *n*
Die Forschung befand sich noch in einem frühen Stadium.

start [stɑːt] *s.*
I knew from the start (that) he would never succeed.

Anfang *m*
Ich wußte von Anfang an, daß es ihm nie gelingen würde.

steady [ˈstedɪ] *adj.*
The room was kept at a steady temperature.

gleichmäßig, stetig
Die Temperatur in dem Raum wurde gleichmäßig gehalten.

take place [teɪk ˈpleɪs]
The wedding ceremony took place at 11 a.m.

stattfinden
Die Trauung fand um 11 Uhr morgens statt.

up(-)to(-)date [ʌptəˈdeɪt] *adj.*
These aren't up-to-date methods.

modern
Das sind keine modernen Methoden.

2.2 Raum

2.2.1 RÄUMLICHE BEGRIFFE

2.2.1.1 *SUBSTANTIVE, ADJEKTIVE, VERBEN*

«1–2000»

back [bæk] *adj.*
She sat on the back seat.

hintere(r, -s), Rück...
Sie saß auf dem Rücksitz.

deep [diːp] *adj.*
The water is not deep here.

tief
Das Wasser ist hier nicht tief.

direction [dɪˈrekʃn] *s.*
I went in the wrong direction.

Richtung *f*
Ich ging in der falschen Richtung.

distance [ˈdɪstəns] *s.*
What's the distance between A and B?

Entfernung *f*
Wie groß ist die Entfernung zwischen A und B?

flat [flæt] *adj.*
The country is very flat here.

flach
Das Land ist hier sehr flach.

front [frʌnt] *s.*
There are two entrances at the front of the house.

Vorderseite *f*, **-front** *f*
Auf der Vorderseite des Hauses sind zwei Eingänge.

high [haɪ] *adj.*
We came to a high building.

hoch
Wir kamen zu einem hohen Gebäude.

left [left] *adj.*
Raise your left arm.

linke(r, -s)
Heb den linken Arm hoch!

left [left] *s.*
They live in the second house on the left.
Keep to the left.

linke Seite *f*
Sie wohnen im zweiten Haus links (= *auf der linken Seite*).
Links bleiben!

long [lɒŋ] *adj.*
How long is this bed?

lang
Wie lang ist dieses Bett?

low [ləʊ] *adj.*
There was a low wall at the end of the garden.

niedrig
Am Ende des Gartens war eine niedrige Mauer.

middle [ˈmɪdl] *s.*
They carried the table into the middle of the room.

Mitte *f*
Sie trugen den Tisch in die Mitte des Zimmers.

narrow [ˈnærəʊ] *adj.*
The old town has narrow streets.
The opening is too narrow.

eng, schmal
Die Altstadt hat enge Straßen.

Die Öffnung ist zu schmal.

near [nɪə] *adj.*
Where is the nearest post office?

nahe
Wo ist das nächste Postamt?

opposite [ˈɒpəzɪt] *adj.*
Go in the opposite direction.

entgegengesetzt
Gehen Sie in die entgegengesetzte Richtung!

place [pleɪs] *s.*
Where is the best place for the desk?

Platz *m*, **Ort** *m*
Wo ist der beste Platz für den Schreibtisch?

right [raɪt] *adj.*
He's holding a knife in his right hand.

rechte(r, -s)
Er hält ein Messer in der rechten Hand.

right [raɪt] *s.*
The hotel is on your right.

Turn to the right.

rechte Seite *f*
Das Hotel ist rechts von Ihnen (= *auf Ihrer rechten Seite*).
Biegen Sie nach rechts ab!

room [ruːm] *s.*
Here's a room for your library.

Raum *m*
Hier ist ein Raum für Ihre Büchersammlung.

room [ruːm] *s.*
Is there room enough for our things?

(freier) Platz *m*
Gibt es genug Platz für unsere Sachen?

side [saɪd] *s.*
They came from all sides.

Seite *f*
Sie kamen von allen Seiten.

straight [streɪt] *adj., adv.*
He drew a straight line.
Sit (up) straight.

gerade
Er zog eine gerade Linie.
Sitz gerade!

surface ['sɜːfɪs] *s.*
The fish came to the surface (of the water).

Oberfläche *f*
Der Fisch kam an die (Wasser)Oberfläche.

upper ['ʌpə] *adj.*
His upper arm was broken.

obere(r, -s), Ober...
Sein Oberarm war gebrochen.

wide [waɪd] *adj.*
This skirt is too wide.

weit, breit
Dieser Rock ist zu weit.

wide [waɪd] *adv.*
The window was wide open.

weit
Das Fenster war weit geöffnet.

«2001–4000»

broad [brɔːd] *adj.*
The uniform has a broad red stripe.

breit
Die Uniform hat einen breiten roten Streifen.

central ['sentrəl] *adj.*
Their house is very central for shopping.

zentral, Mittel...
Ihr Haus liegt sehr zentral zum Einkaufen.

depth [depθ] *s.*
The lake has a depth of 30 feet.

Tiefe *f*
Der See hat eine Tiefe von 30 Fuß.

distant ['dɪstənt] *adj.*
We heard distant voices.

entfernt
Wir hörten entfernte Stimmen.

extent [ɪk'stent] *s.*
From the tower they were able to see the full extent of the park.

Ausdehnung *f*
Vom Turm aus konnten sie den Park in seiner vollen Ausdehnung sehen.

extent [ɪk'stent] *s.*
The extent of his knowledge astonished us.

Umfang *f*
Der Umfang seines Wissens erstaunte uns.

height [haɪt] *s.*
Can you estimate the height of the house?

Höhe *f*
Kannst du die Höhe des Hauses schätzen?

inner [ˈɪnə] *adj.*
He suffers from a disease of the inner ear.

innere(r, -s), Innen...
Er leidet an einer Erkrankung des Innenohrs.

inside [ɪnˈsaɪd] *s.*
You can turn it inside out.

Innenseite *f*
Du kannst es umwenden (= die Innenseite [davon] nach außen kehren).

outer [ˈaʊtə] *adj.*
They climbed onto the outer wall.

äußere(r, -s), Außen...
Sie kletterten auf die Außenmauer.

outside [aʊtˈsaɪd] *s.*
The outside of the house needs painting.

Außenseite *f*
Die Außenseite des Hauses muß gestrichen werden.

position [pəˈzɪʃn] *s.*
The house had a wonderful position on a hill.

Lage *f*
Das Haus hatte eine wunderbare Lage auf einem Hügel.

reach [riːtʃ] *v/i.*
The woods reach almost to the sea.

reichen
Die Wälder reichen fast bis ans Meer.

situation [sɪtjʊˈeɪʃn] *s.*
Germany's situation in the centre of Europe caused many difficulties.

Lage *f*
Deutschlands Lage im Zentrum Europas brachte viele Schwierigkeiten mit sich.

space [speɪs] *s.*
Leave some space between the lines.

(freier) Raum *m*, **Platz** *m*
Laß etwas Platz (= Zwischenraum) zwischen den Zeilen.

spot [spɒt] *s.*
This is a lovely spot to build a house (on).

Ort *m*, **Stelle** *f*
Das ist ein hübscher Ort, um darauf ein Haus zu bauen.

stretch [stretʃ] *v/i.*
The ocean stretched as far as the eye could see.

sich erstrecken
Der Ozean erstreckte sich so weit das Auge reichte.

stretch [stretʃ] *s.*
We had to drive on a bad stretch of road.

Strecke *f*
Wir mußten eine schlechte Wegstrecke fahren.

thickness [ˈθɪknɪs] *s.*
The thickness of the curtain helped to keep the room warm.

Dicke *f* (*Stärke*)
Die Dicke des Vorhangs half, das Zimmer warmzuhalten.

top [tɒp] *s.*
His name was at the top of the list.

Spitze *f*, **oberstes Ende** *n*
Sein Name stand an der Spitze der Liste.

top [tɒp] *s.*
We reached the top (of the mountain).

Gipfel *m*, **Spitze** *f*
Wir erreichten den Gipfel (des Berges).

top [tɒp] *s.*
Her evening dress has a silk top.

Oberteil *n*
Ihr Abendkleid hat ein seidenes Oberteil.

top [tɒp] *adj.*
What's in the top drawer?

oberste(r, -s), höchste(r, -s)
Was ist in der obersten Schublade?

upright [ʌpˈraɪt] *adj.*
She was standing upright in front of her bed.

aufrecht, gerade
Sie stand aufrecht vor ihrem Bett.

width [wɪdθ] *s.*
This curtain material is available in several widths.

Breite *f*
Dieser Vorhangstoff ist in verschiedenen Breiten zu haben.

2.2.1.2 ADVERBIEN, PRÄPOSITIONEN

«1–2000»

about [əˈbaʊt] *prep.*
Her things were lying about the room.

um (herum)
Ihre Sachen lagen im Zimmer herum.

about [əˈbaʊt] *adv.*
They sat about doing nothing.

herum
Sie saßen untätig herum.

above [əˈbʌv] *prep.*
The plane was flying above the clouds.

über (… weg)
Das Flugzeug flog über den Wolken.

across [əˈkrɒs] *prep.*
Be careful when you go across the street.

(quer) über (acc.)
Sei vorsichtig, wenn du über die Straße gehst.

against [əˈgenst] *prep.*
They sailed against the wind.

gegen
Sie segelten gegen den Wind.

along [əˈlɒŋ] *prep.*
Some women walked along the street.

entlang, hinunter
Ein paar Frauen gingen die Straße entlang (*oder* hinunter).

along [əˈlɒŋ] *adv.*
A dog came running along.

daher…, entlang…
Ein Hund kam dahergerannt.

among [əˈmʌŋ] *prep.*
She sat among the other girls.

zwischen (*dat.*), **inmitten** (*gen.*)
Sie saß zwischen den anderen Mädchen.

anywhere [ˈenɪweə] *adv.*
Have you seen my sister any-where?

irgendwo
Hast du irgendwo meine Schwester gesehen?

around [əˈraʊnd] *prep.*
He travelled around the world.

um (herum)
Er reiste um die Welt.

around [əˈraʊnd] *adv.*
She is able to walk around again.

herum
Sie kann wieder herumlaufen.

at [æt; ət] *prep.*
Who's at the door?

an (*dat.*)
Wer ist an der Tür?

away [əˈweɪ] *adv.*
She went away.

weg, fort
Sie ging weg (*oder* fort).

back [bæk] *adv.*
I shall be back soon.

zurück
Ich werde bald zurück sein.

behind [bɪˈhaɪnd] *prep.*
What is behind that wall?

hinter
Was ist hinter dieser Wand?

behind [bɪˈhaɪnd] *adv.*
He's far behind. (*auch fig.*)

zurück, hinten
Er ist weit zurück.

beside [bɪˈsaɪd] *prep.*
She was sitting beside her son.

neben
Sie saß neben ihrem Sohn.

by [baɪ] *prep.*
He took her by the hand.

bei
Er nahm sie bei der Hand.

by [baɪ] *adv., prep.*
She walked by (us).

vorbei (an)
Sie ging (an uns) vorbei.

down [daʊn] *adv., prep.*
He climbed down.
The boy came running down the street.

hinunter, herunter
Er kletterte hinunter.
Der Junge kam die Straße her-untergerannt.

down [daʊn] *adv.*
They live down there in the basement.

(dr)unten
Sie wohnen da (dr)unten im Untergeschoß.

everywhere [ˈevrɪweə] *adv.*
Grandfather looked for his glasses everywhere.

überall
Großvater suchte überall seine Brille.

far [fɑː] *adv.*
Don't go too far.

weit (weg)
Geh nicht zu weit! (*auch fig.*)

for [fɔː; fə] *prep.*
Is this the train for Cambridge?

nach
Ist das der Zug nach Cam-bridge?

from [frɒm] *prep.*
Where do you come from?
I got a letter from my sister.

von (... her)
Woher kommen Sie?
Ich bekam einen Brief von meiner Schwester.

here [hɪə] *adv.*
Here is (= **Here's** [hɪəz] my sister.
Here I am.

hier
Hier ist meine Schwester.

Hier bin ich.

here [hɪə] *adv.*
Come here.

(hier)her
Komm (hier)her!

in [ɪn] *prep.*
The key was in my purse.

in (*dat., gelegentlich acc.*)
Der Schlüssel war in meinem Geldbeutel.

in [ɪn] *adv.*
He ran around the swimming pool and fell in.
May I come in?

hinein, herein
Er rannte um den Swimmingpool herum und fiel hinein.
Kann ich hereinkommen?

in front of [ɪn 'frʌnt əv] *prep.*
The teacher stood in front of his pupils.

vor
Der Lehrer stand vor seinen Schülern.

inside [ɪn'saɪd] *adv.*
They had tea inside.

drinnen
Sie tranken drinnen Tee.

into ['ɪntʊ; 'ɪntə] *prep.*
I went into the building.

in (*acc.*)
Ich ging in das Gebäude.

left [left] *adv.*
Turn left at the next corner.

nach links
Biegen Sie an der nächsten Straßenecke (nach) links ab.

near [nɪə] *prep., adv.*
She went too near the fire.

nahe
Sie ging zu nahe an das Feuer.

near [nɪə] *prep.*
They live near the station.

bei, in der Nähe von
Sie wohnen beim Bahnhof.

nowhere ['nəʊweə] *adv.*
The boy was nowhere to be found.

nirgends, nirgendwo
Der Junge war nirgends zu finden.

off [ɒf] *adv.*
The village was five miles off.

weg
Das Dorf war fünf Meilen weg.

off [ɒf] *prep.*
He cut a branch off the tree.

weg von
Er haute einen Zweig vom Baum ab.

on [ɒn] *prep.*
Bob is sitting on a chair.

auf (*dat.*)
B. sitzt auf einem Stuhl.

on [ɒn] *prep.*
The picture is on the wall.

an (*dat.*)
Das Bild ist an der Wand.

out [aʊt] *adv.*
I went out into the garden.
She threw him out.
Come out into the garden.

hinaus, heraus
Ich ging hinaus in den Garten.
Sie warf ihn hinaus.
Komm heraus in den Garten!

out of [ˈaʊt əv] *prep.*
She ran out of the house.

aus ... (heraus)
Sie rannte aus dem Haus.

over [ˈəʊvə] *prep.*
They went over the bridge.

über (*acc.*)
Sie gingen über die Brücke.

over [ˈəʊvə] *adv.*
She went over to the head-master's office.
Come over to us.

hinüber, herüber
Sie ging hinüber ins Zimmer des Direktors.
Komm herüber zu uns!

right [raɪt] *adv.*
Turn right at the second crossing.

nach rechts
Biegen Sie bei der zweiten Kreuzung (nach) rechts ab.

round [raʊnd] *prep.*
The moon goes round the earth.

um (... herum)
Der Mond dreht sich um die Erde.

somewhere [ˈsʌmweə] *adv.*
You must look for your ring somewhere else.

irgendwo
Du mußt (irgend)wo anders nach deinem Ring suchen.

there [ðeə] *adv.*
I looked in the kitchen but mother wasn't there.

dort
Ich schaute in die Küche, aber Mutter war nicht dort.

there [ðeə] *adv.*
Who's there?
There are high mountains in Europe.
There is (= **There's** [ðeəz]) no telephone in the house.

da, *oft unpersönlich:* **es**
Wer ist da?
Es gibt in Europa hohe Berge.
Es gibt kein Telefon in dem Haus.

there [ðeə] *adv.*
Can we go there by bus?

(dort)hin
Können wir mit dem Bus hinfahren?

through [θruː] *prep.*
We went through the garden door.

durch
Wir gingen durch die Gartentür.

to [tʊ; tə] *prep.*
They went to the station.
Give the letter to me, please.

zu
Sie gingen zum Bahnhof.
Bitte gib den Brief mir!
(*deutsch: Dativ!*)

to [tʊ, tə] *prep.*
We're going to fly (*oder* We're flying) to London next week.

nach
Wir werden nächste Woche nach London fliegen.

towards [təˈwɔːdz] *prep.*
The soldiers were marching towards the town.

auf ... zu
Die Soldaten marschierten auf die Stadt zu.

under [ˈʌndə] *prep.*
The dog is lying under the chair.
The apple rolled under the cupboard.

unter (*dat., acc.*)
Der Hund liegt unter dem Stuhl.
Der Apfel rollte unter den Schrank.

up [ʌp] *adv., prep.*
He ran up the hill.
Prices have gone up.

hinauf, herauf
Er rannte den Hügel hinauf.
Die Preise sind gestiegen.

up [ʌp] *adv.*
She got (*oder* stood up) to ask a question.

auf
Sie stand auf, um eine Frage zu stellen.

up [ʌp] *adv.*
Do they live up there?

(dr)oben
Wohnen sie da (dr)oben?

upon [əˈpɒn] *prep.*
We came upon the most delightful village.

auf
Wir stießen auf ein ganz entzückendes Dorf.

where [weə] *adv.*
Where are my shoes?

wo
Wo sind meine Schuhe?

where [weə] *adv.*
Where are you going?

wohin
Wohin gehst du?

«2001–4000»

aside [əˈsaɪd] *adv.*
Put your book aside.

beiseite
Leg dein Buch beiseite!

at the bottom of [æt ðə ˈbɒtəm əv] *prep.*
Look at the picture at the bottom of page 78.

unten auf (*dat.*)
Schaut euch das Bild auf Seite 78 unten an!

at the front [æt ðə ˈfrʌnt] *adv.*

→ **in front**

at the head of [æt ðə ˈhed əv] *prep.*
The general marched at the head of his troops.

an der Spitze von
Der General marschierte an der Spitze seiner Truppen.

at the top [æt ðə ˈtɒp] *adv.*
On page 23 at the top there is a picture of the Queen as a girl.

oben
Auf Seite 23 oben ist ein Bild der Königin als junges Mädchen.

at the top of [æt ðə ˈtɒp əv] *prep.*
The date was at the top of the letter.

oben auf (*dat.*)
Das Datum stand oben auf dem Brief.

backwards [ˈbækwədz] *adv.*
He could say the numbers from 1 to 100 backwards.

rückwärts
Er konnte die Zahlen von 1 bis 100 rückwärts aufsagen.

below [bɪˈləʊ] *adv.*
The noise came from below.

unten
Der Lärm kam von unten.

below [bɪˈləʊ] *prep.*
Her skirt reaches just below the knees.

unter
Ihr Rock reicht gerade bis unters Knie.

downwards [ˈdaʊnwədz] *adv.*
The street led downwards to the market place.

hinunter, abwärts, nach unten
Die Straße führte hinunter zum Marktplatz.

forward(s) [ˈfɔːwəd(z)] *adv.*
The children ran forward.

vor(wärts), nach vorn, voran
Die Kinder rannten vor(wärts).

in front [ɪn ˈfrʌnt] *adv.*
The smaller pupils were sitting in front.

vorn
Die kleineren Schüler saßen vorn.

on top [ɒn ˈtɒp] *adv.*
Put these photographs on top.

obenauf, zuoberst
Leg diese Fotos obenauf!

on top of [ɒn ˈtɒp əv] *prep.*
The letter was lying on top of the others.

(zuoberst) auf (*dat.*)
Der Brief lag (zuoberst) auf den anderen.

opposite [ˈɒpəzɪt] *prep.*
He was sitting opposite (*auch* opposite to) me.

gegenüber
Er saß mir gegenüber.

throughout [θruːˈaʊt] *prep.*
They looked for the boy throughout the country.

überall in (*dat.*)
Sie suchten überall im Lande nach dem Jungen.

upwards [ˈʌpwədz] *adv.*

The balloon moved slowly upwards.

hinauf, aufwärts, hoch, nach oben
Der Ballon stieg langsam hoch.

2.2.2 BEWEGUNG UND RUHE

appear [əˈpɪə] v/i.
The guests appeared at the door.

erscheinen (*kommen*)
Die Gäste erschienen an der Tür.

appearance [əˈpɪərəns] s.
We were surprised at his appearance.

Erscheinen n (*Kommen*)
Wir waren über sein Erscheinen erstaunt.

approach [əˈprəʊtʃ] v/t.
The ship was approaching the harbour.

sich (*dat.*) **nähern**
Das Schiff näherte sich dem Hafen.

arrive [əˈraɪv] v/i.
The train didn't arrive on time.

ankommen
Der Zug kam nicht pünktlich an.

come [kʌm] v/i.
⚠ **came** [keɪm], **come** [kʌm]
Come here!

kommen

Komm (hier)her!

drop [drɒp] v/i.
Prices have dropped.

fallen
Die Preise sind gefallen.

enter [ˈentə] v/t.
Don't enter this room.

betreten
Betritt dieses Zimmer nicht!

enter [ˈentə] v/i.
He entered without knocking (at the door).

eintreten
Er trat ein, ohne anzuklopfen.

entry [ˈentrɪ] s.
Many people opposed Great Britain's entry into the Common Market.

Eintritt m, **Eintreten** n
Viele Leute widersetzten sich dem Eintritt Großbritanniens in den Gemeinsamen Markt.

escape [ɪˈskeɪp] v/i.
Two men escaped from prison.

entkommen
Zwei Männer sind aus dem Gefängnis entkommen.

fall [fɔːl] v/i.
⚠ **fell** [fel], **fallen** [ˈfɔːlən]
He fell off his horse.

fallen

Er fiel von seinem Pferd (herunter).

fall [fɔːl] s.
She had a fall.

Fall m (*Fallen, Sturz*)
Sie ist gestürzt.

fast [fɑːst] adj., adv.
He drives a fast car.

We ran as fast as we could.

schnell
Er fährt einen schnellen Wagen.
Wir rannten, so schnell wir konnten.

get to ['get tə] v/i.
They got to the hotel late in the evening.

gelangen zu
Sie gelangten spät abends zu dem Hotel.

go [gəʊ] v/i.
⚠ **went** [went], **gone** [gɒn]
We went into the garden.

gehen

Wir gingen in den Garten.

goes [gəʊz] (3. sg. von go)
The boy goes to school.

Der Junge geht zur Schule.

hurry ['hʌrɪ] v/i.
She hurried to the door.

eilen
Sie eilte zur Tür.

hurry ['hʌrɪ] s.
Take your time. There's no hurry.
She's always in a hurry.

Eile f
Laß dir Zeit! Es hat keine Eile.

Sie hat es immer eilig.

leave [liːv] v/i.
⚠ **left** [left], **left** [left]
She had already left.

fort-, weggehen

Sie war schon fortgegangen.

lie [laɪ] v/i.
⚠ **lay** [leɪ], **lain** [leɪn]
The letter was lying on his desk.

liegen

Der Brief lag auf seinem Schreibtisch.

move [muːv] v/i.
Don't move!

sich bewegen
Beweg dich nicht!

move [muːv] v/t.
I can't move my arm.

bewegen
Ich kann meinen Arm nicht bewegen.

on [ɒn] adv.
They walked on.

weiter
Sie gingen weiter.

pass [pɑːs] v/i.
We couldn't pass (by) without giving the beggar some money.

vorbeigehen
Wir konnten nicht vorbeigehen, ohne dem Bettler etwas (Geld) zu geben.

pass [pɑːs] v/t.
He waited for an hour but nobody passed him.

vorbeigehen an
Er wartete eine Stunde lang, aber niemand ging an ihm vorbei.

present ['preznt] adj.
She was not present at the meeting.

anwesend
Sie war nicht auf der Versammlung anwesend.

quick [kwɪk] adj.
He gave a quick answer.

schnell
Er gab eine schnelle Antwort.

rest [rest] *v/i.*
Rest in peace.

ruhen
(*Grabinschrift:*) Ruhe in Frieden!

return [rɪˈtɜːn] *v/i.*
We returned at eight o'clock.

zurückkehren
Um 8 Uhr kehrten wir zurück.

return [rɪˈtɜːn] *s.*
On his return he was very angry.
Many happy returns of the day!

Rückkehr *f,* **Wiederkehr** *f*
Bei seiner Rückkehr war er sehr zornig.
Herzlichen Glückwunsch zum Geburtstag!

rise [raɪz] *v/i.*
⚠ **rose** [rəʊz], **risen** [ˈrɪzn]
She rose to greet her guests.

aufstehen, sich erheben

Sie stand auf, um ihre Gäste zu begrüßen.

run [rʌn] *v/i.*
⚠ **ran** [ræn], **run** [rʌn]
They ran after the thief.

The water is running.

rennen, laufen

Sie rannten hinter dem Dieb her.
Das Wasser läuft.

sink [sɪŋk] *v/i.*
⚠ **sank** [sæŋk], **sunk** [sʌŋk]
Cork doesn't sink. It floats.

His feet sank into the snow.

untergehen, versinken

Kork geht nicht unter. Er schwimmt.
Seine Füße versanken im Schnee.

sit [sɪt] *v/i.*
⚠ **sat** [sæt], **sat** [sæt]
They were sitting on the floor.

sitzen

Sie saßen auf dem Boden.

sit down [sɪt ˈdaʊn] *v/i.*
Sit down, please.

sich (hin)setzen
Bitte setzen Sie sich!

slow [sləʊ] *adj.*
He doesn't like slow cars.

langsam
Er mag keine langsamen Wagen.

speed [spiːd] *s.*
Bill was driving at (a) high speed.

Geschwindigkeit *f,* **Tempo** *n*
B. fuhr mit hoher Geschwindigkeit.

spring [sprɪŋ] *v/i.*
⚠ **sprang** [spræŋ], **sprung** [sprʌŋ]
Fred suddenly sprang up.

springen

F. sprang plötzlich auf.

stand [stænd] *v/i.*
⚠ **stood** [stʊd], **stood** [stʊd]
They stood around doing nothing.

stehen

Sie standen herum und taten nichts.

start [stɑːt] *v/i.*
We started early.

aufbrechen
Wir brachen frühzeitig auf.

step [step] *s.*
She walked with slow steps.

Schritt *m*
Sie ging mit langsamen Schritten.

to and fro [tuː ənd ˈfrəʊ]
He walked to and fro in the room.

hin und her
Er ging im Zimmer auf und ab.

turn [tɜːn] *v/i.*
The wheels are turning.

sich (um-, herum)drehen
Die Räder drehen sich.

walk [wɔːk] *v/i.*
We walked (for) five miles.

(zu Fuß) gehen, laufen
Wir gingen fünf Meilen.

«2001–4000»

balance [ˈbæləns] *s.*
She kept her balance on the bicycle.

Gleichgewicht *n*
Sie hielt sich auf dem Fahrrad im Gleichgewicht.

be seated [bɪ ˈsiːtɪd]
Please be seated.

sitzen, Platz nehmen
Bitte nehmen Sie Platz!

creep [kriːp] *v/i.*
⚠ **crept** [krept], **crept** [krept]
The cars were creeping along the motorway.

kriechen, schleichen

Die Autos krochen auf der Autobahn dahin.

disappear [dɪsəˈpɪə] *v/i.*
A boy of eleven disappeared from his home.

verschwinden
Ein elfjähriger Junge verschwand von zu Hause.

escape [ɪˈskeɪp] *s.*
No one had noticed the prisoner's escape.

Flucht *f*, **Entkommen** *n*
Niemand hatte die Flucht des Gefangenen bemerkt.

float [fləʊt] *v/i.*
A piece of wood was floating on the water.

schwimmen, treiben
Ein Stück Holz schwamm auf dem Wasser.

flow [fləʊ] *v/i.*
The River Thames flows into the North Sea.

fließen
Die Themse fließt in die Nordsee.

hang [hæŋ] *v/i.*
⚠ **hung** [hʌŋ], **hung** [hʌŋ]
The coat hung on the hook.

hängen (*hing, gehangen*)

Der Mantel hing am Haken.

---

hasty ['heɪstɪ] *adj.*
Don't be so hasty.

eilig, hastig
Hab es nicht so eilig!

---

jump [dʒʌmp] *v/i.*
Can you jump off the wall?

springen, hüpfen
Kannst du von der Mauer herunterspringen?

---

motion ['məʊʃn] *s.*
The mechanic set the engine in motion.

Bewegung *f*
Der Mechaniker setzte den Motor in Bewegung (*oder* Gang).

---

movement ['muːvmənt] *s.*
There was little movement in the air.

Bewegung *f*
Es war wenig Bewegung in der Luft.

---

pace [peɪs] *s.*
They marched at a fast pace.

Schritt *m*
Sie marschierten mit raschem Schritt.

---

presence ['prezns] *s.*
Don't say such things in the presence of the children.

Anwesenheit *f*, **Gegenwart** *f*
Sag solche Sachen nicht in Anwesenheit der Kinder.

---

push [pʊʃ] *v/i.*
Stop pushing.

dränge(l)n
Hör auf zu drängeln!

---

rapid ['ræpɪd] *adj.*
He made a rapid recovery.

rasch, schnell
Er erholte sich rasch.

---

reach [riːtʃ] *v/t.*
We reached the town three hours later.

erreichen
Drei Stunden später erreichten wir die Stadt.

---

rise [raɪz] *v/i.*
⚠ **rose** [rəʊz], **risen** ['rɪzn]
The water was rising.

ansteigen

Das Wasser stieg an.

---

rock [rɒk] *vt/i.*
The boat was rocking on the waves.
The mother rocked her child in her arms.

schaukeln, (sich) wiegen
Das Boot schaukelte (sanft) auf den Wellen.
Die Mutter wiegte ihr Kind in den Armen.

---

roll [rəʊl] *vt/i.*
Mary rolled up the blanket.
The ball rolled along the street.

rollen
M. rollte die Decke auf.
Der Ball rollte die Straße entlang.

---

rush [rʌʃ] *v/i.*
She rushed up the stairs.

eilen
Sie eilte die Treppen hinauf.

rush [rʌʃ] *v/i.*
Father rushed into the room.

stürzen, eilig kommen
Vater stürzte ins Zimmer.

settle ['setl] *v/i.*
Many Germans settled in America.

sich niederlassen
Viele Deutsche ließen sich in Amerika nieder.

shock [ʃɒk] *s.*
The shock of the explosion could be felt in the distance.

Erschütterung *f*
Man konnte die Erschütterung durch die Explosion in der Ferne spüren.

slide [slaɪd] *v/i.*
⚠ **slid** [slɪd], **slid** [slɪd]
The cup slid off the saucer.

gleiten, rutschen

Die Tasse glitt (*oder* rutschte) von der Untertasse herunter.

slip [slɪp] *v/i.*
The old man slipped and broke his leg.

(aus)gleiten, (aus)rutschen
Der alte Mann glitt aus und brach sich das Bein.

speed [spiːd] *v/i.*
⚠ **speeded** ['spiːdɪd], **sped** [sped]; **speeded** ['spiːdɪd], **sped** [sped]
The car sped away.

eilen, flitzen

Der Wagen flitzte davon.

spin [spɪn] *v/i.*
⚠ **spun** [spʌn], **spun** [spʌn]
My head is spinning.

sich (*im Kreis*) **drehen**

„Mir dreht sich alles im Kopf" (= *Mir ist schwindlig*).

stream [striːm] *v/i.*
Tears were streaming down her face.

strömen
Tränen strömten ihr übers Gesicht.

tread [tred] *v/i.*
⚠ **trod** [trɒd], **trodden** ['trɒdn]
Don't tread on the grass.

treten

Nicht auf den Rasen treten!

turn [tɜːn] *v/i.*
He turned to the child.

sich wenden
Er wandte sich dem Kind zu.

turn [tɜːn] *s.*
With a turn of the handle he opened the door.

Drehung *f*
Mit einer Drehung des Griffs öffnete er die Tür.

turn [tɜːn] *s.*
We took a turn to the right.

Wendung *f*
Wir machten eine Wendung nach rechts.

wander [ˈwɒndə] v/i.
They liked wandering about in
the woods.

umherwandern
Sie wanderten gerne im Wald
umher.

2.3 Menge und Maß

2.3.1 MENGENBEGRIFFE

«1–2000»

a few [ə ˈfjuː]
A few people had come.

ein paar
Ein paar Leute waren gekommen.

---

all [ɔːl] adj., s.
All our money was spent.

Is that all?

all(e, -es), ganz
Unser ganzes Geld war verbraucht.
Ist das alles?

---

a lot of [ə ˈlɒt əv]
They had a lot of fun.

(F) **viel(e), eine Menge**
Sie hatten viel Spaß.

---

another [əˈnʌðə] adj.
Would you like another cup of
tea?

noch ein(e)
Möchten Sie noch eine Tasse
Tee?

---

both [bəʊθ] adj., s.
Why not like both (of them)?

beide
Warum sollte man sie nicht
(alle) beide gern haben?

---

dozen [ˈdʌzn] s.
He ate half a dozen sausages.

Dutzend n
Er aß ein halbes Dutzend
Würstchen.

---

enough [ɪˈnʌf] adj., adv.
Have we got enough time?
She is not strong enough.

genug
Haben wir genug Zeit?
Sie ist nicht kräftig genug.

---

few [fjuː] adj., s.
Few people really know him.

He was among the few who had
come.

wenig(e)
Wenige Leute kennen ihn wirklich.
Er war unter den wenigen, die
gekommen waren.

---

half [hɑːf] s.
pl. **halves** [hɑːvz]
She took the bigger half.

Hälfte f

Sie nahm die größere Hälfte.

half [hɑ:f] *adj.*

He had soon spent half the money.

halb(er, -e, -es)

Er hatte bald das halbe Geld verbraucht.

---

least [li:st] *adv.*

He is the least known of this group of writers.

am wenigsten

Er ist der am wenigsten bekannte Schriftsteller dieser Gruppe.

---

less [les] *adj., adv., s.*

He has less money than I have.

This car is less expensive.

We saw less and less of her after she got married.

weniger

Er hat weniger Geld als ich.

Dieser Wagen ist weniger kostspielig (*oder* ist billiger).

Nach ihrer Heirat sahen wir sie immer seltener.

---

little ['lɪtl] *adj., adv., s.*

She eats very little.

wenig

Sie ißt sehr wenig.

---

many ['menɪ] *adj., s.*

Many people think (that) he's right.

Many of them were killed.

viele

Viele (Leute) glauben, daß er recht hat.

Viele von ihnen wurden getötet.

---

more [mɔ:] *adj., adv.*

There were more people at the meeting than last time.

He was more successful.

He liked her more and more.

mehr

Es waren mehr Leute auf der Versammlung als letztesmal.

Er war erfolgreicher.

Er mochte sie immer mehr.

---

most [məʊst] *adj., s.*

Paul has the most money of us all.

We're only here for three days.

Let's make the most of it.

meiste

P. hat von uns allen das meiste Geld.

Wir sind nur drei Tage hier.

Wollen wir sie so gut wie möglich nutzen.

---

most [məʊst] *adv.*

What do you like most in her?

Which car is the most expensive?

am meisten

Was gefällt dir an ihr am meisten?

Welches Auto ist das teuerste?

---

much [mʌtʃ] *adj., adv., s.*

There's not much time left.

This photo is much better.

That's a bit much.

viel

Es bleibt nicht viel Zeit (übrig).

Dieses Foto ist viel besser.

Das ist etwas viel.

---

no [nəʊ] *adj.*

I had no [= I didn't have an] umbrella with me.

kein(e)

Ich hatte keinen Schirm dabei.

not a(n) [nɒt ə(n)]
This isn't a handkerchief [an umbrella] of mine.

kein(e)
Das ist kein Taschentuch [Regenschirm] von mir.

nothing [ˈnʌθɪŋ] s.
Nothing could be done about it.

nichts
Man konnte nichts dagegen tun.

pair [peə] s.
I want a pair of gloves.

She bought a pair of scissors.

Paar n
Ich möchte ein Paar Handschuhe.

Sie kaufte eine Schere.

quarter [ˈkwɔːtə] s.
You can have that bag for a quarter of the price.

Viertel n
Du kannst diese Tasche für ein Viertel des Preises haben.

«2001–4000»

a good many [ə gʊd ˈmenɪ]
He had read a good many books.

sehr viele, eine Menge
Er hatte sehr viele Bücher gelesen.

a great deal [ə greɪt ˈdiːl]
They ate a great deal of the cake.

(sehr) viel
Sie aßen viel von dem Kuchen.

a great many [ə greɪt ˈmenɪ]
A great many people hate him.

(sehr) viele
Viele (Leute) hassen ihn.

contain [kənˈteɪn] v/t.
The box contains sweets.

enthalten
Die Schachtel enthält Süßigkeiten.

contents [ˈkɒntents] s. pl.
The whole contents of her handbag lay on her bed.

Inhalt m
Der ganze Inhalt ihrer Handtasche lag auf ihrem Bett.

double [ˈdʌbl] adj.
The word "common" has a double meaning in English.

doppelt
Das Wort „common" hat im Englischen eine doppelte Bedeutung.

heap [hiːp] s.
Her things lay in a heap on the table.

Haufen m
Ihre Sachen lagen in einem Haufen auf dem Tisch.

hold [həʊld] v/t.
⚠ **held** [held], **held** [held]
The case held all her valuables.

enthalten

Das Kästchen enthielt alle ihre Wertsachen.

majority [mə'dʒɒrətɪ] s.
He was elected President by a large majority.

Mehrheit f
Er wurde mit großer Mehrheit zum Präsidenten gewählt.

many a(n) ['menɪ ə(n)]
Many a man welcomed that opportunity.

manche(r, -s)
Manch einer begrüßte diese Gelegenheit.

mass [mæs] s.
Mass production can make our goods cheaper.

Masse f
Massenproduktion kann unsere Waren verbilligen.

neither ... nor ... ['neɪðə ... 'nɔː]
I like neither Ronald nor his brother.

weder ... noch ...
Ich mag weder R. noch seinen Bruder.

none [nʌn] s.
I looked for some bread but there was none.

keine(r, -s)
Ich suchte Brot, aber es war keines da.

only ['əʊnlɪ] adj.
She lost her only child.

einzige(r, -s)
Sie verlor ihr einziges Kind.

pile [paɪl] s.
A pile of boxes was heaped up behind the house.

Haufen m
Ein Haufen Schachteln war hinter dem Haus aufgestapelt.

plenty of ['plentɪ əv]
There was plenty of rain last year.

eine Menge, sehr viel
Es gab im letzten Jahr eine Menge Regen.

quantity ['kwɒntətɪ] s.
I only need a small quantity of paint.

Menge f
Ich brauche nur eine kleine Menge Farbe.

several ['sevrəl] adj.
He tried several cars and finally bought a ...

verschiedene, mehrere, etliche
Er probierte verschiedene Wagen aus und kaufte schließlich einen ...

some more [sʌm 'mɔː]
May I have some more coffee [potatoes], please?

noch etwas, noch mehr
Kann ich bitte noch etwas Kaffee [noch mehr Kartoffeln] haben?

total ['təʊtl] adj.
What's the total cost?

gesamte(r, -s), Gesamt...
Wie hoch sind die Gesamtkosten?

2.3.2 GRUNDZAHLEN

«1–2000»

0 zero [ˈzɪərəʊ], (*beim Telefonieren:*) **0** [əʊ]	**18 eighteen** [eɪˈtiːn]
1 one [wʌn]	**19 nineteen** [naɪnˈtiːn]
2 two [tuː]	**20 twenty** [ˈtwentɪ]
3 three [θriː]	**21 twenty-one** [twentɪˈwʌn]
4 four [fɔː]	**22 twenty-two** [twentɪˈtuː]
5 five [faɪv]	**30 thirty** [ˈθɜːtɪ]
6 six [sɪks]	**40 forty** [ˈfɔːtɪ]
7 seven [ˈsevn]	**50 fifty** [ˈfɪftɪ]
8 eight [eɪt]	**60 sixty** [ˈsɪkstɪ]
9 nine [naɪn]	**70 seventy** [ˈsevntɪ]
10 ten [ten]	**80 eighty** [ˈeɪtɪ]
11 eleven [ɪˈlevn]	**90 ninety** [ˈnaɪntɪ]
12 twelve [twelv]	**100 a** (*oder* **one**) **hundred** [ə (*oder* wʌn) ˈhʌndrəd]
13 thirteen [θɜːˈtiːn]	**1,000 a** (*oder* **one**) **thousand** [ə (*oder* wʌn) ˈθaʊznd]
14 fourteen [fɔːˈtiːn]	
15 fifteen [fɪfˈtiːn]	**1,000,000 a** (*oder* **one**) **million** [ə (*oder* wʌn) ˈmɪljən]
16 sixteen [sɪksˈtiːn]	
17 seventeen [sevnˈtiːn]	

---

number [ˈnʌmbə] *s.*
The child knows the numbers from 1 to 100.

Zahl *f*
Das Kind kennt die Zahlen von 1 bis 100.

sum [sʌm] *s.*
They had to pay a large sum (of money).
The pupils did some sums.

Summe *f*, (*bes.* **Geld)Betrag** *m*
Sie mußten eine große (Geld)Summe zahlen.
Die Schüler rechneten.

«2001–4000»

add (up) [æd (ˈʌp)] *v/t.*
Add 10 and 6.

zusammenzählen, addieren
Zählt 10 und 6 zusammen!

divide [dɪˈvaɪd] *v/t.*
Twelve divided by four is three.

dividieren
Zwölf dividiert (*oder* geteilt) durch vier ist drei.

figure [ˈfɪgə] *s.*
Add (up) the following figures.

Zahl *f*, **Ziffer** *f*
Zählt die folgenden Zahlen zusammen.

multiply [ˈmʌltɪplaɪ] *v/t.*
Three multiplied by two is six.

multiplizieren
Drei multipliziert mit zwei ist sechs.

total [ˈtəʊtl] *s.*
The total was £200.

Gesamtsumme *f*, **-betrag** *m*
Die Gesamtsumme betrug 200 Pfund.

2.3.3 MASSE UND GEWICHTE

«1–2000»

foot [fʊt] *s.* **(ft)**
pl. **feet** [fiːt]
1 foot = 12 inches = 30.48 cm.

Fuß *m*

inch [ɪntʃ] *s.* **(in)**
1 inch = 2.54 cm.

Zoll *m*

met|re, *Am.* **-er** [ˈmiːtə] *s.* **(m)**
1 meter = 39.37 inches.

Meter *m, auch n*

mile [maɪl] *s.* **(m,** *Am.* **mi.)**
1 mile = 1.609 km.
1 nautical mile = 1.852 km.

Meile *f*

yard [jɑːd] *s.* **(yd)**
1 yard = 3 feet = 91.44 cm.

Yard *n*

pound [paʊnd] *s.* **(lb)**
1 pound = 453.59 g.

Pfund *n*

«2001–4000»

centimet|re, *Am.* **-er** [ˈsentɪ-miːtə] *s.* **(cm)**
1 centimetre = 0.3937 inches.

Zentimeter *m*

kilomet|re, *Am.* **-er** [ˈkɪləʊmiː-tə, *Am.* kɪˈlɒmɪtə] *s.* **(km)**
1 kilometre = 0.6214 miles.

Kilometer *m*

barrel [ˈbærəl] *s.* **(bl)**
1 barrel = *ca.* 30–40 gallons,
(*Erdöl:*) = 159 l.

Barrel *n*

gallon [ˈgælən] *s.* **(gal)**
1 gallon = *Br.* 4.546 l,
= *Am.* 3.785 l.

Gallone *f*

lit|re, *Am.* **-er** [ˈliːtə] *s* **(l)**　　　　**Liter** *m, auch n*
  1 litre = *Br.* 1.76 pints = 0.22 gallons (*Br.*),
　　　　Am. 2.11 pints = 0.26 gallons (*Am.*).

pint [paɪnt] *s.* **(pt)**　　　　**Pinte** *f* (*etwa* $^1/_2$ l)
  1 pint = *Br.* 0.57 l,
　　　= *Am.* 0.47 l.

gramme, *Am.* **gram** [græm] *s.*　　　　**Gramm** *n*
  (g)
  1 gram(me) = 0.35 ounces.

kilo [ˈkiːləʊ],　　　　**Kilo(gramm)** *n*
  kilo|gramme, *Am.* **-gram**
  [ˈkɪləʊgræm] *s.* **(kg)**
  1 kilo(gramme) = 2.2 pounds.

ounce [aʊns] *s.* **(oz)**　　　　**Unze** *f*
  1 ounce = 28.25 grammes.

ton [tʌn] *s.*　　　　**Tonne** *f*
  1 long ton　　= 2 240 pounds.
  1 short ton　　= 2 000 pounds.
  1 metric ton　　(*auch* **tonne** [tʌn])
　　　　= *Br.* 0.984 (long) tons,
　　　　= *Am.* 1.023 (short) tons,
　　　　= 1 000 kg.

area [ˈeərɪə] *s.*　　　　**Fläche** *f,* **Gebiet** *n*
  She hadn't cleaned the area　　Sie hatte (die Fläche) unter
  under the beds.　　dem Bett nicht saubergemacht.

length [leŋθ] *s.*　　　　**Länge** *f*
  What's the length of this table?　　Wie lang ist dieser Tisch?

measure [ˈmeʒə] *s.*　　　　**Maß** *n*
  Have you got a table of weights　　Haben Sie eine Tabelle der
  and measures?　　Maße und Gewichte?

measure [ˈmeʒə] *vt/i.*　　　　**messen**
  Temperature is measured with　　Die Temperatur wird mit einem
  a thermometer.　　Thermometer gemessen.
  The table measures 3 feet by 2.　　Der Tisch mißt 3 x 2 Fuß.

weigh [weɪ] *vt/i.*　　　　**wiegen**
  I had my luggage weighed.　　Ich ließ mein Gepäck wiegen.
  She weighed more than usual.　　Sie wog mehr als gewöhnlich.

weight [weɪt] *s.*　　　　**Gewicht** *n*
  What's your weight?　　Wie hoch ist Ihr Gewicht?

2.4 Ordnung

2.4.1 ORDNUNGSBEGRIFFE

«1 – 2000»

class [klɑːs] *s.*	**Klasse** *f*
They travelled second class.	Sie fuhren zweiter Klasse.

group [gruːp] *s.*	**Gruppe** *f*
There's a group of Americans.	Hier ist eine Gruppe Amerikaner.

kind [kaɪnd] *s.*	**Art** *f* (*Sorte, Beschaffenheit*)
He knows many kinds of trees.	Er kennt viele Baumarten.

order [ˈɔːdə] *s.*	**Ordnung** *f*
The word order in the sentence is wrong.	Die Wortstellung (= *Wortordnung*) in dem Satz ist falsch.
The lift is out of order.	Der Aufzug funktioniert nicht (*oder* ist nicht in Ordnung, ist außer Betrieb).

quality [ˈkwɒlətɪ] *s.*	**Qualität** *f*
Is that the best quality?	Ist das die beste Qualität?

size [saɪz] *s.*	**Größe** *f*
They take the same size.	Sie haben die gleiche Größe.

sort [sɔːt] *s.*	**Sorte** *f*
I like many sorts of biscuits.	Ich mag viele Sorten Kekse.

type [taɪp] *s.*	**Typ** *m*
She's not the type of woman who cries easily.	Sie ist nicht der Typ Frau, der leicht weint.

«2001 – 4000»

arrange [əˈreɪndʒ] *v/t.*	**(an)ordnen**
She arranged the flowers on the table.	Sie ordnete die Blumen auf dem Tisch.

arrangement [əˈreɪndʒmənt] *s.*	**(An)Ordnung** *f*
I don't like the arrangement of the chairs.	Die Anordnung der Stühle gefällt mir nicht.

degree [dɪ'griː] *s.*
The pupils have different degrees of ability.

Grad *m*, **Stufe** *f*
Der Grad des Könnens ist bei den Schülern unterschiedlich.

disorder [dɪs'ɔːdə] *s.*
The room was in disorder.

Unordnung *f*
Das Zimmer war in Unordnung.

level ['levl] *s.*
The village is 1200 metres above sea level.

Höhe *f*
Das Dorf liegt 1200 Meter über dem Meeresspiegel (= *Meereshöhe*).

level ['levl] *s.*
Her new novel is on a completely different level.

Niveau *n*
Ihr neuer Roman steht auf einem völlig anderen Niveau.

level ['levl] *s.*
They arranged the garden in three levels.

Ebene *f*
Sie legten den Garten in drei Ebenen an.

row [rəʊ] *s.*
I had taken two seats in row 8.

Reihe *f*
Ich hatte zwei Plätze in Reihe 8 genommen.

rule [ruːl] *s.*
He broke [kept to] the rules.

Regel *f*
Er durchbrach [hielt sich an] die Regeln.

series ['sɪəriːz] *s.*
pl. **series** ['sɪəriːz]
I don't like that new television series.

Serie *f*

Diese neue Fernsehserie gefällt mir nicht.

series ['sɪəriːz] *s.*
pl. **series** ['sɪəriːz]
Oliver showed me a series of books on South America.

Reihe *f*

O. zeigte mir eine Bücherreihe über Südamerika.

standard ['stændəd] *s.*
Their standard of living is very high.

Standard *m*
Ihr Lebensstandard ist sehr hoch.

turn [tɜːn] *s.*
Whose turn is it?
They took turns (at driving the car).

Reihe(nfolge) *f*
Wer ist an der Reihe?
Sie wechselten sich (beim Autofahren) ab.

2.4.2 UNTERSCHIED UND EINTEILUNG
(Siehe auch WERTUNG UND URTEIL, 1.1.5.4)

«1 – 2000»

alone [əˈləʊn] *adj., adv.*
Are you alone?
She went home all alone.

allein
Bist du allein?
Sie ging ganz allein nach Hause.

---

another [əˈnʌðə] *adj., s.*
She had expected another answer.
My glass is broken. May I have another?

ein anderer
Sie hatte eine andere Antwort erwartet.
Mein Glas ist zerbrochen. Kann ich ein anderes haben?

---

as ... as ... [æz ... əz]
Do come as soon as possible.

Her eyes are as black as coal.

so ... wie ...
Komm doch so bald wie möglich!

Ihre Augen sind kohlschwarz.

---

besides [bɪˈsaɪdz] *prep.*
Have you got another hat besides this one?

außer (= *neben*)
Haben Sie außer diesem Hut noch einen anderen?

---

common [ˈkɒmən] *adj.*
John is quite a common name.

gewöhnlich
J. ist ein ganz gewöhnlicher Name.

---

different [ˈdɪfrənt] *adj.*
The brothers are very different (from each other).

verschieden
Die Brüder sind sehr verschieden.

---

else [els] *adv.*
Do you want anything else?
I could see nobody else (*oder* I couldn't see anybody else).

sonst
Willst du sonst noch etwas?
Ich konnte sonst niemanden sehen.

---

like [laɪk] *prep.*
The old car looked like new.
What does he look like?
You must do it like this.

(so) wie
Das alte Auto sah wie neu aus.
Wie sieht er aus?
Du mußt es so machen.

---

like [laɪk] *prep.*
The two brothers are like each other in many ways.

gleich
Die zwei Brüder sind einander in vielem gleich.

---

next [nekst] *adj.*
They live in the next house.

nächste(r, -s)
Sie wohnen im nächsten Haus.

not so ... as ... [nɒt səʊ ... əz], **not as ... as ...** [nɒt æz ... əz]
He is not so (oder as) tall as his brother.

nicht so ... wie ...
Er ist nicht so groß wie sein Bruder.

---

only [ˈəʊnlɪ] adv.
Only six men had come.

nur
Es waren nur sechs Männer gekommen.

---

other [ˈʌðə] adj., s.
They live on the other side of the street.
Eight boys had come to the meeting, the others had gone swimming.

andere(r, -s)
Sie wohnen auf der anderen Straßenseite.
Acht Jungen waren zu dem Treffen gekommen, die anderen waren zum Schwimmen gegangen.

---

part [pɑːt] s.
She mixed three parts wine and two parts water.

Teil m, n
Sie mischte drei Teile Wein und zwei Teile Wasser.

---

piece [piːs] s.
May I please have a piece of cake?

Stück n
Kann ich bitte ein Stück Kuchen haben?

---

regular [ˈregjʊlə] adj.
"To arrive" is a regular English verb.

regelmäßig
„To arrive" ist ein regelmäßiges englisches Verb.

---

rest [rest] s.
Keep the rest (of the money).

Rest m
Behalten Sie den Rest (des Geldes).

---

the **same** [ðə ˈseɪm] adj., s.
This is the same camera as mine.

der/die/das **gleiche**
Das ist der gleiche Fotoapparat wie meiner.

---

single [ˈsɪŋgl] adj.
Here's a single stocking.
They had no single rooms vacant at the hotel.

einzeln, Einzel...
Hier ist ein einzelner Strumpf.
Sie hatten im Hotel keine Einzelzimmer frei.

---

special [ˈspeʃl] adj.
Peter was his special friend.

besondere(r, -s)
P. war sein (ganz) besonderer Freund.

---

specially [ˈspeʃəlɪ] adv.
I bought the wine specially for you.

besonders, eigens
Ich habe den Wein besonders für dich gekauft.

---

than [ðæn; ðən] cj.
Helen is taller than her brother.

(bei Steigerung:) **als**
H. ist größer als ihr Bruder.

together [tə'geðə] *adv.*
He couldn't get the ends of the
rope together.

zusammen, miteinander
Er konnte die Enden des Seils
nicht zusammenbringen.

very ['verɪ] *adv.*
This question is very difficult.

sehr
Diese Frage ist sehr schwierig.

very much ['verɪ 'mʌtʃ] *adv.*
She liked him very much.

sehr (*bei Verben*)
Sie hatte ihn sehr gern.

whole [həʊl] *adj.*
Is that the whole truth?

ganze(r, -s)
Ist das die ganze Wahrheit?

«2001–4000»

average ['ævərɪdʒ] *s.*
The pupil is above [below]
average.

Durchschnitt *m*
Der Schüler steht über [unter]
dem Durchschnitt.

both ... and ... [bəʊθ ... ənd]
Both he and his wife are employed at X X.

sowohl ... als auch ...
Sowohl er als auch seine Frau
sind bei X X beschäftigt.

but [bʌt] *prep.*
There's no one here but me.

außer, mit Ausnahme von
Außer mir ist hier niemand.

chief [tʃiːf] *adj.*
Those are the chief facts.

hauptsächlich, Haupt...
Das sind die Haupttatsachen.

combine [kəm'baɪn] *v/t.*
He knows how to combine work
and pleasure.

verbinden
Er versteht es, die Arbeit mit
dem Vergnügen zu verbinden.

compare [kəm'peə] *v/t.*
We compared our translations.

vergleichen
Wir verglichen unsere Übersetzungen.

consist of [kən'sɪst əv] *v/i.*
The hospital staff consists of 10
doctors and 30 nurses.

bestehen aus
Das Klinikpersonal besteht aus
10 Ärzten und 30 Schwestern.

contrary ['kɒntrərɪ] *s.*
She's not a hard woman. On
the contrary, she has a very
kind heart.

Gegenteil *n*
Sie ist keine hartherzige Frau.
Im Gegenteil, sie hat ein sehr
gütiges Herz.

contrary ['kɒntrərɪ] *adj.*
Our opinions were quite contrary (to one another).

entgegengesetzt
Unsere Meinungen waren völlig entgegengesetzt.

detail ['diːteɪl] *s.*
Don't go into too much detail.

Einzelheit *f*, **Detail** *n*
Geh nicht zu sehr ins Detail!

differ [ˈdɪfə] v/i.

The twins look alike but they differ in character.

sich unterscheiden, verschieden sein

Die Zwillinge sehen gleich aus, aber sie unterscheiden sich im Charakter.

difference [ˈdɪfrəns] s.
Do you see the difference?

Unterschied m
Sehen Sie den Unterschied?

distinguish [dɪˈstɪŋgwɪʃ] v/t.
I couldn't distinguish him from his brother.

unterscheiden
Ich konnte ihn nicht von seinem Bruder unterscheiden.

divide [dɪˈvaɪd] v/t.
He divided the apple into four parts.

teilen
Er teilte den Apfel in vier Teile.

divide [dɪˈvaɪd] v/i.
They divided into smaller groups.

sich teilen
Sie teilten sich (auf) in (= Sie bildeten) kleinere Gruppen.

either ... or ... [ˈeiðə ... ˈɔː]
Say either yes or no.

entweder ... oder ...
Sag entweder ja oder nein!

equal [ˈiːkwəl] adj.
Cut the paper into three equal parts.

gleich
Schneide das Papier in drei gleiche Teile.

especially [ɪˈspeʃəlɪ] adv.
I like animals, especially dogs.

besonders
Ich habe Tiere gerne, besonders Hunde.

even [ˈiːvn] adj.
He and his partner were even.

gleich
Er stand mit seinem Partner gleich.

except [ɪkˈsept] prep.
I don't know anything about her except that she's married.

außer, ausgenommen
Ich weiß nichts über sie außer, daß sie verheiratet ist.

exception [ɪkˈsepʃn] s.
This is an exception to the rule.

Ausnahme f
Das ist eine Ausnahme von der Regel.

extra [ˈekstrə] adj.
We will transport the table at no extra cost.

zusätzlich, Sonder...
Wir transportieren den Tisch ohne zusätzliche Kosten.

extreme [ɪkˈstriːm] adj.
We were in extreme danger.
It's extremely hot today.

äußerste(r, -s), höchste(r, -s)
Wir waren in höchster Gefahr.
Es ist heute äußerst heiß.

for example [fər ɪgˈzɑːmpl]
My friends Fred and Bob, for example, went to the football match.

zum Beispiel
Meine Freunde, F. und B. zum Beispiel, gingen zum Fußballspiel.

for instance [fər ˈɪnstəns]
I like southern countries, Greece and Italy, for instance.

zum Beispiel
Ich liebe südliche Länder, zum Beispiel Griechenland und Italien.

further [ˈfɜːðə] *adj., adv.*
For further details please apply to Mr Price.

I daren't swim any further out.

weiter
Wenden Sie sich bitte wegen weiterer Einzelheiten an Herrn P.

Ich traue mich nicht, weiter hinaus zu schwimmen.

general [ˈdʒenərəl] *adj.*
We had a general discussion about the future of the firm.

allgemein
Wir haben allgemein über die Zukunft der Firma diskutiert.

included [ɪnˈkluːdɪd] *adj.*
Drinks are not included in the price.

inbegriffen
Getränke sind im Preis nicht inbegriffen.

irregular [ɪˈregjʊlə] *adj.*
"To sing" is an irregular verb.

unregelmäßig
„To sing" ist ein unregelmäßiges Verb.

limit [ˈlɪmɪt] *s.*
There's a limit to everything.

Grenze *f*
Alles hat seine Grenzen.

main [meɪn] *adj.*
They came in by the main entrance.

Haupt..., hauptsächlich
Sie kamen zum Haupteingang herein.

mark [mɑːk] *s.*
We put a question mark after a question.

Zeichen *n*
Wir setzen nach einer Frage ein Fragezeichen.

match [mætʃ] *v/i.*
These gloves [colours] don't match.

zusammenpassen
Diese Handschuhe [Farben] passen nicht zusammen.

match [mætʃ] *v/t.*
I bought a bag to match my shoes.

passen zu
Ich kaufte eine Tasche, die zu meinen Schuhen paßte.

middle [ˈmɪdl] *adj.*
He comes from a middle-class family.

mittlere(r, -s), Mittel...
Er kommt aus einer Mittelklassenfamilie.

normal [ˈnɔːml] *adj.*
We have six lessons on a normal school day.

normal
Wir haben an einem normalen Schultag sechs (Unterrichts-) Stunden.

opposite [ˈɒpəzɪt] *s.*
White and black are opposites.

Gegensatz *m*
Weiß und Schwarz sind Gegensätze.

ordinary [ˈɔːdnrɪ] *s.*
At school he was just an ordinary little boy.

gewöhnlich
In der Schule war er ein ganz gewöhnlicher kleiner Junge.

particular [pəˈtɪkjʊlə] *adj.*
She took particular care of the smallest dog, because it was so weak.

besondere(r, -s)
Sie kümmerte sich besonders um den kleinsten Hund, denn er war so schwächlich.

separate [ˈsepəreɪt] *v/t.*
They are separated.

trennen
Sie leben getrennt.

separate [ˈseprət] *adj.*
They slept in separate rooms.

getrennt
Sie schliefen in getrennten Zimmern.

separation [sepəˈreɪʃn] *s.*
She has not been any happier since the separation from her husband.

Trennung *f*
Sie ist nach der Trennung von ihrem Mann nicht glücklicher.

similar [ˈsɪmɪlə] *adj.*
Her situation is similar to mine.

ähnlich
Ihre Lage ist der meinigen ähnlich.

typical [ˈtɪpɪkl] *adj.*
It's typical of him always to interfere.

typisch
Es ist typisch für ihn, daß er sich überall einmischt.

usual [ˈjuːʒʊəl] *adj.*
We'll meet at the usual time.

üblich, gewöhnlich, gewohnt
Wir treffen uns zur gewohnten Zeit.

various [ˈveərɪəs] *adj.*
We had various reasons for not inviting them.

verschieden(artig)
Wir hatten verschiedene Gründe, sie nicht einzuladen.

2.4.3 ORDNUNGSZAHLEN

«1 – 2000»

1st	**first** [fɜːst]	*erste*
2nd	**second** [ˈsekənd]	*zweite*
3rd	**third** [θɜːd]	*dritte*
4th	**fourth** [fɔːθ]	*vierte*
5th	**fifth** [fɪfθ]	*fünfte*
6th	**sixth** [sɪksθ]	*sechste*
7th	**seventh** [ˈsevnθ]	*sieb(en)te*
8th	**eighth** [eɪtθ]	*achte*
9th	**ninth** [naɪnθ]	*neunte*
10th	**tenth** [tenθ]	*zehnte*
11th	**eleventh** [ɪˈlevənθ]	*elfte*
12th	**twelfth** [twelfθ]	*zwölfte*
13th	**thirteenth** [θɜːˈtiːnθ]	*dreizehnte*
14th	**fourteenth** [fɔːˈtiːnθ]	*vierzehnte*
15th	**fifteenth** [fɪfˈtiːnθ]	*fünfzehnte*
16th	**sixteenth** [sɪksˈtiːnθ]	*sechzehnte*
17th	**seventeenth** [sevnˈtiːnθ]	*siebzehnte*
18th	**eighteenth** [eɪˈtiːnθ]	*achtzehnte*
19th	**nineteenth** [naɪnˈtiːnθ]	*neunzehnte*
20th	**twentieth** [ˈtwentɪθ]	*zwanzigste*
21st	**twenty-first** [twentɪˈfɜːst]	*einundzwanzigste*
22nd	**twenty-second** [twentɪˈsekənd]	*zweiundzwanzigste*
23rd	**twenty-third** [twentɪˈθɜːd]	*dreiundzwanzigste*
24th	**twenty-fourth** [twentɪˈfɔːθ]	*vierundzwanzigste*
30th	**thirtieth** [ˈθɜːtɪθ]	*dreißigste*
40th	**fortieth** [ˈfɔːtɪθ]	*vierzigste*
50th	**fiftieth** [ˈfɪftɪθ]	*fünfzigste*
60th	**sixtieth** [ˈsɪkstɪθ]	*sechzigste*
70th	**seventieth** [ˈsevntɪθ]	*siebzigste*
80th	**eightieth** [ˈeɪtɪθ]	*achtzigste*
90th	**ninetieth** [ˈnaɪntɪθ]	*neunzigste*
100th	**hundredth** [ˈhʌndrədθ]	*hundertste*

«2001 – 4000»

1,000th	**thousandth** [ˈθauzndθ]	*tausendste*
1,000,000th	**millionth** [ˈmɪljənθ]	*millionste*

2.5 Ursache und Wirkung

«1 – 2000»

because [bi'kɒz] *cj.*
I was late because I had missed my bus.

weil
Ich kam zu spät, weil ich meinen Bus versäumt hatte.

in order to [in 'ɔːdə tə]
We hurried up in order to catch our train.

um zu
Wir beeilten uns, um unseren Zug zu bekommen.

reason ['riːzn] *s.*
What is the reason for his behaviour?

Grund *m*
Was ist der Grund für sein Benehmen?

why [waɪ] *adv., cj.*
Why didn't you come in?

warum
Warum kamen Sie nicht herein?

«2001 – 4000»

as [æz; əz] *cj.*
He is not allowed to vote yet as he is too young.

da (ja), weil
Er darf noch nicht wählen, da er zu jung ist.

because of [bɪ'kɒz əv]
Audrey could not be here on time because of the thunderstorm.

wegen
A. konnte wegen des Gewitters nicht pünktlich hier sein.

be due to [bɪ 'djuː tə]
It is due to you that I got the job.

zu verdanken sein
Ihnen habe ich es zu verdanken, daß ich die Stelle bekam.

cause [kɔːz] *s.*
She's complaining without cause.

Ursache *f*
Sie beklagt sich ohne Ursache (*oder* grundlos).

condition [kən'dɪʃn] *s.*
You can have the book on one condition: that you give it back next week.

Bedingung *f*
Du kannst das Buch unter einer Bedingung haben: daß du es nächste Woche zurückgibst.

consequence ['kɒnsɪkwəns] *s.*
You'll have to take the consequences.

Folge *f*
Du mußt die Folgen tragen.

due to [ˈdjuː tə]
Due to his illness he had become a poor man.

dank (*gen.*)
Dank seiner Krankheit war er ein armer Mann geworden.

effect [ɪˈfekt] *s.*
My words had no effect on him.

(Aus)Wirkung *f*
Meine Worte hatten keine Wirkung auf ihn.

origin [ˈɒrɪdʒɪn] *s.*
The German word ''Training'' is of English origin.

Ursprung *m*, **Herkunft** *f*
Das deutsche Wort ,,Training'' ist englischen Ursprungs.

original [əˈrɪdʒɪnəl] *adj.*
They were the original owners of our house.

ursprünglich, Original...
Sie waren die ursprünglichen Besitzer unseres Hauses.

relation [rɪˈleɪʃn] *s.*
Friendly [Commercial] relations exist between our firms.

Beziehung *f*, **Zusammenhang** *m*
Zwischen unseren Firmen bestehen freundschaftliche [geschäftliche] Beziehungen.

result from [rɪˈzʌlt frəm] *v/i.*
Great damage resulted from the fire.

sich ergeben aus
Das Feuer verursachte großen Schaden. (= *Großer Schaden ergab sich aus dem Feuer.*)

result in [rɪˈzʌlt ɪn] *v/i.*
This error resulted in his defeat.

führen zu
Dieser Irrtum führte zu seiner Niederlage.

since [sɪns] *cj.*
Since I got no reply to my letter I'll send a telegram.

da (ja), weil
Da ich keine Antwort auf meinen Brief bekam, werde ich ein Telegramm schicken.

so [səʊ] *cj.*
She had no key, so she couldn't get into the house.

deshalb
Sie hatte keinen Schlüssel, deshalb konnte sie nicht in das Haus (kommen).

source [sɔːs] *s.*
Lack of patience was the source of her failure.

Ursprung *m*, **Quelle** *f*
Mangel an Geduld war der Ursprung ihres Mißerfolgs.

2.6 Art und Weise

«1–2000»

a bit [ə ˈbɪt]
This was a bit too much for her.

ein bißchen
Das war ein bißchen zu viel für sie.

---

a little [ə ˈlɪtl]
Would you like a little more tea?

ein wenig, etwas
Möchten Sie noch ein wenig Tee?

---

all [ɔːl] *adv.*
I was all alone.

ganz
Ich war ganz allein.

---

almost [ˈɔːlməʊst] *adv.*
She almost missed her train.

fast
Sie hätte fast ihren Zug versäumt.

---

also [ˈɔːlsəʊ] *adv.*
I also invited the people (from) next door.

auch
Ich lud auch die Leute von nebenan ein.

---

at all [ət ˈɔːl]
Have you read the book at all?

überhaupt
Hast du das Buch überhaupt gelesen?

---

at least [ət ˈliːst]
Did he at least answer your letter?

wenigstens
Hat er wenigstens deinen Brief beantwortet?

---

at least [ət ˈliːst]
These shoes cost at least £35.

mindestens
Diese Schuhe kosteten mindestens 35 Pfund.

---

besides [bɪˈsaɪdz] *adv.*
I'm tired. Besides, I don't want to see that play.

außerdem
Ich bin müde. Außerdem mag ich dieses Stück nicht sehen.

---

by the way [baɪ ðə ˈweɪ]
By the way, did you see my brother?

nebenbei, übrigens
Hast du übrigens meinen Bruder gesehen?

---

even [ˈiːvn] *adv.*
She even sent him an invitation.

sogar
Sie schickte ihm sogar eine Einladung.

---

hard [hɑːd] *adv.*
He had to work hard.

schwer, fest
Er mußte schwer arbeiten.

hardly [ˈhɑːdlɪ] *adv.*
She hardly slept last night.

He hardly ever went to church.

kaum
Sie hat letzte Nacht kaum ge-
schlafen.
Er ging fast nie in die Kirche.

how [haʊ] *adv.*
How could this happen?
How much money did you
spend?
She knows how to knit.

wie
Wie konnte das passieren?
Wieviel Geld hast du ausge-
geben?
Sie kann stricken.

in vain [ɪn ˈveɪn]
He tried in vain to open the
desk.

vergeblich, vergebens
Er versuchte vergeblich, den
Schreibtisch zu öffnen.

just [dʒʌst] *adv.*
They had just arrived.

That's just the thing.

gerade, genau
Sie waren gerade angekom-
men.
Das ist genau das Richtige.

mostly [ˈməʊstlɪ] *adv.*
She mostly watches TV in the
evening.

meistens
Abends sieht sie meistens
fern.

not at all [nɒt ət ˈɔːl]
Are you angry? – Not at all!

überhaupt nicht
Bist du ärgerlich? – Überhaupt
nicht!

of course [əv ˈkɔːs]
Of course he came with us.

selbstverständlich
Selbstverständlich kam er mit
uns.

often [ˈɒfn] *adv.*
I often go to see her.

oft
Ich besuche sie oft.

quite [kwaɪt] *adv.*
This is quite wrong.

ganz, völlig
Das ist ganz falsch.

rarely [ˈreəlɪ] *adv.*
They rarely go out in the evening.

selten
Sie gehen abends selten aus.

rather [ˈrɑːðə] *adv.*
It's rather cold today.

ziemlich
Es ist heute ziemlich kalt.

rather [ˈrɑːðə] *adv.*
I would (*oder* I'd) rather go by
train than by bus.

lieber
Ich würde lieber mit dem Zug
als mit dem Bus fahren.

really [ˈrɪəlɪ] *adv.*
I really don't know if I should
buy that television set.

wirklich
Ich weiß wirklich nicht, ob ich
den Fernseher kaufen soll.

so [səʊ] *adv.*
She was so sad.
My father says so.

so
Sie war so traurig.
Mein Vater sagt es.

suddenly [ˈsʌdnlɪ] *adv.*
The rain had suddenly
stopped.

plötzlich
Plötzlich hatte der Regen auf-
gehört.

too [tuː] *adv.* (*nachgestellt*)
I've seen the film, too.

auch
Ich habe den Film auch gesehen.

«2001 – 4000»

absolutely [ˈæbsəluːtlɪ] *adv.*
You must absolutely see the
play.

unbedingt
Du mußt das Stück unbedingt
sehen.

absolutely [ˈæbsəluːtlɪ] *adv.*
I'm absolutely exhausted.

„total", völlig
Ich bin total erschöpft.

anyhow [ˈenɪhaʊ] *adv.*
We are going to meet this evening, anyhow.

jedenfalls
Wir werden uns jedenfalls heute abend treffen.

at any rate [ət ˈenɪ reɪt]
At any rate we can still have
our party.

wenigstens, auf jeden Fall
Wir können unsere Party wenigstens noch geben.

by chance [baɪ ˈtʃɑːns]
It happened by chance. It
wasn't intended.

zufällig
Es geschah zufällig, nicht absichtlich.

by heart [baɪ ˈhɑːt]
They learnt the poem by heart.

auswendig
Sie lernten das Gedicht auswendig.

generally [ˈdʒenərəlɪ] *adv.*
Generally he is very punctual.

im allgemeinen
Im allgemeinen ist er sehr
pünktlich.

in general [ɪn ˈdʒenərəl]

→ **generally**

in part [ɪn ˈpɑːt]

→ **partly**

in particular [ɪn pəˈtɪkjʊlə]
He likes modern music, jazz in
particular.

besonders, insbesondere
Er mag moderne Musik, besonders Jazz.

instead [ɪnˈsted] *adv.*
The professor could not be
present. He sent his assistant
instead.

statt dessen
Der Professor konnte nicht anwesend sein. Er schickte statt
dessen seinen Assistenten.

into the bargain [ˈɪntə ðə ˈbɑː-ɡɪn]
She has a horse, a dog and two cats into the bargain.

dazu noch, obendrein
Sie hat ein Pferd, einen Hund und dazu noch zwei Katzen.

largely [ˈlɑːdʒlɪ] *adv.*
Our trip depends largely on the weather.

weitgehend
Unsere Reise hängt weitgehend vom Wetter ab.

merely [ˈmɪəlɪ] *adv.*
I merely touched the cup and it broke.

nur, bloß
Ich berührte die Tasse nur, und sie zerbrach.

moreover [mɔːˈrəʊvə] *adv.*
I don't like this hat. Moreover it's too expensive for me.

außerdem, überdies
Dieser Hut gefällt mir nicht. Außerdem ist er mir zu teuer.

mostly [ˈməʊstlɪ] *adv.*
I sometimes go by bus, but mostly I take the car.

meistens
Ich fahre manchmal mit dem Bus, aber meistens nehme ich das Auto.

most of all [ˈməʊst əv ˈɔːl]
Most of all the patient needs good care.

vor allem, am allermeisten
Der Patient braucht vor allem gute Pflege.

nearly [ˈnɪəlɪ] *adv.*
The child was nearly run over by a car.

beinahe, fast
Das Kind wäre beinahe von einem Auto überfahren worden.

not even [nɒt ˈiːvn]
He had not even started working.

nicht einmal
Er hatte (noch) nicht einmal mit der Arbeit angefangen.

occasionally [əˈkeɪʒnəlɪ] *adv.*
Occasionally they go to the theatre.

gelegentlich
Gelegentlich gehen sie ins Theater.

on purpose [ɒn ˈpɜːpəs]
Do you think he did it on purpose?

absichtlich, mit Absicht
Glaubst du, er hat es absichtlich getan?

otherwise [ˈʌðəwaɪz] *adv.*
You must go now. Otherwise you'll be late.

sonst, anderenfalls
Du mußt jetzt gehen, sonst kommst du zu spät.

otherwise [ˈʌðəwaɪz] *adv.*
He can no longer ski but leads an otherwise active life.

sonst, außerdem
Er kann nicht mehr Ski laufen, aber er führt sonst ein aktives Leben.

partly [ˈpɑːtlɪ] *adv.*
His success is partly due to his own efforts, but mainly due to his father's influence.

teilweise, zum Teil
Sein Erfolg ist teilweise seinen eigenen Anstrengungen zu verdanken, aber hauptsächlich dem Einfluß seines Vaters.

scarcely [ˈskeəslɪ] *adv.*
Scarcely had he arrived when the lights went out.

kaum
Kaum war er angekommen, da ging das Licht aus.

seldom [ˈseldəm] *adv.*
She seldom wears a hat.

selten
Sie trägt selten einen Hut.

somehow [ˈsʌmhaʊ] *adv.*
Somehow I managed to get in.

irgendwie
Irgendwie gelang es mir hereinzukommen.

somewhat [ˈsʌmwɒt] *adv.*
She was somewhat anxious.

etwas, ein bißchen
Sie war etwas ängstlich.

straightaway [streɪtəˈweɪ] *adv.*
We went home straightaway.

geradewegs, sofort
Wir gingen geradewegs nach Hause.

thoroughly [ˈθʌrəlɪ] *adv.*
You must do the job thoroughly.

gründlich
Du mußt die Arbeit gründlich machen.

though [ðəʊ] *adv.*
He promised to do it; he didn't, though.

jedoch, aber
Er versprach, es zu tun, tat es jedoch nicht.

thus [ðʌs] *adv.*
It was late, and thus they had to go.

(al)so, auf diese Weise, daher
Es war spät, also (*oder* daher) mußten sie gehen.

willingly [ˈwɪlɪŋlɪ] *adv.*
They helped us willingly.

gern(e), bereitwillig
Sie halfen uns gern(e).

2.7 Farben

«1–2000»

black [blæk] *adj.*
Sally has black hair.

schwarz
S. hat schwarzes Haar.

blue [bluː] *adj.*
Mary wore a blue skirt.

blau
M. trug einen blauen Rock.

brown [braʊn] *adj.* Edward bought a pair of brown shoes.	**braun** E. kaufte (sich) ein Paar braune Schuhe.
colour [ˈkʌlə] *s.* What colour is this glass?	**Farbe** *f* Welche Farbe hat dieses Glas?
dark [dɑːk] *adj.* She wore a dark blue dress.	**dunkel** Sie trug ein dunkelblaues Kleid.
green [griːn] *adj.* The trees are green again.	**grün** Die Bäume sind wieder grün.
red [red] *adj.* I like your red dress.	**rot** Dein rotes Kleid gefällt mir.
white [waɪt] *adj.* He put on a white shirt.	**weiß** Er zog ein weißes Hemd an.
yellow [ˈjeləʊ] *adj.* We sent her yellow and red flowers.	**gelb** Wir schickten ihr gelbe und rote Blumen.

«2001–4000»

darkness [ˈdɑːknɪs] *s.* They could not see us in the darkness.	**Dunkelheit** *f* Sie konnten uns in der Dunkelheit nicht sehen.
light [laɪt] *adj.* The blouse is light blue.	**hell** Die Bluse ist hellblau.
pink [pɪŋk] *adj.* I gave her (some) pink roses.	**rosa** Ich schenkte ihr rosa Rosen.

2.8 Formen

«1–2000»

circle [ˈsɜːkl] *s.* The teacher drew a circle.	**Kreis** *m* Der Lehrer zog einen Kreis.
corner [ˈkɔːnə] *s.* The boy hit his head on the corner of the table. A car came round the corner.	**Ecke** *f* Der Junge schlug mit dem Kopf an der Ecke des Tisches auf. Ein Wagen kam um die (Straßen)Ecke.

cross [krɒs] s.
Put a cross next to your name.

Kreuz n
Mach ein Kreuz neben deinen Namen!

form [fɔːm] s.
The church is built in the form of a cross.

Form f (Gestalt)
Die Kirche ist in der Form eines Kreuzes gebaut.

line [laɪn] s.
He drew a line.

Linie f
Er zog eine Linie.

round [raʊnd] adj.
A round table stood in the middle.

rund
In der Mitte stand ein runder Tisch.

shape [ʃeɪp] s.
That cloud has the shape of a dog.

Form f, **Gestalt** f
Die Wolke dort hat die Form eines Hundes.

tip [tɪp] s.
She burned her fingertips.

Spitze f
Sie verbrannte sich die Fingerspitzen.

«2001 – 4000»

arch [ɑːtʃ] s.
The bridge has three arches.

Bogen m
Die Brücke hat drei Bögen.

arrow ['ærəʊ] s.
The arrows (→) showed us which way to go.

Pfeil m
Die Pfeile zeigten uns den Weg.

ball [bɔːl] s.
The new museum was in the shape of a ball.

Kugel f
Das neue Museum war kugelförmig.

edge [edʒ] s.
She had put her glass too near the edge of the table.

Kante f
Sie hatte ihr Glas zu nahe an die Tischkante gestellt.

knot [nɒt] s.
He made a knot in the rope.

Knoten m
Er machte einen Knoten ins Seil.

point [pɔɪnt] s.
Sue broke the point of her pencil.

Spitze f
S. brach die Spitze ihres Bleistifts ab.

pointed ['pɔɪntɪd] adj.
She had long pointed fingernails.

spitz
Sie hatte lange, spitze Fingernägel.

3 VERSCHIEDENES

3.1 Weitere Verben

«1–2000»

belong to [bɪˈlɒŋ tə] *v/i.*
These gloves don't belong to me.

(*dat.*) **gehören**
Diese Handschuhe gehören mir nicht.

---

break [breɪk] *v/t.*
⚠ **broke** [brəʊk], **broken** [ˈbrəʊkən]
Diana broke her wristwatch.
John broke his leg.

(**zer)brechen**
D. zerbrach ihre Armbanduhr.
J. brach (sich) das Bein.

---

break [breɪk] *v/i.*
⚠ **broke** [brəʊk], **broken** [ˈbrəʊkən]
Her ski broke in two.

(**zer)brechen**
Ihr Ski zerbrach in zwei Teile.

---

burn [bɜːn] *v/i.*
⚠ **burnt*** [bɜːnt], **burnt*** [bɜːnt]
Their house was burning.

brennen
Ihr Haus brannte.

---

grow [grəʊ] *v/i.*
⚠ **grew** [gruː], **grown** [grəʊn]
She let her hair grow.

wachsen
Sie ließ sich die Haare wachsen.

---

open [ˈəʊpən] *v/i.*
The door opened and in came Mr Jones.

sich öffnen, aufgehen
Die Tür öffnete sich (*oder* ging auf) und herein kam Herr J.

---

ring [rɪŋ] *v/i.*
⚠ **rang** [ræŋ], **rung** [rʌŋ]
The bell rang.

läuten
Die Glocke läutete.

---

shine [ʃaɪn] *v/i.*
⚠ **shone** [ʃɒn], *Am. auch* **shined** [ʃaɪnd]; **shone** [ʃɒn], *Am. auch* **shined** [ʃaɪnd]
Her hair shone in the sun.

glänzen
Ihr Haar glänzte in der Sonne.

---

strike [straɪk] *vt/i.*
⚠ **struck** [strʌk], **struck** [strʌk]
Arthur tried to strike his wife.

The clock struck twelve.

schlagen
A. versuchte, seine Frau zu schlagen.
Die Uhr schlug zwölf.

treat [triːt] *v/t.*
Don't treat her like a child.

Treat these glasses with care.

behandeln, umgehen mit
Behandle sie nicht wie ein Kind.

Geh vorsichtig mit diesen Gläsern um!

«2001–4000»

bear [beə] *vt/i.*
⚠ **bore** [bɔː], **borne** [bɔːn]
This tree is bearing (cherries) for the first time this year.

tragen

Dieser Baum trägt dieses Jahr zum erstenmal (Kirschen).

beat [biːt] *vt/i.*
⚠ **beat** [biːt], **beaten** ['biːtn]
He wouldn't stop beating the child.
My heart was beating fast.
He beat his brother at tennis.

schlagen

Er hörte nicht auf, das Kind zu schlagen.
Mein Herz schlug schnell.
Er schlug seinen Bruder beim Tennis.

be missing [bɪ 'mɪsɪŋ]
Who is missing today?

fehlen
Wer fehlt heute?

burst [bɜːst] *v/i.*
⚠ **burst** [bɜːst], **burst** [bɜːst]
A tyre burst.
fig. I'm bursting with curiosity.

platzen, bersten

Ein Reifen platzte.
Ich platze vor Neugierde.

concern [kən'sɜːn] *v/t.*
Does this concern us?

betreffen, angehen
Betrifft das uns?

demand [dɪ'mɑːnd] *v/t.*
The task demanded all his attention.

erfordern
Die Aufgabe erforderte seine ganze Aufmerksamkeit.

handle ['hændl] *v/t.*
We must handle him carefully.

Glass. Handle with care!

behandeln, umgehen mit
Wir müssen ihn vorsichtig behandeln.
Vorsicht Glas!

hit [hɪt] *v/t.*
⚠ **hit** [hɪt], **hit** [hɪt]
The ball hit a window.

treffen

Der Ball traf ein Fenster.

hit [hɪt] *v/t.*
⚠ **hit** [hɪt], **hit** [hɪt]
He hit the man on the head.

schlagen

Er schlug den Mann auf den Kopf.

increase [ɪn'kriːs] *v/t.*
You must increase your efforts.

vergrößern, vermehren
Du mußt deine Anstrengungen vergrößern.

---

increase [ɪn'kriːs] *v/i.*

The population of the town has increased.

zunehmen, größer werden, anwachsen
Die Bevölkerung der Stadt hat zugenommen.

---

introduce [ɪntrə'djuːs] *v/t.*
A new currency system was introduced.

einführen
Ein neues Währungssystem wurde eingeführt.

---

kick [kɪk] *v/t.*
The farmer's wife was kicked by a horse.

treten
Die Bäuerin wurde von einem Pferd getreten.

---

lack [læk] *v/i.*
She is lacking in a sense of duty.

fehlen
Es fehlt ihr an Pflichtgefühl.

---

lack [læk] *v/t.*

He lacks courage.

nicht haben, ermangeln (*gen.*); (*unpersönlich mit ,,es''*:) **fehlen** (*oder* **mangeln**) **an**
Er hat keinen Mut, Es fehlt (*oder* mangelt) ihm an Mut.

---

lean [liːn] *v/t.*
⚠ **leant** [lent], *auch* **leaned** [liːnd]; **leant** [lent], *auch* **leaned** [liːnd]
He leant a ladder against the tree.
She leant her head against his shoulder.

anlehnen

Er lehnte eine Leiter an den Baum an.
Sie lehnte ihren Kopf an seine Schulter.

---

lean [liːn] *v/i.*
⚠ **leant** [lent], *auch* **leaned** [liːnd]; **leant** [lent], *auch* **leaned** [liːnd]
I leant forward.

sich neigen, sich beugen

Ich neigte (*oder* beugte) mich nach vorn.

---

lower ['ləʊə] *v/t.*
The pressure had to be lowered.

senken
Der Druck mußte gesenkt werden.

---

omit [ə'mɪt] *v/t.*
He omitted a sentence.

auslassen, übergehen
Er ließ einen Satz aus.

pour [pɔː] *vt/i.*

She poured him a cup of tea.

It's pouring (*Br. auch* with rain) this morning.
fig. It never rains but it pours.

(aus-, ein)gießen

Sie goß ihm eine Tasse Tee ein.

Es gießt heute früh in Strömen.

Ein Unglück kommt selten allein.

---

prick [prɪk] *v/t.*
I've pricked my finger with a pin.

stechen
Ich habe mich mit einer Nadel in den Finger gestochen.

---

reflect [rɪ'flekt] *v/t.*
The mirror reflected the light of the candles.

reflektieren
Der Spiegel reflektierte das Licht der Kerzen.

---

require [rɪ'kwaɪə] *v/t.*
The problem requires all our attention.

erfordern
Das Problem erfordert unsere ganze Aufmerksamkeit.

---

scrape [skreɪp] *v/t.*
I scraped off the paint.

kratzen
Ich kratzte die Farbe weg.

---

scratch [skrætʃ] *vt/i.*
He scratched his ear.
The dog is scratching at the door.

kratzen
Er kratzte sich am Ohr.
Der Hund kratzt an der Tür.

---

shed [ʃed] *v/t.*
⚠ **shed** [ʃed], **shed** [ʃed]
I'm going to shed no tears over it.

(ver)gießen

Ich werde deswegen keine Träne vergießen.

---

spare [speə] *v/t.*
Can you spare me a cigarette?

übrig haben
Hast du eine Zigarette für mich übrig?

---

spread [spred] *v/t.*
⚠ **spread** [spred], **spread** [spred]

He spread (out) his arms.
She spread the news that Miss Ford was soon going to be married.

aus-, verbreiten

Er breitete die Arme aus.
Sie verbreitete die Nachricht, daß Fräulein F. bald heiraten würde.

---

spread [spred] *v/i.*
⚠ **spread** [spred], **spread** [spred]

The forest spread for miles.

The disease [The rumour] spread quickly.

sich ausbreiten, sich verbreiten

Der Wald breitete sich meilenweit aus (= *erstreckte sich* ...).
Die Krankheit [Das Gerücht] verbreitete sich schnell.

stick [stɪk] *vt/i.*
⚠ **stuck** [stʌk], **stuck** [stʌk]
He stuck pins in the map.

The needle stuck in my finger.

stecken

Er steckte Nadeln in die Land-
karte.
Die Nadel ist in meinem Finger
steckengeblieben.

---

stick [stɪk] *vt/i.*
⚠ **stuck** [stʌk], **stuck** [stʌk]
I must stick some more stamps
on the letter.
The paper's sticking to her
hand.
fig. They always stick together.

kleben

Ich muß mehr Marken auf den
Brief kleben.
Das Papier klebt an ihrer Hand.

Sie halten immer zusammen.

---

sting [stɪŋ] *v/t.*
⚠ **stung** [stʌŋ], **stung** [stʌŋ]
She was stung by a bee.

stechen

Sie wurde von einer Biene gestochen.

3.2　Weitere Adjektive

«1 – 2000»

HEAVY - LIGHT

big [bɪg] *adj.*
He's a big boy now.

groß
Er ist jetzt ein großer Junge.

---

broken ['brəʊkən] *adj.*
The cup is broken.

zerbrochen, kaputt
Die Tasse ist kaputt.

---

clear [klɪə] *adj.*
The water was very clear.

klar
Das Wasser war sehr klar.

---

cold [kəʊld] *adj.*
The wine is too cold.

kalt
Der Wein ist zu kalt.

---

done [dʌn] *adj.*
Our work is done.

getan, erledigt
Unsere Arbeit ist getan.

---

first [fɜːst] *adj., auch s.*
They were travelling first class.
Tom was the first to arrive
(*oder* who arrived).

erste(r, -s)
Sie fuhren erster Klasse.
T. war der erste, der ankam
(*oder* kam als erster).

---

free [friː] *adj.*
They wanted to live in a free
country.
Drinks are free tonight.

frei
Sie wollten in einem freien
Land leben.
Getränke sind heute abend
frei.

full [fʊl] *adj.*
She had a full glass in her hand.

voll
Sie hatte ein volles Glas in der Hand.

hard [hɑːd] *adj.*
This is hard to understand.

schwer, schwierig
Das ist schwer zu verstehen.

heavy ['hevɪ] *adj.*
This bag is too heavy for me.

schwer (*von Gewicht*)
Diese Tasche ist mir zu schwer.

hot [hɒt] *adj.*
It's very hot today.
I'm hot.

heiß
Heute ist es sehr heiß.
Mir ist heiß.

large [lɑːdʒ] *adj.*
The house is very large.

groß (= *umfangreich*)
Das Haus ist sehr groß.

latest ['leɪtɪst] *adj.*
We saw the latest fashions.

She told us the latest news.

neueste(r, -s)
Wir sahen die neuesten Moden.

Sie erzählte uns das Neueste.

little [lɪtl] *adj.*
Evelyn is a sweet little girl.

They live in a little house in the mountains.

klein
E. ist ein süßes kleines Mädchen.

Sie wohnen in einem Häuschen im Gebirge.

mild [maɪld] *adj.*
Neil only smokes mild cigarettes.
The winter was very mild.

mild
N. raucht nur milde (= *leichte*) Zigaretten.
Der Winter war sehr mild.

modern ['mɒdən] *adj.*
Do you like modern music?

modern
Mögen Sie moderne Musik?

necessary ['nesəsərɪ] *adj.*
That's not necessary.

notwendig, nötig
Das ist nicht nötig.

new [njuː] *adj.*
Look! I've got a new dress.

neu
Schau! Ich habe ein neues Kleid.

off [ɒf] *adj.*
The light was off.

aus(geschaltet), zu
Das Licht war aus.

old [əʊld] *adj.*
They are living in an old house.

alt (= *nicht neu*)
Sie wohnen in einem alten Haus.

on [ɒn] *adj.*
The radio is on.

an(geschaltet)
Das Radio ist an.

open [ˈəʊpən] *adj.*
The gate was open.

offen
Das Tor war offen.

---

out [aʊt] *adj.*
The fire's out.

aus
Das Feuer ist aus.

---

quiet [ˈkwaɪət] *adj.*
Our hotel was very quiet.
He is leading a quiet life.

ruhig
Unser Hotel war sehr ruhig.
Er führt ein ruhiges Leben.

---

self... [self]
He is full of self-pity.

Selbst-, selbst-
Er ist voller Selbstmitleid.

---

sharp [ʃɑːp] *adj.*
The knife isn't sharp.
He gave us a sharp answer.

The boy has a sharp mind.

scharf
Das Messer ist nicht scharf.
Er gab uns eine scharfe Antwort.

Der Junge hat einen scharfen Verstand.

---

short [ʃɔːt] *adj.*
It's only a short way to A.

The man was short and fat.

kurz
Es ist nur ein kurzer Weg (bis) nach A.

Der Mann war kurz und dick.

---

small [smɔːl] *adj.*
A small boy was standing at the gate.

klein
Ein kleiner Junge stand am Tor.

---

soft [sɒft] *adj.*
She spoke to him in a soft voice.

sanft
Sie sprach mit sanfter Stimme zu ihm.

---

strong [strɒŋ] *adj.*
Ethel made us some strong coffee.
That is not his strong point.

stark
E. machte uns (einen) starken Kaffee.
Das ist nicht seine Stärke.

---

thick [θɪk] *adj.*
The wire is 0.2 inches thick.

dick
Der Draht ist 0,2 Zoll dick.

---

thin [θɪn] *adj.*
The ice is too thin to walk on.

dünn
Das Eis ist zu dünn, um darauf zu gehen.

---

warm [wɔːm] *adj.*
It's nice and warm in the room.

warm
Es ist schön warm im Zimmer.

---

weak [wiːk] *adj.*
The country has a weak government.

schwach
Das Land hat eine schwache Regierung.

«2001–4000»

absent [ˈæbsənt] *adj.*
How many pupils are absent?

abwesend
Wie viele Schüler sind abwesend (*oder* fehlen)?

active [ˈæktɪv] *adj.*
Ralph takes an active part in politics.

aktiv, tätig
R. ist aktiv in der Politik tätig.

actual [ˈæktʃʊəl] *adj.*
The actual value of the ring was much higher than I had expected.

tatsächlich
Der tatsächliche Wert des Ringes war viel höher, als ich erwartet hatte.

ancient [ˈeɪnʃənt] *adj.*
He is interested in the history of ancient Rome.

alt, antik
Er interessiert sich für die Geschichte des alten Rom.

bare [beə] *adj.*
We walked in the grass with bare feet.

nackt
Wir liefen barfuß (= *mit nackten Füßen*) im Gras.

bright [braɪt] *adj.*
It was a bright sunny day.

strahlend
Es war ein strahlender Sonnentag.

coarse [kɔːs] *adj.*
Bill's manners are so coarse.

grob
B. hat so grobe Manieren.

dependent [dɪˈpendənt] *adj.*
He is still dependent on his parents.

abhängig
Er ist noch abhängig von seinen Eltern.

direct [dɪˈrekt] *adj.*
Is this the direct way to Buckingham Palace?

direkt, Direkt...
Ist das der direkte Weg zum Buckingham-Palast?

empty [ˈemptɪ] *adj.*
The bottles were empty.

leer
Die Flaschen waren leer.

familiar [fəˈmɪljə] *adj.*
There wasn't a familiar face in the crowd.
Are you familiar with the machine?

vertraut
Es war kein vertrautes Gesicht in der Menge.
Sind Sie mit der Maschine vertraut?

fresh [freʃ] *adj.*
Fresh fruit keeps you in good health.

frisch
Frisches Obst hält dich gesund.

hollow [ˈhɒləʊ] *adj.*
She has hollow cheeks.

hohl
Sie hat hohle Wangen.

immense [ɪˈmens] *adj.*
His joy was immense.

ungeheuer (groß)
Seine Freude war ungeheuer.

joint [dʒɔɪnt] *adj.*
Mr and Mrs Miller have a joint account.

gemeinsam
Herr und Frau M. haben ein gemeinsames Konto.

least [liːst] *adj., auch s.*
He hadn't the least idea.

That was the least I could do.

geringste(r, -s), wenigste(r, -s)
Er hatte nicht die geringste Idee.

Das war das wenigste, was ich tun konnte.

light [laɪt] *adj.*
She is as light as a feather.

leicht
Sie ist federleicht.

loose [luːs] *adj.*
There's a screw [a button] loose.

lose, locker
Eine Schraube [ein Knopf] ist locker.

plain [pleɪn] *adj.*
Emily was wearing a plain dress.

einfach, schlicht
E. trug ein einfaches Kleid.

powerful [ˈpaʊəfʊl] *adj.*
He is a powerful enemy.
This is a powerful engine.

mächtig, stark
Er ist ein mächtiger Feind.
Das ist ein starker Motor.

prompt [prɒmpt] *adj.*
We received a prompt reply.

prompt, umgehend, pünktlich
Wir erhielten eine prompte (*oder* umgehende) Antwort.

pure [pjʊə] *adj.*
Drinking water must be pure.

rein
Trinkwasser muß rein (= *sauber*) sein.

silent [ˈsaɪlənt] *adj.*
She said a silent prayer.
He is the strong, silent type.

still, schweigsam
Sie sprach ein stilles Gebet.
Er ist ein kraftvoller, schweigsamer Typ.

steady [ˈstedɪ] *adj.*
The table is not steady.
She has a steady job [boyfriend].

fest, dauerhaft, (be)ständig
Der Tisch steht nicht fest.
Sie hat eine feste Arbeit [einen festen Freund].

stiff [stɪf] *adj.*
His right arm is stiff.

steif
Sein rechter Arm ist steif.

tiny [ˈtaɪnɪ] *adj.*
The baby has tiny little fingers.

winzig
Das Baby hat winzige Fingerchen.

unknown [ʌnˈnəʊn] *adj.*

The unknown actress soon became a star.

unbekannt

Die unbekannte Schauspielerin wurde bald ein Star.

urgent [ˈɜːdʒənt] *adj.*

There is an urgent call for you.

dringend

Hier ist ein dringender Anruf
für Sie.

They are in urgent need of
money.

Sie brauchen dringend Geld.

3.3 Strukturwörter

3.3.1 PRONOMEN UND ARTIKEL

«1–2000»

a [eɪ; ə], **an** [ən] (*indefinite
article*)

Do you want a piece of cake [an
apple]?
Mr Spencer is a (!) teacher.
They are 70p a dozen.

He comes once a month.

ein(e)

Willst du ein Stück Kuchen
[einen Apfel]?
Herr S. ist Lehrer.
Sie kosten 70 Pence pro Dut-
zend.
Er kommt einmal im Monat.

any [ˈenɪ] *adj., pron.*

Have you any money with you?
Are there any letters for me?

He didn't want any [apples,
help].

irgendein (*beliebiger*), **etwas**

Hast du (etwas) Geld bei dir?
Sind (irgendwelche) Briefe für
mich da?
Er wollte keine [Äpfel, Hilfe].

anybody [ˈenɪbɒdɪ] *pron.*

Has anybody been asking for
me?

jemand

Hat jemand nach mir gefragt?

anyone [ˈenɪwʌn] *pron.*

Is there anyone who can
change £10?

jemand

Kann jemand 10 Pfund wechseln?

anything [ˈenɪθɪŋ] *pron.*

Did she tell you anything?
Bob couldn't say anything.

etwas

Hat sie dir etwas erzählt?
B. konnte nichts sagen.

each [iːtʃ] *adj., pron.*
Each room in the hotel has a bathroom.
Each of the children got a small present.

jede(r, -s) (*einzelne*)
Jedes Zimmer in dem Hotel hat ein Bad.
Jedes der Kinder bekam ein kleines Geschenk.

---

every [ˈevrɪ] *adj.*
The doctor came to see the patient every day.

jede(r, -s)
Der Arzt kam jeden Tag den Patienten besuchen.

---

everybody [ˈevrɪbɒdɪ] *pron.*
In small towns everybody knows everybody else.

jeder(mann)
In der Kleinstadt kennt jeder jeden.

---

everyone [ˈevrɪwʌn] *pron.*
Everyone thought (that) he was abroad.

jeder(mann)
Jeder(mann) dachte, er wäre im Ausland.

---

everything [ˈevrɪθɪŋ] *pron.*
You can't have everything.

alles
Du kannst nicht alles haben.

---

he [hiː; hɪ] *pers. pron.*
He's a clever boy.

er
Er ist ein kluger Junge.

---

her [hɜ; hə] *adj.*
She left her purse [her keys] at home.

ihr(e) (*3. Pers. sg.*)
Sie ließ ihren Geldbeutel [ihre Schlüssel] zu Hause.

---

her [hɜː] *pers. pron.*
I didn't see her.

sie (*3. Pers. sg. acc.*)
Ich habe sie nicht gesehen.

---

her [hɜː] *pers. pron.*
He danced with her.

ihr (*3. Pers. sg. dat.*)
Er tanzte mit ihr.

---

her [hɜː] *pers. pron.*
It was her.

(*betont:*) **sie**
Sie war es.

---

hers [hɜːz] *poss. pron.*
Is this Elsa's book? – Yes, it is hers.
She is a friend of hers.

ihre(r, -s) (*3. Pers. sg. f*)
Ist das E.'s Buch? – Ja, es ist ihres.
Sie ist eine Freundin von ihr.

---

herself [hɜːˈself] *reflex. pron.*
She enjoyed herself.

sich (*3. Pers. sg. f*)
Sie amüsierte sich.

---

him [hɪm] *pers. pron.*
I met him in the street.

ihn (*acc.*)
Ich traf ihn auf der Straße.

---

him [hɪm] *pers. pron.*
Give him the money.

ihm (*dat.*)
Gib ihm das Geld!

---

him [hɪm] *pers. pron.*
It was him.

(*betont:*) **er**
Er war es.

---

himself [hɪmˈself] *reflex. pron.*
He hurt himself.

sich (*3. Pers. sg. m*)
Er verletzte sich.

his [hɪs] *adj.*
This is his hat.
His books are on the table.

sein(e) (*3. Pers. sg. m*)
Das ist sein Hut.
Seine Bücher sind auf dem Tisch.

---

his [hɪs] *poss. pron.*
Is this his cap? – Yes, it's his.

This isn't a book of his.

seine(r, -s), (*3. Pers. sg. m*)
Ist das seine Mütze? – Ja, es ist seine.
Das ist kein Buch von ihm.

I [aɪ] *pers. pron.*
I don't have any time.
I'm cold.
I'm glad.

ich
Ich habe keine Zeit.
Mich friert.
Ich bin froh, Es freut mich.

---

it [ɪt] *pers. pron.*
Here is a book. Does it belong to you?
This dog now belongs to me. I found it in the street.
This is our cat. It's black and white.
It's raining today.
It's six o'clock.

es
Hier ist ein Buch. Gehört es Ihnen?
Dieser Hund gehört mir jetzt. Ich fand ihn auf der Straße.
Das ist unsere Katze. Sie ist schwarz und weiß.
Es regnet heute.
Es ist 6 Uhr.

---

its [ɪts] *adj.*
I like this country and its people.
Did the cat drink its milk?

sein(e) (*3. Pers. sg. n*)
Ich liebe dieses Land und seine Leute.
Hat die Katze ihre Milch getrunken?

---

itself [ɪt'self] *reflex. pron.*
The dog hurt itself.

sich (*3. Pers. sg. n*)
Der Hund verletzte sich.

---

me [miː; mɪ] *pers. pron.*
Didn't you see me?

mich (*acc.*)
Hast du mich nicht gesehen?

---

me [miː; mɪ] *pers. pron.*
Give me your hand on it.

mir (*dat.*)
Gib mir deine Hand darauf!

---

me [miː] *pers. pron.*
It's me.

(*betont:*) **ich**
Ich bin es.

---

mine [maɪn] *poss. pron.*
Is this your purse? Yes, it's mine.
She's a friend of mine.

meine(r, -s)
Ist das dein Geldbeutel? Ja, es ist meiner.
Sie ist eine Freundin von mir.

---

my [maɪ] *adj.*
Where's my coat?
I washed my face.

mein(e)
Wo ist mein Mantel?
Ich wusch mir das Gesicht.

myself [maɪˈself] *reflex. pron.*
I cut myself with a knife.

mich
Ich habe mich mit einem Messer geschnitten.

nobody [ˈnəʊbədɪ] *pron.*
Nobody was at home.

niemand
Niemand war zu Hause.

no one [ˈnəʊ wʌn] *pron.*
No one could hear me.

niemand, keiner
Niemand (*oder* Keiner) konnte mich hören.

one [wʌn] *pron.*
One can't do that.

man
Das kann man nicht tun.

oneself [wʌnˈself] *reflex. pron.*
One should wash oneself in the morning and in the evening.

(*unpersönlich:*) **sich**
Man sollte sich morgens und abends waschen.

our [ˈaʊə] *adj.*
Our house has a large garden.

unser(e)
Unser Haus hat einen großen Garten.

These are our things.

Das sind unsere Sachen.

ours [ˈaʊəz] *poss. pron.*
This is a beautiful car, but it isn't ours.

unsere(r, -s)
Das ist ein schönes Auto, aber es gehört uns nicht (= *es ist nicht unseres*).

ourselves [aʊəˈselvz] *reflex. pron.*
We enjoyed ourselves very much.

uns

Wir amüsierten uns sehr.

We didn't do it all by ourselves.

Wir haben es nicht ganz allein gemacht.

people [ˈpiːpl] *s. pl.*
People say (that) he is very rich.

man (= *die Leute*)
Man sagt, er sei sehr reich.

she [ʃiː; ʃɪ] *pers. pron.*
She asked me what I had seen.

sie (*3. Pers. sg. nom.*)
Sie fragte mich, was ich gesehen hatte.

some [sʌm] *adj.*
She must have some reason.

(irgend)ein(e)
Sie muß (irgend)einen Grund haben.

I'd like some advice.

Ich hätte gern(e) einen Rat.

some [sʌm] *adj.*
Can you give me some money?

etwas (*oft nicht übersetzt*)
Kannst du mir (etwas) Geld geben?

Would you like some tea?

Möchten Sie (etwas) Tee?

some [sʌm] *adj., pron. (pl.)*

ein paar, einige, etliche (*oft nicht übersetzt*), *pron. auch* **welche**

I must buy some potatoes.
Ich muß Kartoffeln kaufen.

She looked for nails everywhere before she found some.
Sie suchte überall nach Nägeln, ehe sie welche fand.

somebody ['sʌmbədɪ] *pron.*

jemand

Somebody must have seen it.
Jemand muß es gesehen haben.

someone ['sʌmwʌn] *pron.*

jemand

Ask someone else.
Frag jemand anderen!

something ['sʌmθɪŋ] *pron.*

etwas

They wanted something to eat.
Sie wollten etwas zu essen.

such [sʌtʃ] *adj.*

solche(r, -s)

Don't be such a fool.
Sei kein solcher Narr!

You shouldn't say such things.
Du solltest so etwas (= *solche Dinge*) nicht sagen.

that [ðæt] *adj., pron.*

jene(r, -s) (dort), diese(r, -s) (da), das

I'll take this dress, not that one.
Ich werde dieses Kleid (hier) nehmen, nicht jenes (*oder* das) (dort).

That's right!
(Das ist) Richtig!

the [ðə; ðɪ] *definite article*

der/die/das

The man [woman, girl] entered the room.
Der Mann [Die Frau, Das Mädchen] betrat das Zimmer.

The children are playing.
Die Kinder spielen.

their [ðeə] *adj.*

ihr(e) (*3. Pers. pl.*)

They couldn't find their way.
Sie konnten ihren Weg nicht finden.

The men washed their hands.
Die Männer wuschen sich die Hände.

theirs [ðeəz] *poss. pron.*

ihre(r, -s) (*3. Pers. pl.*)

That was our duty, not theirs.
Das war unsere Pflicht, nicht ihre.

them [ðem; ðəm] *pers. pron.*

sie (*3. Pers. pl. acc.*)

Don't let them in.
Laß sie nicht herein!

them [ðem; ðəm] *pers. pron.*

ihnen (*3. Pers. pl. dat.*)

Did you tell them about it?
Hast du ihnen davon erzählt?

themselves [ðəm'selvz] *reflex. pron.*

sich (*3. Pers. pl.*)

The children could see themselves in the mirror.
Die Kinder konnten sich im Spiegel sehen.

these [ðiːz] *adj., pron.*
(*pl. von* **this**)
These flowers are lovely.
These are your gloves.

diese (hier) (*pl.*)
Diese Blumen sind hübsch.
Das sind deine Handschuhe.

they [ðeɪ] *pers. pron.*
They were glad (that) he had
come.

sie (*3. Pers. pl. nom.*)
Sie waren froh, daß er gekommen war.

they [ðeɪ] *pers. pron.*
They say (that) his wife is very
ill.

man
Man sagt, daß seine Frau sehr
krank ist.

this [ðɪs] *adj., pron.*
How much is this book?
This is my bicycle.
What's this?

diese(r, -s) (hier), das
Was kostet dieses Buch (hier)?
Das ist mein Fahrrad.
Was ist das?

those [ðəʊz] *adj., pron.*
(*pl. von* **that**)
Life wasn't easier in those
days.
These stockings are cheaper
than those.

jene (dort) (*pl.*), **die(se) (da)** (*pl.*)
Das Leben war in jenen Tagen
(= *damals*) nicht leichter.
Diese Strümpfe (hier) sind billiger als jene (dort).

us [ʌs; əs] *pers. pron.*
They didn't see us.
She wrote us a letter.

uns (*acc. u. dat.*)
Sie haben uns nicht gesehen.
Sie schrieb uns einen Brief.

we [wiː; wɪ] *pers. pron.*
We went to school together.

wir
Wir gingen zusammen zur
Schule.

what [wɒt] *pron.*
What have you been doing all
day?
So what.

was
Was hast du den ganzen Tag
getan?
Na, wenn schon!, Na und!

what [wɒt] *adj.*
What a fine day!
What kind of fruit do you like
best?
What colour is that flower?

was für ein(e), welche(r, -s)
Was für ein schöner Tag!
Was für eine Obstsorte mögen
Sie am liebsten?
Was für eine Farbe hat diese
Blume?

whatever [wɒtˈevə] *pron.*
I shall be here, whatever hap-
pens.

was auch (immer)
Ich werde hier sein, komme
was da wolle (*oder* was auch
geschieht).

which [wɪtʃ] *adj., pron.*
Which picture would you like?

welche(r, -s)
Welches Bild möchtest du gern(e)?

Which of these photos do you want?

Welches dieser Fotos willst du?

which [wɪtʃ] *rel. pron.*
Is this the ring (which) he gave you?

welche(r, -s), der/die/das
Ist das der Ring, den er dir gab?

That's the house in which she lived (*oder* [which] she lived in).

Das ist das Haus, in dem sie wohnte.

who [huː] *pron.*
Who broke the window?

wer
Wer hat die Fensterscheibe zerbrochen?

who [huː; hʊ] *rel. pron.*
Where is the boy who took away my keys?

welche(r, -s), der/die/das
Wo ist der Junge, der meine Schlüssel genommen hat?

who(m) [huː(m)] *pron.*
(*Statt whom wird heute meist who gesagt.*)
Who(m) do you like best?
Who's she waiting for?
To whom did you give the letter (*oder* Who did you give the letter to)?

wen

Wen magst du am liebsten?
Auf wen wartet sie?
Wem gabst du den Brief?

whom [huːm] *rel. pron.*
It was Maud whom I saw first.

welche(r, -s), der/die/das
Ich sah zuerst M. (= *Es war M., die ich zuerst sah*).

whose [huːz] *adj.*
Whose hat is this?

wessen
Wessen Hut ist das?

whose [huːz] *rel. pron.*
This is Mrs Greene, whose son/whose daughter is a friend of mine.

dessen, deren
Das ist Frau G., deren Sohn ein Freund/deren Tochter eine Freundin von mir ist.

you [juː; jʊ] *pers. pron.*

du/ihr/Sie (*2. Pers. sg. u. pl., nom.*)

Have you ever seen such a thing?

Hast du/Habt ihr/Haben Sie so etwas schon gesehen?

you [juː; jʊ] *pers. pron.*

dich/euch (*acc.*)**/Sie** (*2. Pers. sg. u. pl., acc.*)

I didn't expect you.

Ich habe dich/euch/Sie nicht erwartet.

you [juː; jʊ] *pers. pron.*

Everything happened (just) as I had told you.

dir/euch (*dat.*)**/Ihnen** (*2. Pers. sg. u. pl., dat.*)
Alles geschah (genau so), wie ich es dir/euch/Ihnen gesagt hatte.

---

your [jɔː] *adj.*
We have received your letter.

dein/euer, eure/Ihre (*sg. u. pl.*)
Wir haben deinen/euren/Ihren Brief erhalten.

---

yours [jɔːz] *poss. pron.*

Is that money yours?

deine(r, -s) / eure(r, -s) / Ihre(r, -s) (*sg. u. pl.*)
Gehört dieses Geld dir/euch/Ihnen?

---

yourself [jɔːˈself] *reflex. pron.* (*sg.*)
You ought to be ashamed of yourself.
Do it yourself.

dich/sich (*sg.*)

Du solltest dich/Sie sollten sich schämen!
Mach es selber!

---

yourselves [jɔːˈselvz] *reflex. pron.* (*pl.*)
Help yourselves.

euch/sich (*pl.*)

Bedient euch! / Bedienen Sie sich!

«2001–4000»

anybody [ˈenɪbɒdɪ] *pron.*
Anybody could have told you.

jeder (*beliebige*)
Jeder hätte dir das sagen können.

---

anything [ˈenɪθɪŋ] *pron.*
You can take anything you need.

alles (*beliebige*)
Du kannst (alles) nehmen, was du brauchst.

---

each other [iːtʃ ˈʌðə]
The sisters don't like each other.

einander
Die Schwestern können einander nicht leiden.

---

one another [wʌn əˈnʌðə]
They tried to get along with one another.

einander
Sie versuchten, miteinander auszukommen.

---

whoever [huːˈevə] *pron.*
Whoever is at the door, don't open (it).

wer auch (immer)
Wer auch an der Tür ist, mach nicht auf!

3.3.2 HILFSVERBEN; TO BE, TO DO, TO HAVE

«1–2000»

am [æm]
I am (*oder* **I'm** [aɪm]) tired.

bin
Ich bin müde.

are [ɑː]
Kurzformen: **we're** [wɪə],
you're [juə], **they're** [ðeə];
aren't [ɑːnt]
You are (*oder* You're) very lazy.

Are you astonished at Julia's success?
We are (*oder* We're) glad.
They are (*oder* They're) happy.
My parents are not (*oder* aren't) at home.
Aren't you (= *Are you not*) feeling well?

bist/seid/sind

Du bist sehr faul.

Seid ihr über J.'s Erfolg erstaunt?
Wir freuen uns.
Sie sind glücklich.
Meine Eltern sind nicht zu Hause.
Fühlst du dich nicht wohl?

be [bi; bɪ] *v/i., v/aux.*
⚠ **am** [æm; əm], **are** [ɑː; ə], **is** [ɪz]; **was** [wɒz; wəz], **were** [wɜː; wə]; **been** [biːn; bɪn]
He has a right to be here.
The girl must be ill.
Something must be done.

sein

Er hat das Recht, hier zu sein.
Das Mädchen muß krank sein.
Es muß etwas getan werden.

been [biːn; bɪn]
Have you ever been to Edinburgh?
Brian has never been invited to their parties.

gewesen
Sind Sie schon einmal in Edinburgh gewesen?
B. ist noch nie zu ihren Parties eingeladen worden.

can [kæn]
Can I come tomorrow?
Can you drive (a car)?
He can speak German very well.
We can ask our teacher.

kann/kannst/können/könnt
Kann ich morgen kommen?
Kannst du Auto fahren?
Er kann sehr gut deutsch (sprechen).
Wir können unseren Lehrer fragen.

cannot [ˈkænɒt], **can't** [kɑːnt]	**kann/kannst/können/könnt nicht**
I cannot (*oder* can't) remember.	Ich kann mich nicht erinnern.
You can't do that.	Du kannst das nicht tun.
She can't sing.	Sie kann nicht singen.
We can't come.	Wir können nicht kommen.
They can't be so stupid.	Sie können nicht so dumm sein.
Can't you (= *Can you not*) wait a minute?	Kannst du nicht eine Minute warten?

could [kʊd]	**konnte/konntest/konnten/konntet**
We could hear their voices.	Wir konnten ihre Stimmen hören.
I could not (*oder* **couldn't** [ˈkʊdnt]) stay any longer.	Ich konnte nicht länger bleiben.
Why **couldn't** [ˈkʊdnt] they (= *could they not*) take better care of the baby?	Warum konnten sie nicht besser auf das Baby aufpassen?

could [kʊd]	**könnte/könntest/könnten/könntet**
You could earn a lot of money if you worked a little harder.	Du könntest eine Menge Geld verdienen, wenn du etwas härter arbeiten würdest.
Could you please help me?	Könntest du mir bitte helfen?
I was angry because my friend told me that I could not (*oder* **couldn't** [ˈkʊdnt]) borrow his bike.	Ich war ärgerlich, weil mein Freund mir sagte, daß ich mir sein (Fahr)Rad nicht (aus)leihen könnte.
Couldn't [ˈkʊdnt] you (= *Could you not*) have come a little earlier?	Hätten Sie nicht ein wenig früher kommen können?

did [dɪd]	**tat/tatest/taten/tatet**
Did he answer our questions?	Hat er unsere Fragen beantwortet?
They **didn't** [ˈdɪdnt] (*oder* did not) buy the house.	Sie kauften das Haus nicht.
Didn't [ˈdɪdnt] I (= *Did I not*) tell you (that) she is no longer here?	Sagte ich (es) dir nicht, daß sie nicht mehr hier ist?

do [duː; dʊ] *v/aux. (Vgl. auch S. 30)* — **tun/tust/tut** (*2. Pers. pl.*)

⚠ **did** [dɪd], **done** [dʌn]

Do you like her?	Magst du sie?
Do you think so?	Meinst du?/Glaubst du?
Don't [dəʊnt] (*oder* Do not) disturb me.	Stör mich nicht!
Don't [dəʊnt] you (= *Do you not*) see that cloud?	Siehst du nicht diese Wolke?
I do hope nothing's happened.	(*verstärkend:*) Ich hoffe (doch), daß nichts passiert ist.

does [dʌz] — **tut**

Does this hat belong to you?	Gehört dir dieser Hut?
She **doesn't** ['dʌznt] work hard enough.	Sie arbeitet nicht hart genug.
Doesn't ['dʌznt] he (= *Does he not*) give in?	Gibt er nicht nach?

had [hæd] — **hatte/hattest/hatten/hattet**

Kurzformen: **I'd** [aɪd], **you'd** [juːd], **he'd** [hiːd], **she'd** [ʃiːd], **we'd** [wiːd], **they'd** [ðeɪd]; **hadn't** ['hædnt]

He had an apple in his hand.	Er hatte einen Apfel in der Hand.
She had slept well [badly].	Sie hatte gut [schlecht] geschlafen.
I had not (*oder* I hadn't) arrived in time.	Ich war nicht rechtzeitig angekommen.
Hadn't you (= *Had you not*) written that letter?	Hattest du diesen Brief nicht geschrieben?

has [hæz] — **hat**

Kurzformen: **he's** [hiːz], **she's** [ʃiːz], **it's** [ɪts]; **hasn't** ['hæznt]

She has two brothers.	Sie hat zwei Brüder.
He has (*oder* He's) already left.	Er ist schon fortgegangen.
The train has not (*oder* hasn't) arrived yet.	Der Zug ist noch nicht angekommen.
Hasn't he (= *Has he not*) accepted our offer?	Hat er unser Angebot (*bis jetzt*) nicht angenommen?
Who has (*oder* **Who's** [huːz]) come?	Wer ist gekommen?

have [hæv; həv] *v/t., v/aux.*
⚠ **had** [hæd], **had** [hæd]
Kurzformen: **I've** [aɪv], **you've**
[juːv], **we've** [wiːv], **they've**
[ðeɪv]; **haven't** [ˈhævnt]

haben

They have (*oder* They've) a
house of their own.

Sie haben ein eigenes Haus.

I don't have (*oder* I haven't got)
a car.

Ich habe kein Auto.

Haven't you (= *Have you not*)
got our address?

Hast du unsere Adresse nicht?

We have (*oder* We've) been in
Italy since Easter.

Wir sind (schon) seit Ostern in
Italien (*und sind noch dort*).

Let's have a cup of tea!

Trinken wir eine Tasse Tee!

I must have my hair cut.

Ich muß mir die Haare schneiden lassen.

She is (*oder* She's) going to
have a baby.

Sie bekommt ein Kind.

---

is [ɪz]
Kurzformen: **he's** [hiːz], **she's**
[ʃiːz], **it's** [ɪts]; **isn't** [ˈɪznt]

ist

His father is a doctor.

Sein Vater ist Arzt.

That isn't fair.

Das ist nicht fair.

Isn't she (= *Is she not*) a pretty
girl?

Ist sie nicht ein hübsches Mädchen?

He's a clever boy, isn't he?

Er ist ein kluger Junge, nicht
wahr?

That is (*oder* **That's** [ðæts])
wrong.

Das ist falsch.

There is (*oder* **There's** [ðeəz])
no telephone in the house.

Es gibt kein Telefon in dem
Haus.

What is (*oder* **What's** [wɒts])
that?

Was ist das?

Where is (*oder* **Where's**
[weəz]) your mother?

Wo ist deine Mutter?

Who is (*oder* **Who's** [huːz])
there?

Wer ist da?

---

may [meɪ]

kann/kannst/können/könnt

You may come if you want to.

Du kannst kommen, wenn du
willst.

They may be right.

Sie können recht haben.

---

may [meɪ]

darf/darfst/dürfen/dürft

May I keep this photo?

Darf ich dieses Foto behalten?

May we go home now?

Dürfen wir jetzt heimgehen?

might [maɪt]	**könnte/könntest/könnten/könntet**
This might be true.	Das könnte wahr sein.
might [maɪt]	**dürfte/dürftest/dürften/dürftet**
He asked if he might come in.	Er fragte, ob er hereinkommen dürfte.
need [niːd]	**brauchen, müssen**
You need not (*oder* **needn't** ['niːdnt]) be afraid.	Du brauchst keine Angst zu haben.
ought to ['ɔːt tə]	**sollte/solltest/sollten/solltet** (*eigentlich*)
You ought to act at once.	Sie sollten sofort handeln.
They ought to have asked us.	Sie hätten uns fragen sollen.
shall [ʃæl; ʃəl]	(*Br.*) **werde(n)**
(*Im modernen Englisch wird dafür meist* **will** *gebraucht; vgl. S. 303, Beispiele mit* *) *Kurzformen:* **I'll** [aɪl], **we'll** [wiːl]; **shan't** [ʃɑːnt] (= *shall not*)	
I shall (*oder* I'll) be here soon.	Ich werde bald hier sein.
We shall (*oder* We'll) take some photos.	Wir werden (ein paar) Aufnahmen machen.
We shan't buy that car.	Wir werden dieses Auto nicht kaufen.
shall [ʃæl; ʃəl]	**soll/sollst/sollen/sollt**
Shall I come?	Soll ich kommen?
should [ʃʊd]	(*Br.*) **würde(n)**
(*Im modernen Englisch wird dafür meist* **would** *gebraucht; vgl. S. 304, Beispiele mit* *) *Kurzformen:* **I'd** [aɪd], **we'd** [wiːd]; **shouldn't** ['ʃʊdnt]	
I should not (*oder* I shouldn't, I'd not) go there.	Ich würde nicht hingehen.
should [ʃʊd]	**sollte/solltest/sollten/solltet**
You should come at once.	Du solltest sofort kommen.
Mr Knox should be the right man for this job.	Herr K. dürfte (= *sollte eigentlich*) der richtige Mann für diese Arbeit sein.
We should not (*oder* **shouldn't** ['ʃʊdnt]) have done it.	Wir hätten es nicht tun sollen.

was [wɒz; wəz]
He was in England last week.

She was not (*oder* **wasn't**
['wɒznt]) here.
Wasn't ['wɒznt] that (= *Was that not*) fine?

war
Er war letzte Woche in England.

Sie war nicht hier.

War das nicht schön?

---

were [wɜː; wə]
We were friends.
The boys were not (*oder* **weren't** [wɜːnt]) at home last night.
Weren't [wɜːnt] they (= *Were they not*) here last Friday?

warst/waren/wart
Wir waren Freunde.
Die Jungen waren gestern nacht nicht zu Hause.

Waren sie am letzten Freitag nicht hier?

---

were [wɜː; wə]
If I were you I wouldn't give him the money.

wäre/wärst/wären/wäret
Wenn ich du wäre, würde ich ihm das Geld nicht geben.

---

will [wɪl]

Kurzformen: **I'll** [aɪl], **you'll** [juːl], **he'll** [hiːl], **she'll** [ʃiːl], **it'll** ['ɪtl], **we'll** [wiːl], **they'll** [ðeɪl]; **won't** [wəʊnt] (= *will not*)
*I'll come tomorrow.
*We'll go to town.

Will you try again?

*I won't do that.
Won't they (= *Will they not*) agree to our plan?

werde/wirst/wird/werden/werdet

Ich werde morgen kommen.
Wir werden in die Stadt gehen (*oder* fahren).
Wirst du es noch einmal versuchen?
Ich werde das nicht tun.
Werden Sie nicht mit unserem Plan einverstanden sein?

---

* Vgl. **shall** [werde(n)], S. 302.

would [wʊd]
Kurzformen: **I'd** [aɪd], **you'd**
[juːd], **he'd** [hiːd], **she'd** [ʃiːd],
we'd [wiːd], **they'd** [ðeɪd];
wouldn't ['wʊdnt]

**würde/würdest/würden/
würdet**

He told me (that) he would
(*oder* he'd) come a little later.
| Er sagte mir, er würde ein
wenig später kommen.

* I [We] wouldn't go to the
meeting.
| Ich würde [Wir würden] nicht
zu der Versammlung gehen.

Wouldn't you (= *Would you
not*) like that?
| Möchtest du das nicht?

Would you please show me
your passport?
| (*höfliche Bitte:*) Würden Sie
mir bitte Ihren Paß zeigen?

Would you like some coffee?
| Möchten Sie (*oder* Hätten Sie
gern[e]) (einen) Kaffee?

Would you like to go to the
theatre?
| Möchtest du (*oder* Würdest du
gern[e]) ins Theater gehen?

* I would (*oder* I'd) like a pair of
gloves.
| Ich möchte (*oder* hätte gern[e])
ein Paar Handschuhe.

*We would (*oder* We'd) like to
go skiing.
| Wir würden gern(e) (zum) Ski-
laufen gehen.

---

* Vgl. **should** [würde(n)], S. 302.

3.3.3 PRÄPOSITIONEN UND KONJUNKTIONEN
(*Siehe auch ZEITBEGRIFFE [ADVERBIEN, PRÄPO-
SITIONEN, KONJUNKTIONEN], 2.1.6.2 und RÄUM-
LICHE BEGRIFFE [ADVERBIEN, PRÄPOSITIONEN],
2.2.1.2*)

«1–2000»

about [ə'baʊt] *prep.*
We talked about our new
neighbours.
| **über** (*acc.*)
Wir sprachen über unsere
neuen Nachbarn.

about [ə'baʊt] *prep.*
About twenty people were
present.
It was about 6 o'clock.
| **ungefähr, etwa, gegen**
Ungefähr zwanzig Leute waren
da.
Es war etwa (*oder* gegen) 6
Uhr.

and [ænd; ənd] *cj.*
Give me a knife and a fork, please.

und
Gib mir bitte ein Messer und eine Gabel.

---

as [æz; əz] *prep.*
As a child she didn't like going to school.

als
Als Kind ging sie nicht gerne zur Schule.

---

as [æz; əz] *cj.*
Do as I have told you.

(so) wie
Tu, wie ich dir gesagt habe!

---

between [bɪ'twiːn] *prep.*
There is a bus service between the two villages.

zwischen
Es verkehrt ein Bus zwischen den zwei Dörfern.

---

but [bʌt; bət] *cj.*
She's not beautiful but she's very nice.

aber
Sie ist nicht schön, aber sie ist sehr nett.

---

but [bʌt; bət] *cj.*
I was not in Paris but in London.

sondern
Ich war nicht in Paris, sondern in London.

---

by [baɪ] *prep.*
The play was written by Shakespeare.

von
Das Stück wurde von Shakespeare geschrieben.

---

by [baɪ] *prep.*
We went by bus.
... is made by hand.

mit (Hilfe von), mittels
Wir fuhren mit dem Bus.
... ist handgemacht.

---

from ... to ... [frəm ... tə] *prep.*
They went from London to Manchester.
The shops are open from 9 a.m. to 6 p.m.

von ... bis ...
Sie fuhren von London bis (*oder* nach) Manchester.
Die Geschäfte sind von 9–18 Uhr geöffnet.

---

if [ɪf] *cj.*
If he comes I go (*oder* I'm going).
If I were you I would be careful.

falls, wenn
Falls er kommt, gehe ich.

Wenn ich du wäre (*oder* Ich an deiner Stelle) wäre vorsichtig.

---

if [ɪf] *cj.*
Do you know if they're coming?

ob
Weißt du, ob sie kommen werden?

of [ɒv; əv] *prep.*

von

They had an English lesson of 50 minutes.

Sie hatten eine Englischstunde von 50 Minuten.

What about a cup of tea?

Wie wär's mit einer Tasse Tee?

She was born on the 3rd of April, 1949.

Sie wurde am 3. April 1949 geboren.

or [ɔː] *cj.*

oder

Will they win or not?

Werden sie gewinnen oder nicht?

that [ðæt] *cj.*

daß

I can't believe that she is dead.

Ich kann (es) nicht glauben, daß sie tot ist.

to [tʊ; tə] *prep.*

bis (zu)

The water came up to his neck.

Das Wasser stieg ihm bis zum Hals.

It's five minutes to four.

Es ist fünf Minuten vor vier.

to [tʊ; tə] *cj.*

um zu

The boy jumped down from the wardrobe to show how brave he was.

Der Junge sprang vom Schrank herunter, um zu zeigen, wie mutig er war.

towards [tə'wɔːdz] *prep.*

gegen

He is always polite towards ladies.

Er ist immer höflich gegen (-über) Damen.

with [wɪð] *prep.*

mit

Come with us.

Komm mit (uns)!

Take the newspaper with you.

Nimm die Zeitung mit!

without [wɪð'aʊt] *prep.*

ohne

What shall I do without you?

Was soll ich ohne dich machen?

«2001–4000»

according to [ə'kɔːdɪŋ tə] *prep.*

entsprechend (*dat.*)

The house was built according to her plans.

Das Haus wurde ihren Plänen entsprechend gebaut.

although [ɔːl'ðəʊ] *cj.*

obwohl

They got married although their parents were against it.

Sie heirateten, obwohl ihre Eltern dagegen waren.

as for [ˈæz fə] *prep.*
As for your brother, he's worse than you are.

was ... anbetrifft, hinsichtlich
Was deinen Bruder anbetrifft, so ist er (noch) schlimmer als du.

as if [əz ˈɪf] *cj.*
Dave looked as if nothing had happened.

(so) als ob
D. sah drein, als ob nichts geschehen wäre.

as though [əz ˈðəʊ] *cj.*
He behaved as though he knew nothing about it.

als ob
Er benahm sich, als ob er nichts davon wüßte.

for ...('s) sake [fə ...(s) ˈseɪk]
He did it for the children's sake [for the sake of his children].

um ... willen
Er tat es um der Kinder willen [seinen Kindern zuliebe].

however [haʊˈevə] *cj.*
I can't approve of your plan. However, do as you please.

jedoch, aber
Ich kann deinem Plan nicht zustimmen, jedoch (*oder* aber) mach es, wie du willst.

in spite of [ɪn ˈspaɪt əv] *prep.*
The party was held in spite of the bad weather.

trotz
Die Party fand trotz des schlechten Wetters statt.

instead of [ɪnˈsted əv] *prep.*
She came instead of her sister.

statt
Sie kam statt ihrer Schwester.

nor [nɔː] *cj.*
You don't believe him, nor do I.

auch nicht
Sie glauben ihm nicht. Ich auch nicht.

He can't give an answer. Nor can I.

Er kann keine Antwort geben. Ich auch nicht.

such as [ˈsʌtʃ əz] *prep.*
The children got small presents such as toy cars and games.

wie zum Beispiel, wie z. B.
Die Kinder bekamen kleine Geschenke wie z. B. Spielzeugautos und Spiele.

though [ðəʊ] *cj.*
He went to see his parents even though he did not like his father.

obwohl
Er besuchte seine Eltern, obwohl (*oder* auch wenn) er seinen Vater nicht mochte.

unless [ʌnˈles] *cj.*
We shall meet next Sunday unless you want me to come earlier.

wenn nicht, falls nicht
Wir treffen uns nächsten Sonntag, wenn (*oder* falls) du nicht willst, daß ich früher komme.

whenever [wen'evə] *cj.*

Whenever you need me, give me a ring.

immer wenn, wann immer (auch)

Wann immer du mich brauchst, ruf mich an!

wherever [weər'evə] *cj.*
Wherever you are, don't forget me.

wo (immer) auch
Wo du auch bist, vergiß mich nicht!

whether ['weðə] *cj.*
I didn't know whether I should send her flowers (or not).

ob
Ich wußte nicht, ob ich ihr Blumen schicken sollte (oder nicht).

within [wɪ'ðɪn] *prep.*
I'll be there within half an hour.

The next town was within walking distance.

in(nerhalb *gen.***)**
Ich werde in(nerhalb) einer halben Stunde dort sein.
Die nächste Stadt war zu Fuß zu erreichen.

Register

Hinter den englischen Wörtern steht die Seitenzahl.
Nicht in das Register aufgenommen wurden geographische Namen, Zahlen
sowie die Namen der Wochentage und Monate.

conversation 59
convince 68
cook 88, 205
cool 179
copper 196
copy 43, 54
cord 110
cork 196, 208
corn 187
corner 279
correct 64
correction 146
cost 128
cottage 175
cotton 196
couch 106
cough 19
could 299
council 164
country 162, 174
couple 84
courage 10
course 144
court 139, 164
cousin 83
cover 35, 106
cow 182
crack 103
crash 215, 221
crazy 7
cream 28, 200
create 45
creature 183
credit 130
creep 253
crime 141
criminal 140
crop 187
cross 213, 280
crossing 213
crowd 215
crowded 215
crown 164
cruel 10
cruelty 10
cry 49, 58
cultivate 94
culture 45
cup 206
cupboard 105
cure 143
curiosity 10
curl 5
currency 130
current 178, 193, 231
curse 54, 98
cursed 54
curtain 106

curve 215
cushion 106
custom 92; ~s 132
customer 127
cut 33

D

daily 226
dairy 127
damage 98
dance 155
danger 97
dangerous 97
dare 51
dark 279
darkness 279
date 92, 229
daughter 83
daughter-in-law 84
day 226, 235, 236
dead 23; ~ body 24
deaf 21
deal 45, 127
dear 9
death 23
debt 128
decide 31, 68
decision 68
declare 59
deed 30
deep 240
defeat 169
defen|ce, ~se 169
defend 169
degree 264
delay 239
delicate 5
delighted 14
delightful 72
demand 77, 121, 282
dentist 142
deny 66
depart 212
department 127, 133
department store 126
departure 210
depend 49
dependent 288
depth 242
describe 45
description 45
desert 178
deserve 72
desire 78
desk 105, 132
despair 14

desperate 14
destroy 98
destruction 98
detail 267
determine 31
develop 156, 239
development 239
devil 172
dial 137
diamond 116
dictation 146
die 23
differ 268
difference 268
different 265
difficult 70
difficulty 98
dig 35
dining room 103
dinner 198
direct 215, 288
direction 51, 240
director 121
dirt 112
dirty 112
disagree 66
disappear 253
disappoint 18
discharge 139
discover 46
discuss 59
discussion 59
disease 19
dish 198, 206; ~es 207
dislike 66
dismiss 121
disorder 264
display 127
dispute 59
dissolve 196
distance 240
distant 242
distinguish 268
distribute 41
district 175
disturb 52
ditch 178
dive 161
divide 260, 268
do 30, 299, 300
doctor 142, 143
document 133
dog 182
doll 156
dollar 128
done 285, 300
donkey 183
door 101